大连外国语大学 学科建设经费资助出版

辽宁省社会科学规划基金重点项目课题
《东北全面振兴背景下辽宁形象的媒介建构研究》
（项目批准号：L22AXW006）的研究成果

# 区域形象建构的媒介责任与策略研究
## ——以黑龙江省为例

Research on the Media
Responsibility and Strategy of
Regional Image Construction
——Taking Heilongjiang Province as an Example

郑敏 著

中国戏剧出版社
CHINA THEATRE PRESS

图书在版编目（CIP）数据

区域形象建构的媒介责任与策略研究：以黑龙江省为例 / 郑敏著. -- 北京 ：中国戏剧出版社，2023.10
ISBN 978-7-104-05361-3

Ⅰ.①区… Ⅱ.①郑… Ⅲ.①大众传播－传播媒介－影响－区域经济发展－形象－研究－黑龙江省 Ⅳ.①F127.35

中国国家版本馆CIP数据核字(2023)第105394号

# 区域形象建构的媒介责任与策略研究

## 以黑龙江省为例

**责任编辑：邢俊华**
**责任印制：冯志强**

| | |
|---|---|
| 出版发行： | 中国戏剧出版社 |
| 出 版 人： | 樊国宾 |
| 社　　址： | 北京市西城区天宁寺前街2号国家音乐产业基地L座 |
| 邮　　编： | 100055 |
| 网　　址： | www.theatrebook.cn |
| 电　　话： | 010-63385980（总编室）　010-63381560（发行部） |
| 传　　真： | 010-63381560 |

读者服务：010-63381560
邮购地址：北京市西城区天宁寺前街2号国家音乐产业基地L座

| | |
|---|---|
| 印　　刷： | 北京九州迅驰传媒文化有限公司 |
| 开　　本： | 787mm×1092mm　1/16 |
| 印　　张： | 14 |
| 字　　数： | 229千字 |
| 版　　次： | 2023年10月　北京第1版第1次印刷 |
| 书　　号： | ISBN 978-7-104-05361-3 |
| 定　　价： | 98.00元 |

版权专有，违者必究；如有质量问题，请与出版社联系调换。

# 目 录

第一章 绪 论 ················································································ 001
   第一节 区域发展对大众媒介产生的影响 ································· 008
   第二节 区域形象的概念、内涵与分类 ···································· 018
   第三节 区域形象建构的五种理论视角 ···································· 023
   第四节 大众媒介在区域形象建构中的社会责任 ······················ 036

第二章 黑龙江形象的嬗变与主要特征 ·········································· 044
   第一节 黑龙江的历史文化缘起与演变历程 ···························· 045
   第二节 黑龙江形象的嬗变与主要特征 ···································· 053

第三章 黑龙江形象建构中的传统媒体实践 ·································· 062
   第一节 黑龙江形象建构中的影像媒体实践 ···························· 062
   第二节 黑龙江形象建构中的纸质媒介实践 ···························· 080

第四章 黑龙江形象建构中的新媒体实践 ······································ 111
   第一节 传统媒体与新媒体融合发展的外部因素 ······················ 114
   第二节 我国传统媒体积极寻求与新媒体融合发展 ·················· 119
   第三节 新媒体塑造区域形象的优势 ······································· 124
   第四节 黑龙江新闻网塑造黑龙江形象 ···································· 126

第五节　东北网塑造黑龙江形象 …………………………… 129
　　第六节　《龙头新闻》APP塑造黑龙江形象 ………………… 134
　　第七节　"极光新闻"客户端塑造黑龙江形象 ……………… 135
　　第八节　"冰城+"客户端塑造黑龙江形象 ………………… 140

第五章　黑龙江形象再塑：媒介责任与策略 …………………… 145
　　第一节　缩小城乡文化差距，传播现代先进理念 …………… 145
　　第二节　适应数字时代发展，创新新闻编辑理念 …………… 154
　　第三节　加强新闻策划组织，传播龙江正面形象 …………… 158
　　第四节　传承优秀地域文化，打造龙江文化名片 …………… 175
　　第五节　充分运用新兴媒体，塑造传播龙江形象 …………… 180
　　第六节　运用拉康镜像理论，合理建构城市形象 …………… 184
　　第七节　完善新闻发布制度，建立舆情反馈机制 …………… 189
　　第八节　建立危机预警机制，做好危机传播管理 …………… 197
　　第九节　紧跟龙江发展需要，培养龙江形象代言 …………… 200

结　　语 ……………………………………………………………… 209

参考文献 ……………………………………………………………… 211

# 第一章
## 绪 论

近百年来,随着一系列考古发现和文明遗址的挖掘,学术界均普遍认同中华文明"多元一体、辩证发展"的理论观点。无论是史前的辽河、黑龙江等流域的北方文化,还是黄河、长江流域的文化,均是中华民族文化体系中不可或缺的重要部分。从现有的考古研究可知,东北古代民族凭借自己的智慧而创造出的文化,在中华民族文化早期形成与发展中发挥着显著作用。

在距今三万至四万年前的旧石器时代,东北地区就已经存在人类生活的痕迹。先秦时期,东北地区已经诞生了肃慎、濊貊和东胡三大古老民族;公元前2000多年,肃慎族向帝舜贡献楛矢石砮。① 在不同朝代,肃慎族的称呼有所不一:汉代称为"挹娄",魏晋则称为"勿吉",隋唐称为"靺鞨",金代则称作"女真",清代称为"满洲"等。夫余国在东北地区建立了首个地方政权,随着王国的壮大发展,唐朝时期创建了室韦都督府、黑水都督府、渤海都督府等多个政府机构。随后,东北地区黑龙江流域催生出金国,并将首都创建于会宁府(今黑龙江省阿城区白城)。到了明代,中央集权统治者在东北地区下设奴儿干都指挥使司,主要管辖384卫、24所。清朝初期,清政府颁布政令,设立宁古塔昂邦章京,随后增设黑龙江将军等,分别治理东北流域的各方面工作。

中国东北地区的古代文明曾经孕育了五大王朝,即基于鲜卑族的北魏王朝、基于契丹族的辽王朝、基于女真族的金王朝、基于蒙古族而建立的元王

---

① 楛矢石砮:是东北古老民族之一肃慎族的奇特物产。楛(hù)矢,就是用长白山区的楛木(有学者认为是桦木)制作的箭杆;石砮,就是用松花江中坚硬的青石磨制的箭头。

朝以及女真后裔满洲族所创建的清王朝。不仅如此，在这段漫长的历史长河中，中国东北地区也诞生了许多侯国、方国等，具有代表性的莫过于朝鲜侯国、乌洛侯国、夫余国等。

综上可见，在商周到秦汉年间，诞生于东北大地的肃慎、濊貊和东胡三大古老民族与中原地区经历了长期的磨合，在朝代的不断更替和民族的相互融合中，衍生出诸多璀璨灿烂的文明。其中，匈奴、东胡、鲜卑等多个古代民族凭借着自身的骁勇善战和卓越智谋，成了北方领地的佼佼者与掌控者，甚至部分民族在与中原文明的碰撞交融中，一举打败中原地区腐败的王权统治，多次称帝、逐鹿中原，使得中国历史上出现了多次南北朝大融合的情形。与此同时，鲜卑、女真等民族还横扫欧亚大陆，打破了不同国别之间的界限壁垒，极大扩充了中国的边疆领土，而这些也为中西方经贸的互通有无和文化的碰撞融合奠定了历史基础。

后来，满洲族由东北入关，攻克了腐朽落败的明王朝，建立了中国最后一个封建统治王朝——清王朝，而这也一改中华大地分崩离析的局面，在坚持国家领土完整的同时，实现了中华民族不同文化间的整合。在某种程度而言，中国历史上的大一统格局，正是因为东北古老民族不断入主中原，与中原地区各民族碰撞、融合而形成的。

中世纪以后的中国历史王朝更替中，有不少王朝都是由东北古代民族创建的，而这些民族逐鹿中原、横扫欧亚大陆的强劲势头，对整个东亚和欧亚地区都产生了极为深刻的影响。另外，东北民族所建立的王国政权，在很大程度上促进了中国王朝政权的更迭，在中华民族的不断演进与发展中发挥了显著作用。

近现代以来，中国东北因其独特的地理区位和深厚的历史底蕴而在国际社会中享有一定知名度，在改变东北亚国际环境等方面发挥了重要作用。17世纪80年代，清政府因在雅克萨战役中大获全胜，沉重打击了沙俄政府嚣张的侵略气焰，而此次战争也让清政府与沙俄政府明确了国别界限。19世纪中叶，清王朝内忧外患，开始逐步走向没落，后被迫同沙俄政府签署了卖国条约——《中俄瑷珲条约》和《中俄北京条约》，将我国黑龙江以北、乌苏里江以东100余万平方公里的土地割让出去。时至今日，我国东北疆域仍然沿袭了清王朝时期不平等条约签订后所形成的疆域格局。在尚未割让之前，东北疆域辽阔，黑龙江下游、库页岛等多个地区均属于中国领土，然而《中俄瑷珲条约》等一系列不平等条约的签订，使得东北疆域面积大幅减少，甚至失去了整个滨海区域和有效出海口。这种局面或多或少限制了当地的经济建设与未来发展。

1907 年，清政府将东北划为奉天（辽宁）、吉林、黑龙江三省，东北地区开始称为"东三省"。1921 年，当时的北洋军阀张作霖"督办东北屯垦边防事宜"，他的奉军便改称为"东北军"。1923 年 4 月，东北大学在沈阳成立。从此，报刊上对"东北"名称的使用逐渐增多，并成为人们的习惯称呼。①

1931 年九一八事变，日本帝国主义侵略东北，东北率先举起反抗日本帝国主义的大旗。抗日战争期间，东北地区涌现出众多抗日英雄，尤其是东北抗日联军，他们给日本侵略者以沉重打击。1945 年抗日战争胜利后，东北三省成为中国共产党领导下最先解放的地区。而率先解放的东北各族人民在中国共产党的统一领导下，积极参加解放战争，不断向前线输送粮食和其他物资补给，为全中国的解放做出了卓越贡献。

东北人民不仅为解放战争取得最终胜利夯实了基础，而且为新中国经济复苏和建设做出了积极努力。1948 年年底，当时的东北局下达《关于东北解放后形势和任务的决议》，明确表示东北三省要牢牢把握时代发展趋势，正确看清时代发展风向，有条不紊地开展经济建设工作。在当时解放战争即将结束的攻坚时期，东北背负着支援全国解放战争的艰巨任务，承担着为前线军队提供充沛的物质供给的伟大使命。而为了践行这一光荣使命，东北地区公众团结一心，重点发展工业，颁布、施行了一系列经济振兴策略，如搭建一批能力出众的领导班子，统筹指挥区域经济整体发展，为下属地区的经济建设指明新方向；寻找工业投资来源，千方百计促进经济发展提速升级；贯彻落实经济发展策略，根据本地区实际情况投资一些工程项目等，建设了一批工业企业，如本溪钢厂、阜新煤矿、有色金属厂和机械工业等，初步构成了东北三省的重工业体系，这为新中国经济复苏和社会主义改造时期的经济发展奠定了坚实基础。

新中国成立初期，东北三省是我国"一五""二五"计划经济时期发展起来的，以钢铁、机械、石油、化工、煤炭、建材等工业为主体的重工业基

---

① 金凤君、张平宇等：《东北经济地理》，经济管理出版社 2021 年版，第 3 页。

地，为全国社会主义工业化奠定了初步基础。与此同时，东北三省还是我国重要的粮食和林业基地。例如，1953年，东北三省占全国GDP比重达12.60%，1953年到1960年，东北三省占全国GDP逐年上升，到1960年，这一比例高达1/5。东北迎来了辉煌时期，在全国经济格局中的地位也变得至关重要。这一期间，东北地区的钢材、煤炭、石油、电力源源不断地从这里输出，流向国内其他地区，对国内其他地方的建设、国防工业等发挥了巨大的扶持和帮助作用。可以说，东北地区在新中国成立初期国内经济建设中做出了极大贡献、功勋卓著。

1978年五届全国人大一次会议通过并实行《1976—1985年发展国民经济十年规划纲要（草案）》，明确提出要在全国工业体系相对完备健全的情形下，建成西南、西北、东北等六个大区的经济体系，要求每个经济协作区应建立"不同水平、各有特点、各自为战、大力协作，农轻重比较协调发展的经济体系"。1983年，国务院成立东北能源规划办公室，1985年改为东北经济区规划办公室，职责是负责制订东北地区的经济、科技和社会发展规划，协调东北三省与内蒙古东部地区的经济发展步伐，推动经济区的整体建设。至此，东北经济区成为国家发展的一个重要板块，一直延续到20世纪90年代，成为后来老工业基地战略制定涵盖的范围。

在一系列经济发展政策的规划引导下，东北经济实现了迅猛发展。尤其是在社会主义建设初期阶段，该地区充分利用本地资源优势，发展了一系列重工业和其他拳头产业，为当地公众摆脱贫困，为国家经济稳步增长做出了重大贡献。比如："北大荒"的开发建设，加快了当地农业生产的发展，使东北成为全国至关重要的粮食生产基地；大庆油田的开发，为当地工业发展奠定了坚实的物质基础，亦使之成为国家重要的能源基地；等等。得益于国家宏观经济政策的指引，加之各项资源的深度开发，东北地区成为当时计划经济体系最完整的地区之一。在这种由国家配置资源的经济大环境下，东北地区凭借天然资源优势备受国家青睐，借助计划经济时期的诸多政策倾斜，东北经济成为当时国民经济体系的支柱和领军者。

然而，从1960年开始，东北三省占全国GDP比重逐年下降，到1980年年底占比13.3%，到1990年跌至11.8%，东北地区经济开始走向衰落（见表1-1）。

表 1-1　计划经济时期东北三省的经济规模及占全国的比重

| 年份 | GDP/亿元 | | | | 占全国比重/(%) | | | |
|---|---|---|---|---|---|---|---|---|
| | 东北三省合计 | 辽宁 | 吉林 | 黑龙江 | 东北三省合计 | 辽宁 | 吉林 | 黑龙江 |
| 1952 | 83.93 | 41.38 | 16.55 | 26 | 12.4 | 6.1 | 2.5 | 3.8 |
| 1965 | 224.97 | 103.15 | 42.92 | 78.9 | 13.1 | 6.0 | 2.5 | 4.6 |
| 1975 | 415.32 | 198.51 | 72.31 | 144.5 | 13.8 | 6.6 | 2.4 | 4.8 |
| 1980 | 600.59 | 281.0 | 98.59 | 221 | 13.3 | 6.2 | 2.2 | 4.9 |
| 1985 | 1074.03 | 518.59 | 200.44 | 355 | 11.9 | 5.8 | 2.2 | 3.9 |
| 1990 | 2203.03 | 1062.74 | 425.28 | 715 | 11.8 | 5.7 | 2.3 | 3.8 |

资料来源：根据《新中国五十年统计资料汇编》整理。

1990年以后，我国由计划经济向市场经济转型，在此背景下东北老工业基地的体制性和结构性矛盾日趋显现。此外，由于企业设备和技术老化、资源性城市主导产业不断衰退、人才大量流失等问题，东北三省经济发展步伐缓慢甚至停滞，与沿海发达地区的差距不断扩大。1990年时黑龙江、辽宁、吉林三省的工业生产增长率在全国排名已经明显后退，分别为全国倒数第二、第四和第五。从国家统计局公布的《2010—2019年东北三省经济总量占全国比重趋势》数据来看，辽宁、吉林、黑龙江东北三省的GDP总量占全国的比重由9.10%下降到5.07%（见图1-1）。

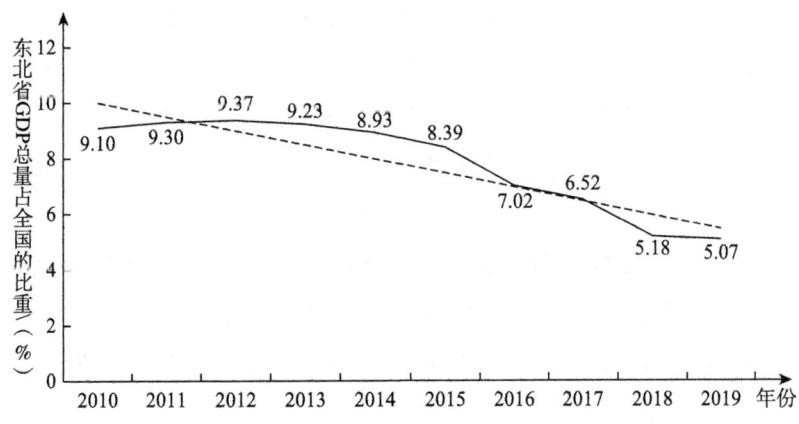

图 1-1　2010—2019年东北三省经济总量占全国比重趋势
资料来源：根据国家统计局公布的数据计算而得。

由国家统计局网站公布的《东北三省及主要城市经济总量及排名》数据显示：从经济总量排名上看，2020年上半年辽宁省在全国排名第17位，相比上年下降了3位；吉林省与上年持平，排在第25位；黑龙江省在全国排第26位，比上年下降了2位。从东北三省主要城市情况看，沈阳在全国排第34位，比上年上升了1位；长春与上年持平，排第32位；大连和哈尔滨在全国排名下降较多，大连由第26位下降到第29位，哈尔滨由第40位下降到第49位（见表1-2）。

表1-2 东北三省及主要城市经济总量及排名

| 地区 | 2020上半年GDP/亿元 | 实际增速/(%) | 2020年全国排名 | 2019年同期排名 |
| --- | --- | --- | --- | --- |
| 辽宁省 | 11132.50 | -3.9 | 17 | 14 |
| 吉林省 | 5411.92 | -0.4 | 25 | 25 |
| 黑龙江省 | 5250.60 | -4.9 | 26 | 24 |
| 沈阳市 | 2887.70 | -5.2 | 34 | 35 |
| 大连市 | 3155.00 | -3.5 | 29 | 26 |
| 长春市 | 3058.20 | 1.2 | 32 | 32 |
| 哈尔滨市 | 2062.10 | -7.1 | 49 | 40 |

资料来源：国家统计局网站。

比较2020年上半年的地区GDP，从东部、中部、西部和东北四大区域来看，东北地区降幅较大，为3.3%，与中部地区的3.8%相当。在全国291个城市中，2020年上半年有16个城市降幅超过10%，黑龙江省的伊春市和七台河市就在其中，哈尔滨、吉林、大庆、沈阳4市降幅在5%—10%。[①]

近年来，由于东北三省经济持续下滑，区域形象也随之严重受损。例如在投资圈里，一直有一种说法流传，即"投资不过山海关，投资不去云贵川，投资不上太行山，投资不到宁藏甘"。其中"投资不过山海关"中的"山海关"，位于河北省秦皇岛市，是河北省与辽宁省的分界线，也就是华北地区和东北地区的分界线。所以这一句所指的区域，即东北三省：黑龙江、吉林、

---

① 郭连强、梁启东等：《中国东北地区发展报告（2020）》，社会科学文献出版社2021年版，第12—13页。

辽宁。

与东北三省经济逐渐衰退、区域形象备受诟病相对照的是，我国东部及沿海地区伴随着1978年改革开放的春风，利用改革开放以来的各种优惠政策，大胆改革，尝试建立社会主义市场经济体系，经济持续高速发展，成为中国经济腾飞的样板、模范；与此同时，东北地区占全国 GDP 比重却持续下滑。我们可以用几个具体的数据来说明一下东北三省和南方省份经济发展逐渐拉开的差距。改革开放初期，辽宁省地区生产总值是广东省的2倍，1990年广东省地区生产总值是辽宁省的2倍，1980年黑龙江省地区生产总值与东部6省市的平均值相当，1990年黑龙江人均国内生产总值仅仅是上海的1/4。与东北三省持续走低的人均 GDP 相对应的是，2010—2019年东北三省人口不断流失、人口自然增长率为负以及老龄化程度加深等问题变得日益严峻（见图1-2）。

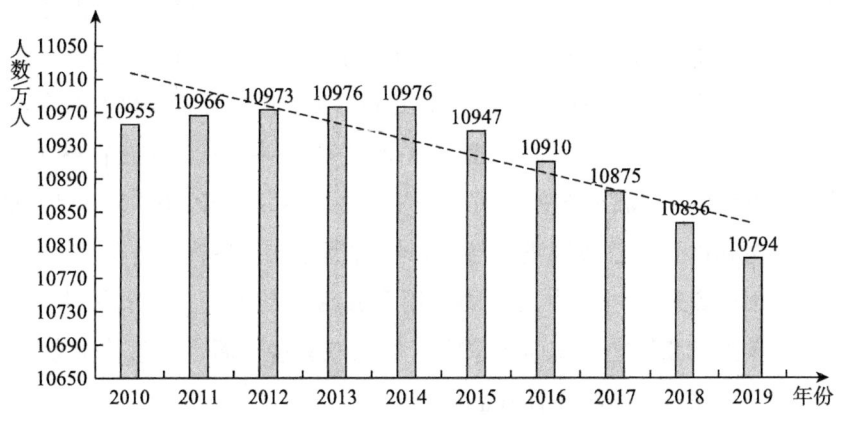

图1-2 2010—2019年东北三省常住人口总量变化

资料来源：国家统计局网站。

与之相应，那些区域地位迅速提高，区域形象越来越好，支持经济持续健康发展的区域环境也得到较大改善，逐步成为人们乐于居住、争相前往的地方。人才集聚，资金汇流，形象与经济发展互为促进，形成良性循环。深圳崛起，青岛、杭州迅猛发展，珠海形象提升，都属此例。而经济较落后的区域，其形象也往往较差，区域政府不理解或者不重视区域形象的维护与塑造，社会各领域败坏区域形象的"毁容"事件屡有发生，经济落后和形象问题互相影响，形成恶性循环，困扰着这些区域的可持续发展。

从当前我国区域形象现状来看，区域形象呈现出不平衡的发展态势。如果以简单的优、劣区分，大约有如下规律：沿海及东部地区的区域形象较好，而中部、西部及东北部的区域形象一般较差。同是中西部地区，富裕区域形象较好，欠发达区域形象较差；中心城市形象较好，偏远区域形象较差；自然风光优美的区域形象较好，自然条件较差、交通不便的区域形象较差；民风淳朴的区域形象较好，反之形象较差；文化底蕴较厚的区域形象较好，文化底蕴单薄的区域形象较差。

2000年前后，我国东北三省、河南省、新疆维吾尔自治区等都曾在某些方面给公众留下了负面印象，给区域的经济社会发展带来了严重损失。近些年，这些区域的形象呈现回升趋势，对此大众媒介功不可没。在此背景下，为推进东北三省在现实基础上提升形象进而实现区域经济可持续发展，尤其是针对负面区域形象的问题，不同学科的研究者从多个角度对区域形象建构问题深入研究，建言甚多，其中不乏真知灼见，却也存在较大的继续开拓的空间。从媒介角度探讨区域形象建构问题，是在其他学科研究基础上的进一步尝试，希望为东北三省的公众形象提升和经济再度辉煌提供借鉴和参考。

在区域形象的上升、下降方面，东北三省之一——黑龙江省最为典型。因此，本书将以黑龙江省为例，重点分析黑龙江区域形象的嬗变历程、特征、影响，并对其负面形象成因进行解析，探讨黑龙江区域内、外的大众媒介在黑龙江负面形象形成过程中发挥的作用及其深层动因。其中的规律性认识，不仅对改善黑龙江等饱受负面形象之苦的区域有益，而且对整体形象良好但仍然存在负面因素的区域亦有借鉴意义。

## 第一节 区域发展对大众媒介产生的影响

一、区域的释义

《现代汉语词典》对"区域"的解释是"地区范围"，可以指地球上的一个洲际，也可以指一个国家、一个省份、一座城市、一个县、一个村镇，以及其他具有共同特征的空间单元。这里"区域"是指那些设有一定政府管理（或行使政府管理）职能机构的相互联系的区间。

"区域"一般包括三个类型：一般行政区，指我国现行划分的各省、自治区、地、市、县、乡（镇）及其他具有政府行政管理职能的区，其特点是社会机构多，管理条块复杂；特别行政区，主要指实行特殊经济政策的区域，如深圳、珠海、汕头、厦门等经济特区、保税区、开发区等；综合经济区，主要指在地理位置、经济发展上有一定关联的经济区，如长江三角洲地区、珠江三角洲地区等，各市、县经济发展速度较快，具有自身经济发展特点，可作为一个整体来进行研究。

不同学科对"区域"也各有释义：政治学一般将"区域"看作国家实施行政管理的行政单元，经济学将之理解为人类经济活动的空间，地理学把它作为地球表面的一个地理单元，社会学把它作为某种具有语言、宗教、民族、文化等相同社会特征的聚居社区。本书重在探讨我国省级行政区划的形象建构问题，采纳政治学意义上对"区域"的理解，即指特定的行政单元。

## 二、区域发展对大众媒介产生的影响

### （一）区域政治功能为大众媒介指明办报方向和法律规范

区域政治功能与大众媒介之间存在深刻的关联性，主要体现在区域政治功能对大众媒介的产生与发展起到的决定性作用，以及大众媒介对区域政治功能必然存在的反作用。从历史角度分析，大众媒介是在一定的现实社会背景和政治发展背景中应运而生的，区域政治功能在为大众媒介指明办报方向的同时，还通过法律规范、专门机构管辖和利益集团牵制等途径，规范和限制大众媒介的各种活动，并对大众媒介的生存和发展起到决定性作用。总结区域政治功能对大众媒介产生的影响，主要表现如下。

1. 为大众媒介指明办报方向

纵观大众媒介发展的历史，不难发现政治在其中留下的种种痕迹。例如，我国近代意义上的大众媒介是在清朝末年开始出现的。技术手段和物质条件是当时大众媒介产生的重要外在条件，但究其产生的内在原因，还与当时不同政治利益主体和权利主体都希望通过大众媒介这种载体表达自己的观点、维护自己的利益密切相关。例如，天津《大公报》在1902年6月17日创刊伊始，即提出"不党、不卖、不私、不盲"的办报方针。所谓"不党"，指的是"对于中国各党阀派系，一切无联带关系"；"不卖"，指的是"不受一切带有政治性质之金钱补助,且不接收政治方面之入股投资";"不私",指的是"报纸并无私用,愿向全国开放,作为公众喉舌";"不盲",指的是"不盲从、不盲信、不盲动、不盲争"。① 然而,从1928年蒋介石政府完成统一到国民党政权倒台,《大公报》虽然骂过官员,痛斥过腐败,但却从来没有倒过蒋。据《大公报》总编辑王芸生回忆说,主持该报笔政15年的张季鸾曾经关照过他:"我和蒋介石先生有交情,你写社评,只要不碰蒋先生,任何人都可以骂。"② 从政治权益主体和权利主体的利益出发,《大公报》虽然痛斥过国民党政府的腐败,但是该报对于当时官员的舆论监督和曝光,实际上与蒋介石维持政治统治的利益是一致的,最终起到了"小骂大帮忙"的作用。③

在我国社会主义现代化建设中,大众媒介同样担负着宣传思想阵地的责任。在得到广大受众欢迎的前提下,大众媒介还需要"担负起宣传党和国家大政方针"的重要责任,不仅要了解社情民意并做到"上通下达",而且要全面落实习近平总书记在中国共产党第十九次全国代表大会上提出的关于"坚持正确的舆论导向,高度重视传播手段建设和创新,提高新闻舆论传播力、引导力、影响力、公信力"的重要思想,认真学习和掌握马克思主义新闻观,全面巩固马克思主义在我国意识形态领域的主导地位,通过大量接地气、震撼人心的新闻报道,引导广大公众牢固树立对新时代中国特色社会主义的理想和信念,弘扬以爱国主义、集体主义、社会主义为核心的先进精神,以及以改革创新为核心的新时代精神,激发和调动广大公众积极向上、奋勇争先、开拓进取的精神状态,使广大公众自觉将个人的前途命运与国家、民族的前途命运连接在一起。

2. 对大众媒介进行法律规范

区域政治功能在为大众媒介的生存与发展指明办报方向的同时,还通过法律规范制约着大众媒介的内容取舍和发展规模。法律规范是区域政治力量对大众媒介进行控制的最主要途径。在这里,区域政治力量是指那些掌握了立法权和司法权,掌握了政治统治权的地方政府和政党组织等。这些政党组

---

① 张季鸾:《本社同仁之志趣》,《大公报》1926年9月1日。
② 王芸生、曹谷冰:《1926—1949的旧大公报》,《文史资料选辑》第25辑。
③ 德山文:《旧大公报剖视》,《新闻战线》1958年第1期。

织不直接以行政手段硬性干预大众媒介的自由,但是却通过法律手段规范大众媒介的权利与义务,使之服从和服务于地方政府和政党组织维护基层社会治理的需要。

我国对大众媒介的法律规范主要体现在如下方面。一是坚决维护大众媒体的社会主义性质,要求媒体机构必须服务于社会主义现代化建设,必须维护社会主义国家的各项制度。二是大众媒体作为党和人民的"耳目喉舌",要受到相关法律法规的规范,要以维护国家安全、维护社会安定团结为准绳,不得随意泄露国家机密、不能散布颠覆社会主义制度的言论。另外,在一些重大新闻的报道和传播上,大众媒介要充分发挥自身的舆论引导作用,稳定社会情绪,保证国家稳定和社会稳定。三是保障新闻言论自由,大众媒介在相关法律法规制度的规范下,还需要为广大公众提供发表意见和提出建议的渠道,允许广大公众在合法合规的范围内自由表达意见和看法。

### (二)区域经济功能为大众媒介提供物质基础

区域本身的功能及结构体系一直随着社会的变迁而演进,但是区域的经济聚集功能,即它对物质的聚集功能却是自始至终一直存在的,且日益突出。从区域经济学角度看,作为区域里的一个"经济景观",城市是社会经济活动空间聚集的结果,同时也是空间经济体系格局的最高表现。[①] 经济学家 K. J. 巴顿认为:"城市是一个坐落在有限空间地区内的各种经济市场——住房、劳动力、土地、运输等——相互交织在一起的网状系统。"[②] 巴顿对城市的这种认识,实际上是指区域"聚集经济"的功能。

所谓"聚集经济",又称"聚集经济利益""聚集经济效益",一般是指因企业、居民在一定区域空间内大量集中,由此而带来的经济利益或成本节约。也就是说,它是指"一批厂商因彼此位于附近,而可能产生的经济效果或费用减少"[③]。这一概念最初是由马克斯·韦伯明确提出来的,其侧重点在

---

[①] 所谓"经济景观",按照奥古斯特·勒施的解释,是指从市场区域角度描述的以城市为核心的市场组织体系或经济空间秩序的最高现象。详见奥古斯特·勒施著,王守礼译的《经济空间秩序》(商务印书馆1995年版)第六章、第十一章的有关描述。

[②] K. J. 巴顿:《城市经济学:理论和政策》,上海社会科学院部门经济研究所城市经济研究室译,商务印书馆1981年版,第14页。

[③] Alan W. Evans:《城市经济学》,甘士杰、唐雄俊等译,上海远东出版社1992年版,第43页。

于说明企业的空间聚集所带来的经济效果。恩格斯对区域聚集经济效果也深有感触，他说："城市愈大，搬到里面来就愈有利，因为这里有铁路，有运河，有公路；可以挑选的熟练工人愈来愈多；由于建筑业中和机械制造业中的竞争，在这种一切都方便的地方开办新的企业，比起不仅建筑材料和机器要预先从其他地方运来，而且建筑工人和工厂工人也要预先从其他地方运来的比较遥远的地方，花费比较少的钱就行了。"[1] 恩格斯甚至还认为："这种大规模的集中，250万人这样聚集在一个地方：使这250万人的力量增加了100倍。"[2] 当然，区域的聚集经济利益并不仅仅局限于企业、工厂的范畴。实际上，一定区域内公众的大量聚集，会产生种种经济利益并节约生产成本。例如，公众的大量聚集自然扩大各种生活、生产消费品的需求规模，企业则在不断扩大生产规模过程中受益，同时还会降低运输、储存、销售等方面的成本。另外，公众的大量聚集所引起的文化交流与相互融合，则促进了普通公众受教育程度的提高。

同其他企业一样，大众媒介的生产、传播和销售也需要有一定的物质基础，并且随着社会生产复杂程度的提高，大众媒介对于区域经济条件的依赖性将会越来越强，而区域在聚集经济方面的优势，无疑为大众媒介的生存和发展提供了无可比拟的优越条件。此外，作为一种较高层次的精神需求，人们对大众媒介的需求只有在物质需求得到较大程度的满足后才有可能产生。因此，作为经济中心区域，往往就是大众媒介需求和消费最为集中的地区。那么，区域的经济功能为大众媒介的生存和发展提供了哪些物质基础呢？

1. 提供较高素质的受众

大众媒介是为区域内公众提供新闻及信息服务的，其中大众媒介能够触及的受众数量和规模，决定了大众媒介的发展空间。例如，纸质媒介是以文字为媒介提供新闻和信息服务的，这就要求接受这种服务的受众必须受过一定的教育，至少不能是文盲。由此可以推断，大众媒介所在的一定区域内的人口文化素质，决定了大众媒介生存发展的趋势。

---

[1] 《马克思恩格斯全集》第二卷，中共中央马克思恩格斯列宁斯大林著作编译局编译，人民出版社1957年版，第301页。

[2] 《马克思恩格斯全集》第二卷，中共中央马克思恩格斯列宁斯大林著作编译局编译，人民出版社1957年版，第303页。

同世界许多国家一样，我国大众媒介的受众也主要集中在城市。有调查表明，我国一些城市市民用于购买报刊、图书的支出约占其可支配货币收入的 2% 左右，每星期阅读报刊和图书一次以上的市民，约占该城市有阅读能力的市民人口总数的 90%，而一周内市民阅读报刊、图书的平均天数为 2.5 天。由此并综合其他人口特征因素推论，在我国主要城市，报刊、图书的普及率大约是 25%。① 而在这 25% 的报刊、图书普及率里，大众媒介对受众发挥的重要作用功不可没。

2021 年 5 月 19 日，北京市第七次全国人口普查主要数据结果出炉。从普查结果来看，人口文化素质的快速提升是北京当前发展阶段的重要优势，这种优势突出体现在两个方面。第一，2020 年，北京市 15 岁及以上常住人口的平均受教育年限为 12.6 年，高于全国平均受教育年限 2.7 年。其中，16—59 岁劳动年龄人口的平均受教育年限为 13.3 年，比 2010 年的 12.2 年提高了 1.1 年。第二，北京市 15 岁及以上常住人口中，47.6% 的人口具有大专及以上文化程度，达到 919.1 万人，与 2010 年相比，总量增加 301.3 万人，增长 48.8%，占比提高 13.2 个百分点。其中，硕士、博士分别为 126.3 万人和 22.8 万人，合计比 2010 年增长 1.2 倍。在北京市高精尖经济结构的构建中，高学历人口发挥重要作用。②

再如，2021 年 5 月，天津市对外发布第七次人口普查数据结果，全面呈现该地区 10 年间人口变化情况，以及各项人口指标变化趋势。调查数据显示，天津市常住人口中，大专及以上学历的人口占比达 26.9%，远远高出全国平均水平的 1.14%，这说明天津地区文化资源丰富、市民整体受教育水平高。另外，该地区人口指标同 10 年前相比也呈现出大幅上涨的趋势，增幅超 54%。统计数据还表明，天津市大学本科学历的人口总数达 1.4 万人，与 2010 年相比增幅超 82%，这说明国家基础义务教育的普及，全面提高国内受教育水平；而研究生以上学历的人则相对较少，但是与 10 年前相比呈现出激增的态势，增幅达 140% 以上。不仅如此，天津地区 15 岁及以上人口平均受

---

① 《许中田谈中国报业现状与发展趋势》，来源于人民网，http://www.people.com.cn/GB/shizheng/18/21/20020613/752386.html。
② 《专访北京市统计局副局长，北京人口普查数据透露哪些信息》，来源于腾讯网，https://xw.qq.com/cmsid/20210520A0DO4P00?f=newdc&ivk_sa=1023197a。

教育年限等多个指标也处于全国排名靠前的地位,且与发达国家之间的差距逐渐缩小。①

我国教育的普及以及城市内人口文化素质的不断提高,为大众媒介准备了大批可待发掘的受众资源。

2. 提供充足的广告资源

我国的经济发展水平在区域上存在着严重的不平衡现象,一般来说,经济发达的区域往往更容易形成发达的文化中心,而经济欠发达的区域由于物质基础相对匮乏,则对当地大众媒介的生存与发展产生一定的制约作用。由于大众媒介的产业化经营是建立在广告基础上的,而广告则是随着区域商品经济发展起来的。因此,商品经济越发达的区域,广告资源就越丰富,而广告资源越丰富,为大众媒介提供的资金也就愈加充足。例如,1999年《广州日报》的营业额高达9.7390亿元,《新民晚报》、《深圳特区报》和《羊城晚报》也分别达到8.2987亿元、6.1804亿元和6.1000亿元,《北京青年报》和《计算机世界》以其独特的经济能力而分别达到3.5100亿元和3.2723亿元。这些数字表明,经济发达区域吸引广告的能力相对旺盛,而这些区域的大众媒介也因为旺盛的广告资源而成为企业巨人。与此同时,大众媒介为了获取到高额广告营业额,又会不遗余力地塑造与提升区域形象。

3. 提供必备的物质资源

大众媒介生产需要耗费一定的物质资源。例如,纸质媒介的生产需要有一定的印刷设备,同时也需要耗费一定的原材料和能源动力。另外,大众媒介采集和传播各种新闻和信息时,也需要有一定的采集和传播手段作为技术保障,如通信器械、交通工具、照相机、录像机、录音机、电脑等。大众媒介的这些物质需要,同其他产业对物质资源的需求是一致的。

(三) 区域文化功能为大众媒介提供人才和信息

作为人类财富的集中地区,城市是区域内人类精神文化与物质文化的"容器"。纵观人类的历史,城市是人类文化的结晶。美国知名学者刘易斯·芒福德认为:"用象征性符号贮存事物的方法发展之后,城市作为容器的能力自

---

① 《人口素质明显提高 高学历人口增加》,来源于腾讯网,https://xw.qq.com/cmsid/20210522A033UY00。

然就极大地增强了：它不仅较其他任何形式的社区都更多地聚集了人口和机构、制度，它保存和留传文化的数量还超过了一个个人靠脑记口传所能担负的数量。这种为在时间或空间上扩大社区边界的浓缩作用和贮存作用，便是城市所发挥的独特功能之一，……爱默生讲得很对，城市'是靠记忆而存在的'。"① 在人类文化进化方面，城市具有极为显著的价值和作用，由此被称为"文化容器"。那么，区域文化功能为大众媒介的发展提供了哪些资源呢？

1. 为大众媒介提供办报人才

区域文化功能的核心是公众的教育文化素质。因为，一个区域的文化品位，源于区域内公众良好的素质和大众社会的成熟程度，而大众社会的成熟，则源于普通公众整体受教育的程度和获得教育后的应用能力，这一能力集中体现在区域的教育与科学技术发展水平。正是基于这种原因，区域内的各个城市往往是大专院校、科研院所、文化场馆等文化机构的聚集地，也是对各类人才最具吸引力的工作和生活场所，因此，有着"文化容器"之称的城市，基本上可以提供区域内大众媒介办报和经营中所需要的各种人才。

值得注意的是，当媒介人才各尽所能，为大众媒介的发展发挥着积极作用时，不同地区文化背景的媒介人才，也给大众媒介刻下各不相同的"文化密码"。例如，中华文明五千年积淀与传承下来的，以北京为代表的"京派文化"；近代以来在中西文化冲突和融合中形成的，以上海为代表的"海派文化"；敢于领天下风气之先，以广州为代表的"岭南文化"。这使北京、上海、广州三个不同城市的大众媒介呈现出三种截然不同的版面风格："京派"、"海派"和"岭南派"。仅以报纸为例，"京派"报纸版面庄重大方、典雅大气，文化气息较为浓郁。比如《北京晚报》的读者对象，主要是以文化内涵和文化层次较高的知识分子为主，因此这份报纸的版面风格端庄文雅、清秀文静，在标题制作方面比较讲究文采，在版面设计上务求简单明了、层次清晰。"海派"报纸版面较为精巧细致，追求清新高雅。又如《新民晚报》在版面编排方面，比较注重传统的版面布局，追求的是精致小巧、变化多端。"岭南派"报纸版面讲求务实创新、引领时尚、追逐潮流。再如《南方日报》在全国首

---

① [美]刘易斯·芒福德：《城市发展史——起源、演变和前景》，倪文彦、宋峻岭译，中国建筑工业出版社1989年版，第74—75页。

创周末版，而《羊城晚报》则在全国首创个人署名的言论专栏。

2. 为大众媒介提供信息资源

区域内公众之所以需要大众媒介，是希望通过这家媒介了解区域内外各方面新近变动的信息，因此提供信息是大众媒介存在的前提条件。从哲学意义上来说，信息并不属于稀缺资源，物质无限，信息也是无限的。但是，对于大众媒介来说，它所传播的主要是信息海洋中人们共同感兴趣的那一小部分信息，尤其是在当前各种大众媒介相互竞争的时代，能够吸引受众的信息资源更是大众媒介竞相争夺的稀有资源。

例如，城市每天都吸收和接纳着各种新闻和信息，城市越大，它的信息场就越大，特别是在互联网时代背景下，新媒体、新技术的使用成为受众生活中须臾不可缺少的重要内容。然而，城市中的各种新闻和信息往往又是杂乱无章的，如各种店铺广告、电梯广告、街头小广告、旗帜招牌等，这些广告信息中很大一部分缺乏艺术表现力，且存在着让受众"强制关注"的意味。大众媒介亟待对这些无序、杂乱的信息进行二次创作，将它们变成对受众生活有启迪、有意义、有价值、有秩序的信息符号。

（四）区域社会功能为大众媒介提供存在空间

空间作为一种社会与文化的存在形式，有多种解释。挪威建筑学家诺伯格·舒尔茨在其专著《存在·空间·建筑》中提出五大空间概念：一是肉体行为的实用空间，强调人与自然的和谐统一，认为人在自然有机环境中生存与发展；二是直接定位的知觉空间，是实现人的同一性不可或缺的要素；三是环境方面为人形成稳定形象的存在空间，是人类社会化的前提与基础；四是物理世界的认识空间，是人类自主探索、独立思考的关键；五是纯理论的抽象空间，为描述其他空间的属性、本质等提供工具。不仅如此，该学者还明确表示空间主要由用具、住房、区域、景观、地理五个核心阶段构成，同时指出在特定区域下城市的形成与发展，同社会交互关系以及社会基本生活形态密切相关，是人类在达成一致共识基础上而创建的共同生活区间。而在这个特定区域下，广大公众在有限的聚集地相互交流、沟通，共享区域社会的公共空间。同时，它也为大众媒介的生存和发展提供了必要的生存空间，主要包括自然空间、社会空间和流动空间。

1. 为大众媒介的生存与发展提供自然空间

美国规划学家凯文·林奇主要是从人的认知视角出发，考察与分析城市空间。在其专著《城市意象》中，凯文·林奇认为道路（Paths）、边界（Edges）、区域（Districts）、节点（Node）、标志物（Landmarks）是建构城市形象必不可少的五个关键要素。① 凯文·林奇还强调说："一个高度可意象的城市（外显的、可读或是可见的）应该看起来适宜、独特而不寻常，应该能够吸引视觉和听觉的注意和参与。环境这种给人以美感的特点，不但应该简化，而且要持续深入。"②

事实上，世界上拥有着美丽的自然空间的城市很多。例如，我国南京就是一座这样的城市。古代便有人称南京是"龙盘虎踞，今古帝王州。水如淮，山似洛，凤来游。五云浮。宇宙无终极"③。孙中山先生 1918 年在《建国方略》中也高度评价了南京的地理环境："南京为古都，在北京之前，其位置乃在一美善之地区。其地有高山、有深水、有平原，此三种天工，钟毓一处，在世界中之大都市，诚难觅此佳境也。而又恰居长江下游两岸最丰富区域之中心……南京将来之发达，未可限量也。"古人所说的"钟山龙蟠、石城虎踞"主要是指南京的山势而言。南京的中部有一系列自东向西延伸、海拔不过数十米的小山岗，它们从紫金山起，余脉直下，连接富贵山，经过小九华山、鸡笼山（北极阁）、鼓楼岗、五台山，直抵千年以前还在江边的清凉山（古名"石头山"），由此南京可谓是"城在山中，山在城中"，这些山岗的上下和周围自古以来即拥有众多的历史文化资源。这在全国古城中是十分罕见的。④

就是在这种优越的自然空间内，南京出版、发行了近十种纸质媒介——《金陵晚报》《南京晨报》《江苏商报》《扬子晚报》等，纸质媒介之多，可以想见这座城市深厚的历史、文化底蕴，其浓郁的媒介文化与南京"天下文枢"的美誉不谋而合。正是由于南京自古以来拥有的"古帝王州"的自然地貌与悠久的历史文化资源，才使众多纸质媒介在这里得以生存与发展。

---

① ［美］凯文·林奇：《城市意象》，方益萍、何晓军译，华夏出版社 2001 年版，第 35 页。
② ［美］凯文·林奇：《城市意象》，方益萍、何晓军译，华夏出版社 2001 年版，第 7 页。
③ 这句诗出自宋代王野的《六州歌颂》。
④ 张鸿雁：《城市形象与城市文化资本论——中外城市形象比较的社会学研究》，东南大学出版社 2002 年版，第 125—126 页。

### 2. 为大众媒介的生存与发展提供社会空间

空间是由文化、历史、经济、政治、社会等人文要素塑造和构成的，从这个意义上说，空间绝不仅仅是几何三维空间。美国洛杉矶南加州大学传播学院教授、传播技术与社会研究中心主任曼纽尔·卡斯特认为，"空间是社会的表现"，"空间是结晶化的时间"①。以上观点表明，空间其实是一个"容纳体"，是多种空间价值与价值空间的组合。空间内存在的价值的多样性，决定了人们对区域空间认知的多样性。从这个意义上讲，各家媒介对区域空间的"读解能力"不同，所产生的社会意义自然不同，而这正是不同大众媒介的差异性所在。

### 3. 为大众媒介的生存与发展提供流动空间

城市每天都在流动。城市流动的核心是空间的变异，是不同空间发生变化和转化。不同学科对"空间流动"的解释有明显差异，曼纽尔·卡斯特对"空间流动"的解释是："所谓的流动，我指的是在社会的经济、政治与象征结构中，社会行动者所占有的物理上分离的位置之间那些有所企图的、重复的、可程式化的交换与互动序列。流动空间乃是通过流动而运作的共享时间之社会实践的物质组织。"② 流动的空间，使得城市形象具有"变异性"，城市的主要标志和主要特征在空间流动中经常发生变化，新的要素取代旧的要素，新的空间取代旧的空间。大众媒介对流动空间的塑造和反映，则是对城市空间的一种创新性利用。因此，大众媒介要充分认识空间的这些流动规律，进而将空间整合为文化资本形式加以运作，最终构建出具有跨时代意义的区域形象，将是其未来改革的一项核心内容。

## 第二节 区域形象的概念、内涵与分类

按照上述区域划分，目前提出的区域形象、城市形象、社区形象等都可归并为区域形象问题。在内涵上，区域与经济特区、地区、地方、城市、经济开发区等概念没有太大差别，只在空间尺度上有所区别。本书所指区域形

---

① [美]曼纽尔·卡斯特：《网络社会的崛起》，夏铸九等译，社会科学文献出版社2001年版，第504页。
② [美]曼纽尔·卡斯特：《网络社会的崛起》，夏铸九等译，社会科学文献出版社2001年版，第505—506页。

象系一般区域形象，与城市形象、地区形象、特区形象等可以统指。

一、区域形象的概念

国外对区域形象概念的代表性界定是由"现代营销学之父"——菲利普·科特勒做出的。他认为，区域形象是人们在提炼、加工地区大量原始信息和数据后的产物，是大量相互联系的地区信息的精简化，更是信仰、观念和公众印象的总和。目前，国内可知的最早对"区域形象"概念进行明确阐述的文章是《论区域形象识别系统》。作者禹贡认为，区域形象是人们对该区域的一种综合认识和评价，是该区域客观形象在人们心目中的感受，具有"有形"和"无形"的特征。① 此后，众多研究者从各自不同的视角出发，提出了诸多区域形象概念。

罗治英在《DIS：地区形象论》一书中提出，区域形象是一个地区的内外公众对该地区政治经济、社会文化、科技教育、生态环境以及区域面貌、道德风尚、政府执政能力和水平、区域内公众平均受教育水平、生活水准、历史文化等诸多层面的感知、看法和评价，涉及该区域的经济发展水平、规模、质量以及发展速度、模式、增长方式等内容，彰显其内在的综合实力、外显活力和未来发展前景。②

王德业在《区域形象浪潮》中认为，区域形象是区域内外公众对区域的一种看法和认识，是人们对客观事物的一种态度和心理活动，它是以人们的需求为基础的。③

赵定涛的《区域形象设计的原则与方法》认为，区域形象就是广大公众对某一区域内的政治经济、文化科教、生态环境等在内的诸多特征进行综合认知和总体评价，它绝对不是简单的视觉印象，而是具有非常丰富的精神文化内涵。④

钱智在《城市形象设计》中提出，城市形象是指一定城市的内在综合实力、外显发展动力和未来发展前景在公众心目中的认知和评价，是城市发展

---

① 禹贡：《论区域形象识别系统》，《武陵学刊》1995年第5期。
② 罗治英：《DIS：地区形象论》，中央编译出版社1997年版，第6页。
③ 王德业：《区域形象浪潮》，新华出版社1998年版，第12页。
④ 赵定涛：《区域形象设计的原则与方法》，《科学与科学技术管理》2000年第6期。

状态的综合反映。城市内、外部公众是认识和评价城市形象的主体。城市的日常活动会对公众心理产生影响，与此同时，公众对城市的静态因素和动态行为做出自己的认识和评价。各种信息经过无数次传播、吸收和反馈，再通过公众的意识陈述，最终使公众形成对整个城市的形象认识。[①]

马志强则认为，区域形象是一个区域对内和对外的整体形象，区域内外公众对区域的自然环境等物质方面，区域的政治经济、文化历史等精神方面，以及在区域范围内居住的人的行为表现的一种总印象和总评价。这种印象和评价是区域空间的总括，也是区域社会进步与否的标志之一。[②]

胡兆量在《区域形象设计》中提出，区域形象包括区域的视觉形象和区域的理念形象，其中视觉形象主要是指实物形象；而理念形象主要是文化形象，包括经济运行、法治道德、政府效能、风俗风气、文化教育等内容；另外，生活在区域中的人群是区域形象的主要载体。由此可见，区域形象是一个综合范畴。[③]

上述典型概念大致上可分为三个类别，即印象说、认识说和评价说。实际上，印象是客观事物在头脑中留下的迹象，即可能由亲力亲为而产生，也可能来自道听途说或者媒介信息，可能是主动生成的，也可以是随手获得的；认识是人的头脑对客观世界的反映，它和印象之间的不同在于它的主动性，以及具有反复性和无限性；评价是对某一事物的价值高低进行判断，比认识更前进了一步。就某一区域的形象而言，此三者是紧密结合、难以区分的。

综上所述，区域形象是区域内、外部公众在一定条件下对区域由其内在特点所决定的外在表现的总体印象、认识和评价。区域形象取决于区域客观的特点，也取决于区域内外公众的主观感受，受到主客体之间关系的影响。[④]

一般说来，区域形象主要包括五个方面：政府形象、经济形象、文化形象、人的形象和区域吸引力。不同区域可以根据自身区域发展实际和特点，以其中一个或几个方面作为主要的宣传诉求点，进行对内、对外宣传，塑造

---

[①] 钱智：《城市形象设计》，安徽教育出版社2002年版，第30页。
[②] 马志强：《区域形象——现代区域发展的品牌与魅力》，黑龙江人民出版社2002年版，第30页。
[③] 胡兆量：《区域形象设计》，《地域研究与开发》2003年第4期。
[④] 邢勇：《镜像·重塑·嬗变——河南区域形象的媒介建构》，河南大学出版社2013年版，第7页。

和传播良好的区域形象,最终促进区域形象的整体提升。

## 二、区域形象的内涵

区域形象的含义,主要包括区域形象的内涵以及外在表现形式,两者之间是内容和形式的关系。

区域形象的内涵是一个区域科学精神和人文精神融合程度的综合体现,它体现在区域的自然环境、政治经济、科学文化、社会生活等各个方面,是一个区域对人地关系的特有的理性认识和历史演变的记录。

区域形象很大程度上是通过区域的精神内涵来表现的。区域精神是区域内公民在长期认识自然环境、适应自然环境和改造自然环境的过程中逐步形成的。每一个区域都有自己的区域精神,这是区域在其特有的语言、习俗和人文传统的基础上,经过历史的演变而形成的。在区域的历史发展过程中,曾经有过多种区域精神,各种精神都曾经发挥过它们的一些作用,但是,历史上的区域精神由于当权者的利益差别,既有精华,也有糟粕,区域精神中也会存在一些不利于区域发展的东西。区域形象的精神内涵就是要通过区域形象的设计,塑造真正有价值的区域精神,它既是优秀区域文化的积淀和继承,又能反映和表现当今社会的客观现实和发展趋势。它应该成为区域公众共同塑造和不断得到发展的思想品格、价值取向和道德规范,是能够被区域内绝大多数公众所认同并自觉遵循的心理特征、文化传统、思维方式、行为方式和理想信念的综合反映。

区域形象的媒介建构就是要从区域的历史背景、精神内涵中,寻找到适合可持续发展的区域精神,将其深入挖掘并广泛传播,从而达到与区域经济、社会和文化等方面协调发展的目的。

## 三、区域形象的外在表现形式

区域形象的外在表现形式,是区域内外公众认识区域形象的主要途径,是表现区域形象精神内涵的主要工具,也是弘扬区域精神的主要形式。

区域形象的外在表现形式包括区域的自然物态和人文物态,由区域内的各种组织、人群、个人的精神风貌和各种有形无形的物质形式表现出来。

## （一）自然物态

区域形象与区域的自然地理环境密切相关，各种自然景观、气候、地理位置和环境、动植物条件、自然资源等都会引起人们的注意，成为区域形象的组成部分。区域自然物态还对区域人文物态的形成产生影响。在区域形象媒介建构的过程中，大众媒介要注意挖掘和传播那些有利于区域形象建构的自然物态，回避抑制区域形象建构的自然物态。

## （二）人文物态

区域形象的人文物态表现主要包括区域的历史蕴含、风俗习惯、文化气息、创新意识等诸方面，它是最能够反映区域精神的一个方面。区域形象人文物态的形成主要受到区域自然物态的影响，但是人文物态对区域形象的贡献要更多一些。在区域形象建构过程中，大众媒介应注重展现区域人文物态，把反映区域最佳精神风貌的人文物态挖掘、总结出来，并通过区域内外的大众媒介散播出去。

## 四、区域形象的分类

由于种种原因，各区域的形象存在较大区别，辨识这种区别有利于有针对性地对区域形象进行塑造或维护。依据不同的标准和性质，菲利普·科特勒将区域形象区分为以下五种类型。

### （一）正面形象

这些区域的形象总体上是正面的，获得了区域内外公众较大范围内的肯定或赞扬。尽管这些区域不需要改变形象，但应该扩大这种正面形象，并有效扩展至更大范围的目标群体。

### （二）弱势形象

这些区域的形象在内、外部公众中不够清晰、明确，区域特征不明显，不具备吸引力和美誉度，区域形象未能转化为竞争优势。

### （三）负面形象

这些区域给内、外部公众，尤其是外部公众留下的印象以负面信息居多，获得的整体评价较低，给区域各方面发展带来不利影响。这些区域需要更多的时间和精力认真采取措施进行形象修复。如果区域形象中有一些负面特征，将会直接产生一系列不利影响，影响该区域经济社会文化各方面的发展。

### （四）矛盾形象

一些区域有着相互矛盾的形象，因此公众对该区域的特征是什么持有不同的意见。这些区域需要加强正面形象，同时努力改变导致负面形象的现实，清除区域负面形象形成的根源。

### （五）过分吸引人的形象

这些区域获得了过多的赞美，受到外部公众过多的追捧和向往，对区域长远发展也会带来不利影响。应该减少宣传推广，甚至要考虑反向的抑制措施。

区域正面形象、弱势形象和负面形象是最常见的三种区域形象类型，也是本书着力研究的重点内容。

## 第三节 区域形象建构的五种理论视角

### 一、建构主义的理论视角

建构主义是苏联艺术家于20世纪20年代提出的一个全新概念，当时主要用于描述一种创新的艺术潮流。现在建构主义则被用来描述认识论观点和立场，这种研究取向以重视"事物乃是通过社会建构"而存在。

建构主义认识论对于本体的世界与人所认识的世界之间的关系的理解，与现实主义认识论有很大的差别。现实主义认识论主张，人的认知可以镜像般反映外在客观世界的真实面貌，客体独立于主体存在，主体能够客观地认识客体，主体认识客体的过程只是被动的反映行为；建构主义认识论则推翻了"认识可以镜像反映客观世界"的观点，主张人对外在世界的认识并非对其真实原貌的再现，而是认知建构的产物。建构主义认识论认为主体所获得的关于客体的认识始终是与主体的建构密不可分。这也是建构主义认识论的一个重要观点：建构产物具有主体依赖性。

20世纪70年代，传播学领域引入建构主义认识论的理论视角：大众媒介通过"议题设置",从纷繁复杂的社会现实中选择可以报道的题材,在选择性报道的过程中,使一些事实从无数客观事实中凸显出来,从而参与社会现实的建构,并影响人们对于现实问题重要性的认识。

现实主义媒体观认为媒体报道可以镜像再现客观实在。该观点最有力的体现是新闻真实性原则和客观报道模式。与现实主义媒体观截然不同,建构主义媒体观则认为,没有独立于记者和受众之外的社会现实。新闻报道并非简单地再现外在世界,而是新闻从业者在特定规则下进行主动选择后形成的,因此媒体现实同样具有建构性。

在建构主义媒体观的理论视角下,媒体从被动的把关人角色转变为积极的行为主体。媒体通过信息供给来完成对社会现实的建构,而这些信息是媒体依据因主题而异的特定要素进行选择、加工的,主要原则是能否引发关注。媒体根据行业内部规则选择新闻事件并对这些事件进行阐释。

从建构主义媒体观的理论视角出发,本书将不再一味着眼于验证黑龙江形象是否客观,而是着重关注区域内外大众媒体作为观察者在黑龙江形象报道中的新闻选择行为,及其所选择的报道视角对于黑龙江形象的形成所起到的关键作用,从而揭示这些媒体眼中黑龙江形象的形成过程与隐藏其后的原因所在,并最终揭示区域内外大众媒介所塑造的黑龙江形象并不具有现实主义意义上的客观性,而是具有强烈的观察者依赖性。

## 二、注意力经济学的理论视角

早在 20 世纪 70 年代,诺贝尔经济学奖获得者赫伯特·西蒙就提出了由于信息丰富而导致注意力资源短缺的观点和看法,在一个信息丰富的世界,信息的丰富意味着其他东西的缺乏——信息消费的不足。显然,信息消费的对象是其接收者的注意力。信息的丰富导致注意力的贫乏,因此需要在过量的可供消费的信息资源中有效分配注意力。

赫伯特·西蒙关于注意力经济的观点被称为该领域研究的"思想源头"。直到 20 年之后,"注意力经济"的概念才真正开始出现。1994 年 5 月,美国加州大学洛杉矶分校理查德·莱汉姆教授发表《注意力经济》一文。莱汉姆认为,经济学研究的稀缺资源分配现在主要是指信息,由此经济学要研究人类如何分配稀缺资源以生产各种商品和如何分配这种商品……那么,在信息经济中，什么是稀缺日用品呢？莱汉姆认为是人类的注意力，即人类利用数据信息的行为。

1996年，英特尔前总裁葛鲁夫认为，整个世界将会展开争夺眼球的战役，谁能吸引更多的注意力，谁就能成为下世纪的主宰。尤其在当前网络时代背景下，人们面对互联网上各种商业活动和商业信息往往无所适从，不知道如何选择。由此，眼球经济和注意力经济的价值开始被不断强化，并成为当下较为流行的说法。

目前西方从事注意力经济研究的主要代表人物有：美国著名学者米切尔·高德哈伯教授、奥地利维也纳科技大学的乔治·法兰克教授、美国加州大学洛杉矶分校的理查德·莱汉姆教授、美国达特茅斯大学的达文波特教授、美国加州大学洛杉矶分校的贝克教授。其中米切尔·高德哈伯教授对注意力经济的研究发挥着较为重要的作用。

关于注意力经济的研究，目前有一些公认的有影响的论文和专著，其中论文有高德哈伯的《注意力的购买者》和《注意力经济——网络的自然经济》；乔治·法兰克的论文《注意力经济》，翻译成英文后产生了巨大影响；法兰克在《科学》杂志发表的论文《科学传播：一个虚荣市场》具有标志性意义，它把科学的动力归结为注意力的获取和对学术荣耀的追求，认为整个学术传播领域应该遵循注意力经济的原则；达文波特和贝克于2001年共同撰写出版的《注意力经济：理解商业新通货》，在我国发行后的中文版本名为《注意力管理》。此外，理查德·莱汉姆2006年出版发行了《注意力经济学：信息时代的形式与本质》一书。

西方注意力经济学派的学者们认为，注意就是一段体验，而体验又来自于信息刺激，刺激形成主观感受，这样主观真实就有了特殊意义。人们可以通过环境营造来构筑主观真实，达到体验目的。

根据《网络经济的十大瓶颈》这份资料，国内最早关于"注意力经济"一词的解释是，注意力经济是这么一个市场，它基于当信息本质上无限时，对它的需求受到了人类每天工作时间的限制。直到20世纪末，我国学者才开始研究注意力经济，其中比较有代表性的论文有《信息资源和注意力资源的关系——信息社会的一个重要问题》《注意力的经济学描述》等，也出现了一些译著，介绍了国外的相关研究。国内该领域的学术专著有张雷编的《注意力经济学》。

"注意力经济"概念传播到中国以后,大众媒介出于注意力竞争的需要,将"注意力竞争"进一步演变为"眼球经济"等概念。国内传播学者们开始逐渐认同"媒介经济的基础是注意力经济"的观点,甚至还有学者认为"媒介经济的实质是影响力经济"。注意力经济不同于其他经济,在区域形象建构的过程中,注意力经济具有一些基本特征。

(一)区域形象建构离不开注意吸引

西方学者菲利普·爱格林主要关注注意力经济实现在技术层面上的问题。他主要研究和探讨如何将注意力从潜在价值变为经济价值。爱格林认为,注意力经济的中介是媒体。根据媒体的特性,注意力既可以从这里给出,也可以在这里寻得,注意力和行动的整合,以及有关读写能力的创意,是支撑注意力经济成长的重要基础。

国内学者张雷亦认为,大众媒介在注意力经济中扮演着重要角色,因为大众媒介是注意力财富的创造者、注意力价值的交换者、注意力消费的推动者、注意力不平等的扩大者,以及经济非物质化的主导者。

结合以上两位学者的研究,笔者认为,在区域形象建构过程中,为了富集社会各方面的注意力,大众媒介要善于挖掘、整合区域形象中各种具有潜在吸引力的因素,生产具有注意力的内容,目的是为区域形象建构带来越来越多的注意活动。实际上,注意的获得、引导和价值实现都离不开吸引,注意和吸引既相互依存,又相互对立。因为没有吸引就没有注意,与此同时,正因为有太多的"吸引",才使得"注意力"资源严重不足。

(二)大众媒介成为注意力分配场所

我国学者李志昌在其论文《信息资源和注意力资源的关系——信息社会的一个重要问题》中认为,信息是重要的资源,而人的注意力也是一种重要的资源,信息资源和注意力资源之间存在紧密联系。[①] 在信息相对匮乏的情况下,这两者之间的矛盾和冲突并不突出,但是在信息爆炸的情况下,它们之

---

① 李志昌:《信息资源和注意力资源的关系——信息社会的一个重要问题》,《中国社会科学》1998年第2期。

间的矛盾则会凸显尖锐。信息时代里，如何协调信息资源和注意力资源两者之间的关系，将是一个值得关注的重要问题。

由于大众媒介是现代社会人们进行思想和信息传播交流的主要场所，媒体既是注意力资源的重要生产场所，也是注意力资源的重要分配场所，更是注意力资源的主要消费场所。大众媒介可以通过"议程设置"等手段，引导人们对某些社会问题的关注，最终达到社会注意力资源和个人注意力资源的重新分配。

社会注意力的流向和分布依赖于大众媒介的结构特征，它与媒体的核心定位、在国内外的竞争格局以及受众覆盖范围都有密切的关系。从地域特征来看，大众媒介有全球性媒体、国际性媒体、全国性媒体、区域性媒体、地方性媒体和组织性媒体。其中，全球性媒体具有国际层面的影响力，能够在全世界范围内形成较大传播力和关注度，如西方大型跨国传媒集团、互联网等；国际性媒体的最大特征是实现跨国和跨区域传播，吸引除本地区之外其他区域受众的注意力，但是从其影响范围来看，较逊色于全球性媒体；上星省市电视台等则属于全国性媒体，主要吸引全国受众的注意力，并在全国范围内形成较大的影响力；区域性媒体主要是在不同行政区域内发挥作用，呈现出跨地区特征；地方性媒体则是在特定行政区域内吸引受众关注；组织性媒体则主要在特定组织和团队内部发挥舆论引导和吸引注意力的作用。

（三）运用新媒体提升区域形象

注意力经济的发展有两个重要的基础，一个是总体经济发展水平，另一个是信息化水平。从总体水平看，我国的经济已经达到小康，开始向中等发达国家水平靠近，有些发达地区如广东、上海、浙江、江苏、北京等已经走向富裕社会。从消费结构来看，注意力消耗型的产品不断增加，教育消费、文化消费、娱乐消费、旅游消费等在居民整个消费的比例中不断提高。这些变化都会对注意力经济产生重要影响，它的直接后果是导致注意力经济在整个国民经济中的比重迅速增加。

进入 21 世纪以后，注意力经济活动的特征进一步得到显现，这一时代的典型特征就是网络技术对注意力经济的全面构建。可以说，注意力经济概念的提出和形成，直接得益于计算机和网络技术的发展。网络时代，虚拟经济将被推到一个新的高度，注意力经济在整个区域经济活动中所占的比例越来越高，并将成为区域经济可持续发展的主流。

随着我国经济和社会的不断发展，不同区域之间的竞争将会越来越激烈。为了吸引到更多区域内外消费者的注意力，各区域将愈来愈多地利用新媒体、新技术来塑造和提升区域形象，从而获取到更多的注意力，同时推动区域经济可持续发展。在通过新媒体、新技术塑造和提升区域形象的过程中，区域精神的价值引导将占据区域形象建构的主导地位，而物质的价值则处在一个次要和从属的地位。

### 三、刻板印象的理论视角

区域形象具有明显的主观性，它存在于公众心目之中，不同公众对同一区域的认知不尽相同，甚至差别极大，充分说明它与心理因素关联密切。其中刻板印象的理论视角对区域形象的形成过程与规律有着明显关联。

美国政论学家李普曼在其著作《舆论学》中，率先提出了刻板印象（Stereotype）的概念，认为人们因生活空间受限，加之受狭窄生活圈子的影响，很容易形成闭塞或固定的看法，同时这种看法具有稳定性，即在外界未发生重大转折或改变的情况下很难发生变化。同时，李普曼指出，随着现代社会形势的复杂多变，人们的实际活动范围和注意力有限，因此无法全面、深入感知所有的外界因素，因此对于超出自身认知范围内的事物，人们只能够借助于媒介渠道收集与分析信息。在此情况下，人的行为已经不再是对客观环境及其变化的反映，而是对大众媒介报道与传播后所形成的"拟态环境"的反映。这种先于实际经验的印象与成见制约着人们对某一区域相关信息的筛选与接受，从而维护固有的刻板成见，形成对区域现实的非客观看法。

根据大众心理理论，刻板印象是个体普遍存在的心理现象，主要形成于三大核心途径，一是社会道德规范的社会化结果，二是个人认知经验积累的结果，三是大众媒介议题设置或舆论导向的结果。其中，大众媒介对个人刻板印象的形成并不具有本源性特征，而主要是依托信息载体等，引导个体形成某种价值取向。从实质上来说，刻板印象形成的主要原因是社会传统和道德规范的社会化。

解释学大师伽达默尔认为，成见与权威、传统密切相关。个体生活在被传统文化、社会风俗以及政治权威等多方因素包裹的社会情境下,因此个体对某一事物的看法和理解不可避免地会受到权威和传统的影响。也就是说,个体对权威的遵从和服从,以及对传统的顺应,很大程度上促进了成见的形成。成见具有双重性,积极的刻板印象有利于简化个体思维,提高其解决问题的效率,同时也能够将复杂的事情简单化;而消极的刻板印象则极易形成歧视,也会加剧社会交往的隔阂。

大众传播时代,任何个体都置身于权威与传统影响的大环境下。例如随着各地下岗工人数量的激增,自然会加剧社会就业形势的紧张,压缩城市的发展空间,而随着农民工的进城务工,城市下岗工人面临更加严峻的再就业竞争压力,也会陷入更加艰难的生存处境。因此,为了维护自身利益,城市人群就会有意识排挤农民工,制造舆论丑化农民工,把诸如乱扔乱丢生活垃圾、社会治安混乱等一系列问题都归咎于农民工。在这种具有偏见意味的话语表达下,人们对农民工的刻板印象变得更为强烈,尤其是在这种权威和传统的笼罩中,以及大众媒介带有刻板偏见的信息覆盖下,城市受众极易丧失是非辨别能力和理性思考能力,而对农民工抱有偏见。

刻板印象不仅影响大众媒介对区域形象的反映,而且也影响广大公众对区域形象的印象。例如对黑龙江的区域歧视就体现在某些媒体的报道语言之中。2021年2月14日《新浪看点》发表了笔名为"情感心华"的文章《东北"雪乡"又火了,明码标价不宰客!为何还是没人来?》,其中对黑龙江的有意无意的强调,正反映了当下一些媒体对黑龙江的歧视。报道的部分内容如下。

> 说起东北雪乡,相信大家都耳熟能详!位于黑龙江省牡丹江市的雪乡,环境优美,雪量丰富,每年10月开始降雪至次年4月,雪期长达7个月,积雪厚度在2米左右!因此每年12月以后,来自全国各地看雪的游客数不胜数!
>
> 但是在几年前,由于雪乡太过火爆了,导致景区内资源供不应求!从而令景区内物价水涨船高,不少前去雪乡的游客都纷纷吐槽雪乡宰客严重!例如一碗面80元,一盘土豆肉丝竟然卖到了188元等!这让雪乡一时间负面新闻不断,甚至有游客对雪乡产生了抵触的情绪,直言不会

再来!

而雪乡景区管理方为了恢复游客的信心,对雪乡管理进行了整改!对管理区内的景点商户等做了明确的价格指引,明码标价,不能有模糊不清的情况出现!承诺不再宰客,并拍摄了相关的广告宣传进行传播,为的就是挽回游客!

但是,当游客看到雪乡所谓的"明码标价"之后,更加哭笑不得!怎么回事呢?原来所谓的明码标价就是:普通床位280元/天,标准间980/天,双人间1680/天!而且节假日还可以上浮10%—20%!不可否认,雪乡的景区是很漂亮、很吸引人,但是一看这价格真是堪比五星级酒店了!但是实际却是一般的旅馆,条件很一般!

因此,大家纷纷表示,这哪里是明码标价,这简直是明抢了啊!再说了,雪乡除了雪也没其他特别的配套项目可玩的,一家大小飞来这里加上路费各种花费的话得好几万元了!那还不如直飞国外日本去玩了呢,人家可是实实在在的游客至上的服务观念呀!再不济国内也还有其他有雪看的景区呢,何必一定要去雪乡呢?

因此这个东北雪乡明码标价政策出来后,并没有挽回广大游客的心!商户们也都百般无奈呀,明明说了不宰客了,都明码标价了!为何还是没人来?

该文章出现的"这哪里是明码标价,这简直是明抢了啊!"等语句,触目惊心,污损和黑化了黑龙江的旅游形象。在这些媒体的心目中,预设的框架已经制约了它们的报道思路,它们这种做法本无助于事情的解决,却很容易在受众中得到共鸣。传播者和受众就在这样一唱一和的配合中制造出黑龙江的负面形象,黑龙江人只能无可奈何地承受着被歧视的后果。

大众媒介对黑龙江的报道一方面总量偏少,另一方面取材偏重自然灾害、矿难、群体性事件、违法犯罪现象、粗俗不文明行为等负面事件,同时在报道态度上常常是批评、监督,或者表达一点儿对黑龙江人生活窘境的同情。一些媒体报道的出发点或许是善意的,希望引起社会关注,促进防范、约束与改正;另有一些媒体则是跟风炒作,恶意制造媒体焦点,只为了吸引眼球。由于负面信息较多,致使黑龙江的整体形象被有意无意地扭曲、变形。黑龙江没有那些经济发达区域般星光闪耀，再经受大众媒介的误导和偏见，很容易被抹上一层不光彩的颜色，给广大区域内外公众留下坏的印象。

美国实验心理学家卡尔·霍夫兰认为，各种传播材料所具有的意义程度、生动性以及情调，将直接影响这些材料对受众的传播效果。在谈到材料的生动性时，霍夫兰说，他在实验室研究发现，醒目的材料容易记忆。对文章某一部分加以强调的多种手段，都有助于增强效果。不过，如果滥用，将适得其反。如果强调之处过多，难免失去意义。如果强调得不适当，也许会突出不该突出的部分。

## 四、媒介社会责任的理论视角

为防止新闻界滥用权力，20世纪中叶，美国新闻自由委员会发表报告《一个自由而负责的新闻界》，对新闻界提出了五条建议。在谈到新闻界"对社会目标与价值观的呈现与阐明"时，报告中写道："对于整个社会的价值观和目标，新闻界有一种相似的责任。……然而，我们必须承认，大众传播机构是一种教育工具，而且也许是强大的；它们必须在陈述和阐明本共同体应该为之奋斗理想中，承担起教育者那样的责任。"[①] 联系到当前我国正处于经济转轨和社会转型的历史性关键时期，大众媒介理应充分发挥自己的媒体优势，承担起应尽的社会责任。

大众媒介需承担一定的社会责任，这一命题有着深厚的理论渊源。从1942年开始，以美国学者罗伯特·哈钦斯为主导的新闻自由委员会对资本主义国家新闻行业的发展趋势展开深入分析，指出了新闻界普遍存在行业垄断、虚假新闻滋生蔓延、新闻报道侵犯个人隐私等一系列问题。为此，美国新闻自由委员会指明了新闻界未来的发展道路，同时还阐明了新闻界危机丛生的根本原因，如新闻垄断集团在自利性的驱使下罔顾事实随意报道、侵犯他人隐私、扭曲事实真相；此外新闻业高度垄断化局面也遏制了社会公众的声音，遏制了普通公众自由发表言论的积极性等，并提出这些弊端是"由于操作新闻的人不能洞见一个现代化国家对新闻业的需求以及他们不能判断责任和不

---

[①] ［美］新闻自由委员会：《一个自由而负责的新闻界》，展江等译，中国人民大学出版社2004年版，第15页。

能承担需要新闻业肩负的责任所造成的"①。

该报告首次提出"可问责的新闻界与负责任的共同体",指出新闻界在享有新闻自由之前,首先要承担起为人们提供当前所需要的各种消息的责任。因此,负责任的大众媒介应该提供"一种就当日事件在赋予其意义的情境中的真实、全面和智慧的报道;一个交流评论和批评的论坛;一种供社会各群体互相传递意见与态度的工具;一种呈现与阐明社会目标与价值观的方法;一个将新闻界提供的信息流、思想流和感情流送达每一个社会成员的途径"②。由此,大众媒介社会责任论的基础正式得以确立。

1956年,"传播学之父"韦尔伯·施拉姆等联合编著的《报刊的四种理论》,系统阐述了社会责任理论,强调在主张与鼓励新闻自由的同时,大众媒介还要积极践行社会责任,让"自由和责任同时存在",大众媒介享有特殊地位的同时,也要秉持为公众负责任的态度,在宪法和各项法律法规的框架下从事新闻传播活动,恪守社会责任。社会责任理论要解决的核心问题是:"谁来监督媒介?""报刊责任理论一方面大力倡导报刊责任观,另一方面明确了公众乃至政府在必要时可以干预媒介。也就是说,媒介同样应受公众和政府的监督和制约。"③ 社会责任理论在发展中趋于成熟,并为绝大多数的新闻从业人员所接受,为西方传媒伦理思想的进一步发展奠定了理论基础。

社会责任理论的主旨可以概括为以下五点:第一,大众媒介不再是一种放荡不羁的买卖事业,只要其违反了自由与责任的基本原则,法律法规和社会行政权力便可履行职责,纠正其谬误,以保障社会绝大多数人自由幸福的权利;第二,大众媒介不再受制于少数资本家、政客、垄断者,它必须是真正关心国家、人民福利、安全和自由的社会事业;第三,大众媒介意见的表达,不再是主观的或"我们的",而是代表社会各阶层人们不同意见的集合场所;第四,大众媒介不再只顾及自身的权利,它还必须顾及国家的安全与独立、伦理道德和别人隐私的尊重,因此,高度的自治自律非常必要;第五,

---

① [美]新闻自由委员会:《一个自由而负责的新闻界》,展江等译,中国人民大学出版社2004年版,第100—101页。
② [美]新闻自由委员会:《一个自由而负责的新闻界》,展江等译,中国人民大学出版社2004年版,第11页。
③ 张国良主编:《新闻媒介与社会》,上海人民出版社2001年版,第53页。

媒介产品不再专注于受众的低级趣味和渲染性的描述，而要在法律范围、道德规范下满足受众安全、快乐、求知的需求。

社会责任理论是针对当时美国新闻自由主义理论而提出的，有其特殊的时代背景、社会背景。经过六十多年的传承、丰富和发展，形成了一套相对完备的理论体系，对西方以及我国的媒介体制都产生了深远的影响。社会责任是和特定的历史条件相联系、存在于特定的社会制度之下的，因而，必定是具体的而不是抽象的。"没有哪个当局会让其新闻媒介随意担负一种社会责任，它所需要的是一种符合特定社会秩序概念的社会责任。"无论在哪一种政治制度下，大众媒介应当承担一定的社会责任，这一观点已成共识。媒介社会责任的内涵和外延，则因不同时代、政党制度、媒介发展阶段、社会现实状况不同而有变化。

然而令人遗憾的是，国内还有相当一部分媒体缺乏必要的社会责任，尤其是当社会上出现明显的非理性的歧视黑龙江现象时，他们不是积极正确引导，而是看风使舵，故意将黑龙江负面的东西呈现给受众，甚至不惜弄虚作假、造谣生事，不负责任地进行炒作。有些媒体操作者的头脑中，一种地域观念正在形成，报道选题的地域视角日渐清晰，并将其概念化、标签化以方便自己的操作，时间一长，媒体对某一地区片面的认识经过媒体的放大效应慢慢变成了社会大众的共识，黑龙江就是这种效应的受害者。

例如，2020 年新型冠状病毒感染疫情在全国肆意泛滥之时，澎湃网 4 月 20 日 21 时 05 分发布了这样一条新闻《哈尔滨疫情已跨省传播至两省！"1 传 54"背后，还潜伏巨大风险》，文中谈道："黑龙江省哈尔滨市新冠肺炎疫情跨省传播已涉内蒙古自治区、辽宁两个省份，而且这起发生在黑龙江哈尔滨市的聚集性新冠肺炎疫情，被感染人数还在不断增加。"新华社 4 月 16 日报道："3 月 29 日的一场聚餐初步被认为是造成这次'链式'传播的关键节点。当日，哈尔滨陈某一家与本地确诊病例郭某、无症状感染者王某等多位朋友共同聚餐，后来陈某及其两个儿子相继确诊，由此病毒进一步蔓延。而引发'链式'传播的源头或为从美国返回哈尔滨的留学生韩某。"[①] 该文标题选用

---

① 《哈尔滨疫情已跨省传播至两省！"一传 54"背后，还潜伏巨大风险》，来源于澎湃新闻客户端，2020 - 04 - 21，06：01。

数个夺人眼球的关键词汇"跨省传播""1传54""还潜伏巨大风险",一时造成哈尔滨城市形象的损毁,仿佛这里已经成为"疫情的发源地",让区域内外人士心生恐惧,不敢前往。实际上,新冠疫情属于全球性突发公共卫生事件,哈尔滨疫情也是由其他国家、其他城市的人群传播而来,但是这篇报道却在标题中凸显哈尔滨疫情已跨省传播至两省,极易让区域内外人士以偏概全、不明就里,对哈尔滨再度产生极其恶劣的印象。

分析类似负面形象报道的出笼,主要原因是一些新闻媒体尤其是新媒体进入市场后,主要依靠争取受众关注来获取经济收益、赢得市场竞争;其次是一些媒体人丧失职业操守或无能力正确引导舆论,只能被动地迎合受众。造成的恶果就是类似负面新闻报道的出笼,使当地的区域形象很难在短时间内得以扭转和修复。

### 五、公共关系管理的理论视角

从公共关系管理的角度看,黑龙江各类突发事件在一段时期内集中发生且处置不当,是导致黑龙江形象危机的导火索。世纪之交,黑龙江突发事件确实比较集中,这与当时的社会背景密切相关。我国社会正处于转型期,新旧体制交替,多种关系和利益错综复杂,多种矛盾冲突表面化,贫富差距、城乡差距和地区差距加大,社会价值观多元化。正是这一切导致了区域突发事件的多发。此外,在突发事件爆发前,缺乏对形象薄弱环节系统、持久的排查和监测,对形象危机的发生未能做深入的分析和预测,此外危机的预防和危机管理的准备工作存在严重缺陷,应对形象危机的知识系统、预警系统和专家系统远未建立等,以致各级政府在面临突发事件时手忙脚乱,举措失当。2018年前后黑龙江接续发生的几起矿难、火灾事件充分说明了这一点。

2018年8月25日凌晨,哈尔滨市松北区太阳岛北龙温泉酒店发生火灾。火灾共造成20人死亡,20多人受伤被送往医院进行救治。经过反复细致排查,北龙温泉休闲酒店24日晚共入住115位客人。

据多名入住北龙温泉酒店的游客表示,该酒店楼道好似迷宫,且堆有木头、塑料管、胶垫等易燃物品。对此,当地媒体曾经于2017年8月报道:北龙温泉景区接待大厅消火栓门被木质雕塑遮挡,门框上"安全出口"指示灯不亮;更衣室内未设"安全出口"指示灯,也未看到灭火器;温泉区通往客房的两处台阶上贴有"安全出口"字样,但指向的大门却被封住。另外,从黑龙江省公安消防总队网站查询到,从2017年12月到2018年4月,当地对哈尔滨北龙温泉休闲酒店有限公司共进行了6次消防监督抽查。结果显示,两个月内4次抽查均为不合格,时间分别为2017年12月21日、2018年1月10日、2018年1月25日、2018年2月23日。

就是这样一个群众反映恶劣、媒体不断曝光、消防部门抽检不合格的休闲酒店,为何能够安然无事地照常营业纳客,当地媒体却没有给予广大受众一个合理的解释。由于当地媒体没有进行深入的挖掘,没有提供给心存疑虑的受众足够有价值的信息,这就使得一时间哈尔滨区域内外谣言满天飞,也给区域外媒体提供了异地监督的机会,不少不明事理的网民在各类新媒体上无端炒作,形成新一轮"妖魔化哈尔滨"的狂欢,哈尔滨乃至黑龙江形象由此再次受损。

这种现象反映出区域内大众媒介在信息选择中趋利避害的倾向。媒介素有"瞭望哨"之称,当媒体选择负面信息时,就易使其获得更多的关注,让受众及时感觉外界环境中的不利变化,而媒体相应的解释与评论,也有助于及时唤起理性反思,抑制不当行为再发生,从而有助于避免形象事件的形成。区域内大众媒体由于种种原因,往往会自觉地选择趋利避害,多选择和报道正面、肯定的信息,而忽略负面、否定的信息,而一旦"形象事件"发生,在受众情绪的影响下又易陷入唇枪舌剑式的自我辩解,这就不利于改变既有的负面评价。

黑龙江相关公共管理机构应当深切认识自身存在的现实缺陷,改进工作方法,从源头上防控恶性事件发生,并要充分认识到突发事件极易诱发区域形象危机,影响公众生活及区域经济和社会生活的正常发展。从区域形象构建的需要出发,加强对区域形象的危机管理,减少或减轻危机情形对区域形象的损害,保持区域社会经济的可持续发展,是黑龙江形象修复的途径之一。

黑龙江媒体之所以作用发挥不够,固然有媒体自身传播理念陈旧,惯于一味地进行单纯的正面报道,导致对负面信息处置能力不足的原因,而更重要的原因则是媒体长期以来承受了太多的压力和控制。由于官本位思想极其严重,媒体制度僵化,地方宣传、行政部门自身具备的公权力对区域内媒体存在着过多控制,使地方媒体在新闻报道中不敢触动权力和信息"禁区",反而处于自我保护的状态，将地方权力的意志内化为媒体的自我意识，不能正确理解负面新闻所蕴含的社会价值，看到负面新闻就自动绕行，放弃了自身应承担的社会责任。

另一原因是，区域媒体的经营主要依托于地方经济，而某些负面信息，尤其经济活动中的负面信息往往有损于区域或媒体的经济利益。在利益主导下，地方媒体往往将此类信息归为不适宜的传播内容。殊不知，地方媒体的缺位非但不能阻止信息扩散，更削弱了受众对其寄予的期望，对于媒体自身的形象是一种破坏。理论上，地方媒体应该完成由自身利益主导向公共利益主导的转变。尊重事实的客观性，迅速公开信息传播，摆脱自我意识下的自身利益主导而转向公共利益主导，是地方媒体在负面新闻造成的危机中挽救区域形象的有力措施。因此，推进黑龙江媒体制度改革，提高黑龙江媒体的传播能力，对修补黑龙江形象十分必要。

上述对黑龙江负面形象成因的解释，仅仅是从一个侧面对问题进行剖析。实际上，经济、文化、突发事件以及媒介传播等多方面因素都与黑龙江负面形象生成关联甚深。其中，大众媒介未能充分发挥其在区域形象建构中应该承担的社会责任，直接、显著地影响了黑龙江形象。

总之，区域负面形象的生成是该区域历史、文化、经济、社会发展现状等多方面因素综合作用的结果。其中媒介受制于政治、经济等权力制约，自身专业主义素养不足，传播力有限，以致未能有效履行社会责任是原因之一。媒介的力量虽然是隐形的，但却渗透于社会的方方面面，社会责任缺失程度较大，不仅有害于区域形象的合理建构与传播，而且会造成信息的不平衡流动，危及区域现实发展，形成负面形象的再生产。

## 第四节　大众媒介在区域形象建构中的社会责任

区域形象建构的途径是多维的，大众媒介的建构是其中较为重要的一项。电视、广播、报刊、图书等媒体覆盖面广，传播力强，其媒介组织经过多年发展，得到政府等权力部门的认可与支持，在受众中拥有较高的权威性与可信度，在区域形象相关信息传播中的作用不容忽视，功能十分明显。可以说，在当今的信息化时代，经由大众媒介建构区域形象是一种必然，其效用已经得到传播理论的充分证明。

结合现实剖析我国各区域形象的生成过程，也可以发现，无论是负面形象还是正面形象的背后都潜藏着大众媒介的身影。大众媒介对某一区域的关注或漠视、赞扬或批评、报道的角度与频次、表现方法等，都对该区域形象产生不可估量的影响。因而，区域形象建构应充分重视大众媒介的功用。在改善区域现实的基础上，由大众媒介入手塑造区域形象是必要的，成本较低而成效明显。相对于由受众认知途径入手，该途径更为直接和易于操作。

## 一、为受众了解区域情况提供真实信息和解读

美国耶鲁大学法学教授、大众传播学者拉斯韦尔，是世界上最早认真考虑大众媒介在社会中功能和角色的学者之一。根据拉斯韦尔提出的观点，"监视周围环境"是大众媒介的第一项功能。① 也就是说，大众媒介负有向受众提供并告知新闻的责任。媒介发挥这种功能的通常表现是：向受众发出危险警报，例如通报恶劣的天气情况或者紧急的军事情况；提供那些与受众的经济和社会生活密切相关的区域内外重要新闻，如股市行情、交通状况、天气预报等。

从受众的角度来解释大众媒介"监视周围环境"的功能，是因为受众需要得到自身所处区域环境的真实的、足够的信息，同时也需要了解这些信息对于自身利益的影响。这是由现代社会中受众群体的特点所决定的。一方面，受众和区域环境的联系十分紧密，他们每天的生活都与区域内各种各样的社会因素相关。例如，受众需要了解今天的天气是否适宜，交通是否安全，购物的过程是否公平，经济运行是否正常等。另一方面，受众在社会中又是各自独立的个体，生活具有一定的私密性，相互之间很少往来。因此，大众媒介是受众获取各种信息的主要渠道。在诸如地震、疫情蔓延、失火、爆炸等突发事件发生时，受众的第一反应就是打开手机、电脑、收音机、电视机、报纸等，了解周围的环境，以及这种环境变化对自身利益产生的影响，应该立即采取哪些措施。

---

① ［美］沃纳·赛佛林、小詹姆斯·坦卡德：《传播理论：起源、方法与应用》，郭镇之等译，华夏出版社2000年版，第347页。

在这种情形下，大众媒介理应担负起"守望环境"的社会责任。正如美国"现代报业之父"约瑟夫·普利策所说："倘若一个国家是一条航行在大海上的船，新闻记者就是站在船头的瞭望者。他要在一望无际的海面上观察一切，审视海上的不测风云和浅滩、暗礁，及时发出警告。"① 由此，大众媒介应该积极采集与受众周围环境息息相关的各种素材，及时提供区域内外环境发生变化的各种征候，这是大众媒介"监视环境、守望社会"的首要义务和基本责任。

例如，2010年7月16日18时许，大连市新港附近中石油的一条输油管道发生爆炸起火。该市紧急出动400多名消防官兵和110多辆消防车，将发生爆炸的一条输油管道大火全部扑灭。据了解，事故虽然没有造成人员伤亡，但是附近空气中却一直弥漫着黑色粉尘，石油燃烧气味非常浓烈，这给当地居民带来了安全隐患。

大连当地媒介高度关注"大连新港输油管爆炸事件"，因为这不仅关系到该市584万人民的生命财产安全问题，而且关系到大连附近海域50平方公里的生态环境问题。7月17日，大连《半岛晨报》在头版头条显著位置报道《大连新港油管爆炸——两千消防官兵赶赴现场 火势被基本控制》这一重大新闻，同时配发现场通讯《大连900毫米输油管爆炸——初步查明系油轮泄油引发，火势得到初步控制，尚无人员伤亡报告》；18日《半岛晨报》又在头版头条显著位置报道"大连新港输油管爆炸事件"的后续报道《50平方公里海域被污染——海事部门组织近20艘船清理海面油污》的重大新闻，同时指出"河北、山东、天津等地紧急调集的2000多米围油栏和大量吸油毡、消油剂等清污物资，也陆续运抵污染现场并投入使用"。这些新闻及时向大连广大受众通报了有关"大连新港输油管爆炸事件"的最新情况，这对于破解各种不良谣言，稳定社会秩序起到了重要作用。

## 二、引导受众对公共事务进行讨论与交流

当前我国正处于特殊的社会转型期，由于社会阶层、社会利益以及社会群体的复合性，带来了区域内受众思维方式的多元化。不同阶层受众的利益

---

① 转引自赵浩生《美国的新闻事业》，《新闻研究资料》1980年第2期。

都需要得到尊重，不同阶层受众的话语权都需要得到保障。在这种情况下，不同的社会阶层之间、不同的利益群体之间，就需要有利益的磨合以及思想观点的交流。大众媒介，作为最佳的公共话语平台，最佳的思想、观点的交流市场，理应成为整合区域内各社会阶层受众观点的理想场所。

实际上，大众媒介引导受众对公共事务进行讨论和交流，这对于克服社会不稳定因素，保护受众利益，建构和谐社会，具有非常重要的意义。例如，面对同一个社会问题，往往会出现众说纷纭的情况，不同职业、不同阶层的受众都想获得表达意见的权利，而这些思想和观点的交流和表达，很大程度上是宣泄不满情绪的重要途径。此时，公共话语平台的建构至少有两个层面上的好处："从消极的意义上讲，它是一种达至社会倾诉的制度性安排，有利于形成一种社会学上的所谓'安全阀'效应；而从积极的意义上讲，它是舆论监督、保障公共权力正确使用、增强决策可行性的必要前提。"① 因此，大众媒介在纷繁复杂的社会阶层结构面前，应该划拨出更多的时段和版面，建构起一个可供区域内不同阶层受众发表意见和看法的公共话语平台。

为搭建一个良性互动的公共话语平台，《南方都市报》早在2003年就将"读者来论版"独立辟为一个整版，与第2版的"社论版"并列编排。此举带来的最明显变化就是该报言论空间的扩大，言论版从以前的一个版扩大到两个版。从公共话语空间的角度来说，大众媒介"读者来论版"的开辟是该区域公共话语空间的开放；而从受众的角度来看，他们的"来论"是当地社会参与的强化。

例如，《南方都市报》2010年6月3日发表《悟本堂被当"违建"连夜拆除》报道后引发的一系列强烈反响，证明大众媒介建立公共话语空间的必要性和迫切性。《悟本堂被当"违建"连夜拆除》这篇报道讲，张悟本的神医神话被揭穿以来，其"行医场所"悟本堂的去留一直为众人所关注。2010年6月2日近9时许，数名工人站在悟本堂屋顶，拆去瓦片和木条。悟本堂所在地的北京奥体中心保安称，悟本堂因属"违建"被连夜施工、摘牌、拆顶。

就在《悟本堂被当"违建"连夜拆除》事件见报当日，《南方都市报》发表了两篇读者来论，其中《被"违章建筑"击垮的张悟本及悟本堂》一

---

① 喻国明：《媒体的优势和责任》，《人民日报》2005年6月1日。

文,对张悟本及悟本堂持同情态度:"墙倒众人推。张悟本倒了,关于张悟本的所有东西都被贴上了'违章'的标签。违章建筑之说与取缔张悟本神话本就是驴唇不对马嘴的两件事。"而《起诉张悟本的难度和公正》一文,则对张悟本持否定态度:"消费者受到了伤害当然可以起诉张悟本,但仅仅是起诉张悟本们还不够,还有那些所有有关的人和机构,以及比张悟本们更厉害的欺骗也应当受到起诉和惩处。"

就在评论者们众说纷纭,从各自的角度对"张悟本及悟本堂"事件进行阐释时,6月8日,《南方都市报》发表社论《张悟本走上神坛一点也不娱乐》,认为:"与其怪罪公众和教育,不如强调法律对张悟本们的'必行'。张悟本冒充中医,虽用绿豆但毕竟行的是'治病'之实,已构成非法行医。同时张悟本虚构事实,骗取公众财物,亦涉嫌诈骗,应数罪并罚。"《南方都市报》的数篇读者来论与社论,使广大受众对"张悟本及悟本堂"事件有了更加全面、深入的了解。

### 三、为保障受众的合法利益有权监督政府

1948年10月2日,刘少奇同志在河北省平山县西柏坡村会见由华北《人民日报》和新华社华北总分社人员组成的华北记者团时,对于"媒体对政府的监督作用"有过如下阐述。刘少奇在《对华北记者团的谈话》中说:"党的政策到底对不对,允许你们去考察。……中央时刻在准备考验自己的政策。……因之,鼓励你们去考察,依照你们的材料、看法提出问题来,如果政策正确,就说正确,如果政策错了,就说错了。你们不仅可以这样做,而且你们的任务就是如此——在群众中考察党的政策执行得怎样。"①

刘少奇谈话中"关于考察党的政策的论述",对当前新闻媒体的工作仍然具有重要的指导意义。因为在民主社会里,党和政府作为国家行政机关,其执政权力是社会和公众所赋予的,它的全部执政行为理应置于社会和公众的监督之下,这样才能保证政府在行使执政权力时,不会出现滥用权力的现象。在受众对当地政府执政行为实行监督的过程中,大众媒介的舆论监督作用是

---

① 刘少奇:《对华北记者团的谈话》,来源于人民网,http://cpc.people.com.cn/GB/69112/73583/73601/73623/5069101.html。

受众可以借助的最有效手段之一。受众通过大众媒介，可以对政府执政过程中的各种行为提出批评和建议，帮助政府及时发现工作中的错误，从而使政府按照社会的需要、受众的意愿有效调整自己的执政行为。

从这个意义上说，大众媒介可以说是地方政府的一面镜子。通过大众媒介，政府可以清楚地发现自己的问题，检讨自己的得失。因此，当好地方政府的镜鉴是大众媒介重要的社会责任，也是其作为社会与受众的代言人对政府实行监督的必然要求。例如，《南方都市报》2009年12月2日刊登的新闻报道《成都自焚拆迁户唐福珍死亡》，由于成功实现了对政府行为的有效监督，在广大受众中树立起"仗义执言"的权威主流媒体形象。

《成都自焚拆迁户唐福珍死亡》叙述的是，2009年11月13日，成都市金牛区居民唐福珍为保护自家三层楼房，强烈抗拒该区城管执法局有关人员的暴力拆迁，最后在楼顶天台自焚。11月29日晚11时许，唐福珍经抢救无效死亡。其数位亲人或者受伤住院，或者被刑事拘留，当地政府竟然将此事界定为"暴力抗法"。

"唐福珍之死"是备受关注的公共事件，牵扯到极为敏感的暴力拆迁和暴力抗拆迁问题。《南方都市报》在唐福珍死后并没有急于跟风出稿，给唐福珍一味的同情或是一味的批评。而是在事发后的第四天即12月3日，整个事件都已调查得水落石出，受众的情绪稳定下来后，发出社论《唐福珍死于愤怒，愤怒源于无力感》。文章一方面给予死者同情，另一方面又指出执法程序和法律制度的不健全。随后，在12月4日又发出了《正本清源，以征收制度终结拆迁制度》的社论，为防止类似唐福珍这样的悲剧再次发生提供了解决办法。

自"孙志刚事件"报道后，《南方都市报》凭借"唐福珍之死"系列报道，再次在受众中引发强烈反响，同时也为该案件带来了转机。成都市金牛区政府对该事件牵涉的主要责任人员做出如下处理：金牛区城管执法局局长钟昌林停职并接受调查。成都市委、市政府要求，在政府管理部门执法过程中，如果还发现类似问题，将严厉查处，绝不姑息养奸。该报道由此成为舆论监督政府行为而获得成功的又一经典案例。

四、弘扬先进、健康的文化，鞭挞落后、低俗的文化

按照美国学者R. 威尔逊的见解，所谓先进、健康的文化，是指"与过去

筛选下来的优秀遗产相媲美,与艺术和批评遗产中的典型性作品相媲美"的那部分文化,它"要求其欣赏者想象的参与,要求一种感受力光谱上深刻而机敏的反应"①。先进、健康的文化包含人类基本价值观念和终极人文关怀,追求至真、至善、至美的崇高境界,常常用批判的眼光对待社会现实。

我国政府大力弘扬先进、健康的文化,鞭挞落后、低俗的文化。早在2003年12月,胡锦涛同志在全国宣传思想工作会议上强调指出:"大力发展先进文化,支持健康有益文化,努力改造落后文化,坚决抵制腐朽文化。"2018年12月10日,习近平总书记在庆祝改革开放40周年大会上谈道,改革开放40年以来,我们始终坚持社会主义先进文化的发展方向,大力加强社会主义精神文明建设,积极培育和践行社会主义核心价值观,传承和弘扬中华优秀传统文化,以科学的理论引路指向,以正确的舆论凝心聚力,以先进的文化塑造灵魂,以优秀的作品鼓舞斗志,在全国大力弘扬和宣传爱国主义精神、集体主义精神以及社会主义伟大精神,在此背景下,文化艺术氛围空前繁荣,全民族、全社会的理想信念和文化自信日益增强,极大地提升了国家文化软实力和中华文化在全世界的影响力。改革开放精神不仅丰富了民族精神的内涵,而且成为当代中华民族最鲜明、最宏伟的精神标志。

然而,在现实生活中,我们常常看到一些大众媒介在经济利益的驱动下,生产出一些文化劣品。例如,许多媒介刊载色情、凶杀、低级、庸俗的内容来招揽受众。大众媒介的这种低俗化倾向,必然会对受众产生潜移默化的影响,最终使受众的审美趣味和价值观念发生改变。因此,弘扬先进、健康的文化,抵制落后、低俗的文化,将是我国大众媒介在社会转型期必须承担的社会责任。大众媒介要做到列宁同志所讲的那样:"决不能庸俗化。不要降低水平迁就落后读者,而要不断地——十分谨慎地、逐渐地——提高这部分读者的水平。"②

我国大众媒介一直在积极探索传承本区域的优秀文化、服务受众文化生活的最佳报道途径。《楚天都市报》《北京晚报》《新民晚报》《羊城晚报》等

---

① [美] R. 威尔逊:《商业社会中的高雅文化和通俗文化》,《国外社会科学》1990年第8期。
② 《列宁全集》第40卷,中共中央马克思恩格斯列宁斯大林著作编译局编译,人民出版社1986年版,第17页。

报纸,在"代表中国先进文化的前进方向"的旗帜指导下,已经开创出一批有着本区域特色的文化建设工程。

如,《楚天都市报》的《楚韵》《汉味茶馆》《脸谱》《百姓生活》等栏目"以公众自己的语言讲自己的生活故事",一直在弘扬、倡导、传播楚文化,从而为当地受众所喜闻乐见。再如,《北京晚报·五色土》《新民晚报·夜光杯》《羊城晚报·花地》,是新中国成立以来大众媒介文艺副刊的突出代表。这些蜚声国内外的文艺副刊,历经六十余载的风雨历程,一直追随代表中国先进文化的前进方向,立足本区域的自然人文特色,坚持不懈地传播优秀先进的地域文化,极大地满足了当地受众日益增长的精神文化需求。这些大众媒介在传播先进、健康的区域文化的同时,充分发挥了正确引导受众精神文化生活的重要作用。

总之,大众媒介在履行社会责任的基础上如何有效塑造区域形象,是一个现实、重要而复杂的问题。本书试作探讨。鉴于黑龙江形象曾经历过历史上的辉煌,20世纪末跌入低谷,近些年稍有所改善的特殊形塑过程具有较高的典型性,本书以之为主要案例。在此基础上,还将兼及其他区域,旨在探寻普适性规律。

## 第二章
## 黑龙江形象的嬗变与主要特征

区域负面形象，是指区域内、外受众对该区域形成的负面认知和评价。区域负面形象的形成，从根本上讲，是区域自身在社会经济发展过程中存在缺陷过多，受众关于该区域获得的负面信息超出了正面信息。但从信息传播的角度看，媒介，尤其是大众媒介在区域负面形象形成过程中的作用不可忽视。大众媒介受政治、经济、文化、受众等多种控制因素的综合作用，有选择地进行信息传播，并非完全客观、公正，会对受众认知区域形象产生某种程度的误导。

在媒体制度急剧转型、市场化倾向严重的背景下，部分媒介或责任意识淡漠，或是非判断能力有限，或惯于跟风炒作，夸大、渲染了区域形象中不利的因素，客观上对某些区域的声誉造成了不良影响。部分媒介屈从于政治、经济等权力的压制，对区域内发生的负面事件不能及时、客观报道，对丑恶现象不能有效监督，忽视了受众利益，而一旦消息从其他渠道传播开去，负面效应反而更加明显。另有一些媒介，自身发展不佳，传播力和影响力欠缺，心有余而力不足，不能有效地"设置议程"，影响舆论推动区域发展，也未能履行好社会责任。各种原因形成区域负面形象，对区域发展极为不利，而且一旦形成，不易消除，也需要在社会整体改良的同时，运用媒介的力量消除、廓清。所谓"成也媒介，败也媒介"，分析大众媒介在区域负面形象生成与消解过程中的功用，十分必要。

本书将以黑龙江省为例，重点分析其区域形象的嬗变历程、特征、影响，探讨黑龙江区域内、外的大众媒介在黑龙江负面形象形成过程中发挥的作用及其深层动因。其中的规律性认识，不仅对改善黑龙江等饱受负面形象之苦的区域有益，而且对整体形象良好但仍然存在负面因素的区域亦有借鉴意义。

## 第一节 黑龙江的历史文化缘起与演变历程

### 一、黑龙江名称的由来

溯源黑龙江的历史和文化，首先要弄清楚黑龙江名称的由来。然而直至现在，仍然有很多人无法区分黑龙江地区与黑龙江干流，这在一定程度上影响了人们对黑龙江历史文化及其形象演变的认识。因此，要想了解黑龙江发展史及其形象嬗变历程，首先要梳理与了解黑龙江名称的起源及其历史演变，重点探索如下问题：古时的黑龙江干流究竟是指什么，早期黑龙江称谓是什么，今天的黑龙江是不是古代的黑水等。

由清朝学者西清所著的《黑龙江外记》（1810 年）曾对黑龙江历史进行追本溯源，梳理与考证了黑龙江名称的由来及其演变，而这也为其他学者开展黑龙江的相关研究奠定了坚实的理论基础。不少学者围绕黑龙江名称由来而提出的新观点，也是建立在西清考证成果的基础上。为了弄清黑龙江名称的由来，同时也为了证实西清对黑龙江历史考证所作出的积极贡献，现将西清的考证叙述如下。

> 黑龙江，国语曰萨哈连乌拉……黑龙江水黑，故名黑水，土人亦称黑河。《松漠记闻》诸书，谓黑水搁之微黑是已……《山海经》：西望幽都之山，浴水出焉。郭景纯注："浴即黑水。"黑水，今黑龙江。《北史》谓之完水，《唐书》谓之室建河，至《辽史》始有黑龙江之称。《道宗本纪》："太康三年夏四月，泛舟黑龙江。"前此未之见。然观《地理志》，太祖陵有黑龙门，祖州有黑龙殿，陵、殿并在上京，并名黑龙，又似辽初即名黑龙江，陵、殿因以为号者。近人以《金史》有混同一名黑龙之语，遂谓黑龙江名，至金始著，失之远矣。

根据上述表述，西清在考证黑龙江历史时，引用了元朝诗人刘静修的诗句"黑龙江头气郁葱，武元射龙江水中"，以表示黑龙江的名称源自辽、金始称。此外，西清的考证有三点值得援引：古代的黑龙江也被称作"黑水"；黑龙江名称最早可追溯到《辽史》，而并非《金史》；黑龙江名称的由来与黑龙的故事息息相关，且与辽代黑龙殿等古迹存在密切联系。

从现有的文献资料可知，黑水名称的表述最早见于《新唐书·流鬼传》《旧唐书·室韦传》等史料中；而黑龙江名称则始见于《辽史·道宗本纪》。值得说明的是，《辽史·道宗本纪》所提及的"泛舟黑龙江"，并非今日的黑龙江，而是指现在的松花江。《契丹国志》卷26做出如下记载："宾州，州近混同江，即古之粟末河，黑水也。"从区位上看，辽代的宾州是目前吉林省境内第二松花江左岸的红石砬子古城。《契丹国志》卷27记载："黑水发源于此，旧云粟末河，太宗破晋，改为混同江。"此外，《松漠记闻》也做出了同样的表述，明确表示混同江就是黑龙江，也被称作"黑水"。《金史》开篇中直接阐明了黑龙江的发源史，表示混同江亦号"黑龙江"，所谓"白山黑水是也"。

我国东北历史地理学家李健才在《松花江名称的演变》等著述中，梳理了从古至今黑龙江地名的不同叫法，并进行了详细而具体的考证，指出辽金时期的混同江和黑龙江指的是同一条河，即今天的松花江。李健才还指出《金史》《契丹国志》等古文献中所记载的"长白山为黑水之源"还存在着认知分歧。事实上，直到近现代，仍然有一些当地人将松花江称为"黑龙江"，这一点在《蒙兀儿史记》也得到了证实。

无论是从史料记载的视角，还是从近现代学者考证的角度，黑龙江的名称最早起源于辽代，然而辽金时期的黑龙江与今天的黑龙江不能混为一谈。事实上，辽金两朝以"黑龙江"作为称谓的文献资料寥寥无几，大多以"黑水"为主。在古时，人们把第一及第二松花江和黑龙江下游看作同一条水，且仍然沿袭魏晋、隋唐的称谓，将其表述为"黑水"。虽然目前已经知晓辽金时期的黑龙江主要是指哪一条河，也掌握了黑龙江称谓的起源，然而却仍然无法区分黑水和黑龙江，也仍然无法对"为何称为'黑龙江'"做出解释。另外，辽金时期古人曾在祖陵区内兴建黑龙宫等建筑，而为何会如此命名，同样也值得深究。

《契丹国志》卷一曾记载，辽太祖阿保机有一天醒来时，透过西楼毡帐看到外面盘旋着一条巨大的黑龙，立刻拿弓箭射向它，随后黑龙腾空夭矫而逝，从空中跌落于黄龙府（现吉林省长春市农安县城）的西边，距离辽太祖的毡帐一千五百里。随后女真灭辽，在辽朝的内阁大库看到龙的骨架，形似水龙。由于黑龙跌落地靠近松花江（古时称"黑水"），因此有人将之取名为"黑龙江"。实际上，众多史料中均曾记载松花江有龙出没的事件，且松花江沿岸地区各民族也存在明显的龙图腾崇拜意识。而究竟是否真的存在黑龙，以及它是否与黑龙江的取名存在联系，这一问题仍然是未解之谜。

## 二、黑龙江的历史文化缘起与演变历程

### （一）古代黑龙江的历史文化缘起与演变

黑龙江流域文明发展史上，王国政权的建立时期起到至关重要的作用。古代濊貊-夫余民族在今天松花江上中游地区建立了索离王国，现有关于索离王国的文献记载较少，因此索离王国的建立时间、王国内部结构以及社会情况等均无法考据。有学者基于考古文化的分布与发源状况，推测出黑龙江巴彦县境内少陵河注入松花江的文化遗址，可能是索离文化的旧址。

此外，古代濊貊-夫余民族还在松嫩平原地区建立了夫余王国，其有关史料较为丰富。比如东汉王充在其专著《论衡》中指出，索离国的王子为了躲避追杀，选择南渡弱水，而在逃亡过程中则流转至濊地（今西流松花江流域），于公元前100年前后的西汉时期，建立了夫余国。该国首都最初选址于今哈尔滨市东郊宾县庆华堡寨古城，旋即先后迁徙至今吉林市的东团山古城以及今吉林省的农安县城。据相关文献记载，从建立夫余国起，该国始终保持与汉朝的密切往来，双方交流密切，以至夫余王去世时，还收到汉朝帝王赠予的玉匣（玉衣）。

到两汉、魏晋时期，嫩江流域出现了新的王国政权——勿吉王国，依照当地的地形地貌搭建建筑，外缘内墙，叠土堆砌。在这座古城中，考古学家挖掘出众多的文物，包括陶器、铁器、骨器等。据史料记载，勿吉王国的居民在长期的社会生产实践中，形成了"筑城穴居、好养豕"的生活习性。

嫩江上游流域还曾经出现过乌洛侯国。乌洛侯人擅长射猎，有勇有谋，且"不为奸窃，无寇盗"，普遍以狩猎、畜牧为生。

7—13世纪，黑龙江流域的古代文明迈向了新的阶段。人们在牡丹江上游建立了渤海国。而在这座新的文化古城中，出现了两个发展繁荣的区域，分别是上京龙泉府与金上京会宁府。随着黑龙江领域民族持续拓展新的根据地，

加之频繁与外界进行经济往来和文化互通，黑龙江流域与长江、黄河流域的文明之间长期隔绝的壁垒被打破，不同文化之间的交融日益深化。事实上，上京龙泉府等新城区的出现时间，恰好是中原地区的隋唐两宋时期，这也是中华文明发展史上最繁华的时代之一。

在黑龙江流域人们的积极开拓下，该地区文明不再是与世隔绝、故步自封，而是通过与外界文化的不断交流，而表现出蓬勃的生命力。在7—10世纪，黑龙江流域的靺鞨人，于689年在牡丹江上游流域建立了渤海国，而在这一古代民族的辛勤耕耘和建设下，渤海国逐步发展壮大，成了东北亚大陆地区文明最辉煌、实力最强劲的王国政权之一。虽然该政权仅存在了200余年，但是无论是政治经济，还是文化文明，渤海国均是人类古文明发展史中较为耀眼的存在，被称作"海东盛国"。

11—12世纪，靺鞨人的后裔女真人于1115年在黑龙江流域的阿什河建立了大金国。由于女真人信奉五行德运学说的相生相克理论，加之肇举之地位于阿什河（也被称为"金水河"），因此将新的王国政权取名为"金"。虽然立国时间较短，但是女真人所建立的金国骁勇善战、吃苦耐劳、组织严明，因而在短短15年内就消灭了辽、北宋两朝，重新建立起属于自己的文明社会。另外，相较于渤海国而言，女真人建立的金国更为强盛，不仅打破了长城南北之间文明长期隔绝的状态，加速了黑龙江流域文明与长江、黄河流域文明的深度融合，而且真正实现了"变华为夷，变夷为华"，直接促进了中国文化一体化发展。

元明时期，黑龙江流域的金国逐步走向消亡，辉煌不再。而在经历多个世纪的蛰伏后，女真人于16世纪再次崛起，以强劲的姿态于17世纪一举消灭了明王朝。至此，黑龙江流域的文明再次活跃起来，而女真人则在此次的文明觉醒中建立了一个"称雄东亚"的帝国——大清帝国。清朝入关后，女真人后裔——满洲人将"白山黑水"看作"龙兴之地"，直接采取"封禁"措施，禁止其与外界进行交易往来，而这也导致黑龙江流域文明失去了活力和生命力。从发展历程来看，黑龙江流域从元朝起便已经处于故步自封的状态，并未出现新的文明火花和璀璨。直到清朝被灭亡，以及后来移民文化的兴起，黑龙江流域文明才被打破隔绝状态，并通过与其他文明文化的相互碰撞、融合，创造出了新的文明辉煌。

## （二）近现代黑龙江的历史发展进程

### 1. 清政府统治时期（1683—1912 年）

满洲人入关之后入主中原，汉族地区基本上仍遵循明朝旧制，实行"省府县"三级制。而东北地区作为清朝的"龙兴之地"则为满洲八旗制，最初分为盛京将军和宁古塔（吉林）将军两大辖区。

康熙帝时期，为了维护国家领土安全，防止沙俄对黑龙江边境地区的侵扰，清政府派遣梅勒章京镇守黑龙江边疆宁古塔。随后，清政府又将今东北地区的昂邦章京纳入军事防守体系中，旨在守卫边疆，抵御沙俄侵略。1662年，清政府下令，改称为"镇守宁古塔等处将军"，简称为"宁古塔将军"。而今黑龙江地区正是宁古塔将军在清朝时期所管辖的范围。根据清朝的治国政策，将军既是地方最高军政长官，也是当地级别最高的民政长官，拥有极高的实权。1674年，康熙帝派遣吉林水师驻防黑龙江地区，并在精奇里江口附近兴建新的城池——瑷珲旧城。1683年，清政府重新划分领土，将宁古塔将军镇守管辖区域统一划定为"西北地区"，同时在黑龙江地区增设新的职位——黑龙江将军。至此，东北地区构成盛京（今沈阳）、黑龙江、吉林三将军共同守卫东北的驻防格局，正式拉开黑龙江作为新的军事、行政区域的历史帷幕。1685年，将军衙门的驻防阵地逐步向瑷珲新城转移，而该地区因靠近黑龙江，因此也被称为"黑龙江城"。1690—1699 年，因军事管辖需要，将军衙门先后迁移多次，从瑷珲新城转移至墨尔根城（今嫩江县城），再到齐齐哈尔城。黑龙江将军的管辖范围广阔，东至毕占河，南至松花江，与吉林将军辖区接壤；北至外兴安岭与俄罗斯为界；西至喀尔喀接车臣汗部界。

1858—1960 年，因在鸦片战争中惨败，清政府被迫签署了卖国求荣的不平等条约——《中俄瑷珲和约》和《中俄北京条约》，将黑龙江省以北、乌苏里江以东的上百万平方公里的领土割让给沙俄。这一时期，黑龙江和吉林两大区域的辖区范围大幅缩小。1907年清政府撤销黑龙江将军等，并在东北地区划定奉天、吉林、黑龙江三省。其中，黑龙江行省省会是今齐齐哈尔，其管辖范围保持不变，仍然延续黑龙江将军管辖范围，东南和南部与吉林行省毗连，西南与奉天行省为邻，西部与蒙古接壤，北部和东北部以黑龙江与俄国为界。

2. 中华民国初期（1912—1931 年）

中华民国初期黑龙江省的行政区域仍为清末黑龙江行省的管辖范围，即松花江左岸今黑龙江省西部地区和今内蒙古自治区所属的呼伦贝尔市地区。

随着清王朝的覆灭，华夏大地内忧外患，社会空前复杂和混乱。1912 年，中华民国成立，而在这一期间，黑龙江省设立军民合二为一的政权机关——都督府。1913 年年初，为了能够更好地管辖地区，黑龙江省设立民政长公署，主要负责民政等相关事宜，并于 1914—1916 年先后改设黑龙江省巡按使公署和黑龙江省省长公署。受俄国十月革命的影响，中华民国政府逐步收回中东铁路"附属地"的行政主权，1920 年将中东铁路"附属地"命名为"东省特别区"，辖区范围包括哈尔滨，东至绥芬河，西至满洲里，南至宽城子。1921 年，中华民国设立哈尔滨市政管理局，主要负责中东铁路沿线区域的各种行政事务。1922 年，东北三省保安总司令宣布划定"东省特别区"，并将该区域外交、行政等各类机关，统一交由护路军总司令负责。1923 年 3 月，哈尔滨增设东省特别区行政长官公署。1924 年，东省特别行政区应运而生，施行与省地位一样的地方行政建制。此后，黑龙江和吉林两省的中东铁路沿线区域被划分出去，即哈尔滨及其以东至绥芬河、以西至满洲里、以南至长春，将其作为东省特别行政区的管辖范围。1926 年 11 月，中国首次划定哈尔滨特别区，主要负责管辖埠头区（今哈尔滨市道里区）和新市街（今哈尔滨市南岗区的部分区域）。1929 年年底，因政府管辖权从北京政府转移至南京政府，全国采取统一组织架构模式，这也使得东北三省的行政组织发生了颠覆性变化，具体表现为东北三省施行委员制，且各地区的省长公署统一更名为"省政府"，如黑龙江省省长公署改为黑龙江省政府。

3. 东北沦陷时期（1931—1945 年）

1931 年 9 月，日本帝国主义入侵中国，发动了九一八事变，使得原本岌岌可危的中国面临更大的危机。一周之内，辽宁、吉林两省大部分地区陷入敌手。11 月 2 日，日伪军向嫩江桥进攻。马占山临危受命，任黑龙江省代理主席，立即组织了江桥抗战，给日本侵略军以严重打击，后终因敌强我弱，退出江桥阵地，并于 11 月 18 日撤出齐齐哈尔，黑龙江省政府撤往海伦，继续抗日。1932 年 1 月 16 日，日伪军向哈尔滨进攻，李杜、丁超、冯占海等组织了哈尔滨保卫战，2 月 5 日被迫撤出哈尔滨，退向延寿、方正一带。日本侵略军分路向黑龙江地区进犯，黑龙江省大部分县城于1933年3月被日军占领。

在日本侵略军的强势入侵下，南京政府被迫屈服于日军，于1932年宣布设立伪满洲国，并在东北三省原有的基础上，设立热河省，增设省公署、省长职位。另外，伪满洲国还在东北各省成立由日本人担任厅长的总务厅，负责处理东北地区各省的工作事宜，掌握着控制东北四省（辽宁、吉林、黑龙江、热河）的绝对权力。1934年10月，伪满洲国施行"分而治之"的治国执政策略，将东北四省又划分为十个省，并在蒙古族地区增设兴安东省、兴安西省等。这种做法极大缩小了各省区的管辖范围。东北沦陷期间，伪满洲国实行省、县（市）二级体制。

4. 解放战争时期（1945—1949年）

经中华人民的浴血奋战，1945年8月15日，日本宣布无条件投降，从此伪满洲国也正式土崩瓦解。根据国民政府施行的《东北各省处理办法纲要》，原有的东北三省划分为包括辽宁、安东、黑龙江、吉林等在内的9省，以及哈尔滨等三个特别市。其中松江、合江、黑龙江、嫩江和哈尔滨市都在黑龙江区域。

抗日战争胜利后，中国共产党立即派出干部和军队挺进东北，建立人民政权。最先到达的是在东北党委会领导下的原抗日联军在苏联进行整训的人员，他们随同苏联红军进入东北各地区。由关内各根据地来的2万名干部和10万军队到达后，迅速全面展开了开辟工作。在黑龙江地区，1945年年底已建立了松江、合江、嫩江、黑龙江4省和哈尔滨特别市省一级人民政权，在牡丹江建立了直属的专署一级政权，大部分县也有了人民政权组织。

国民党为了抢夺抗日战争的胜利果实，一方面向东北抢运部队，同时派出特务、官员、敌伪军警，收编土匪，妄图接收政权；另一方面又利用和苏联签订条约的优势，要求苏联红军向国民政府派出的接收大员移交政权。仅黑龙江地区，国民政府就派有松江省主席关吉玉、合江省主席吴翰涛、黑龙江省主席韩俊杰、嫩江省主席彭济群、哈尔滨市市长杨绰庵。1945年12月下旬，关吉玉和杨绰庵带着收编的部队250人到达哈尔滨，接管松江省政府和哈尔滨市政府，但到1946年4月23日，苏军撤退回国时，他们担心遭到中国人民的惩罚，在苏军的保护下，逃回国民党地区。彭济群于1946年1月上旬到达齐齐哈尔，接管了嫩江省政府和齐齐哈尔市政府。1946年4月22日苏军撤退时，他也狼狈逃窜了。吴翰涛、韩俊杰则一直留在长春，根本没有到任。

1945年11月13日，我国第一个省级人民政权——黑龙江省政府在北安成立；1945年11月21日，合江省政府在佳木斯成立；1945年12月14日，嫩江省政府在齐齐哈尔成立；1946年4月8日，绥宁省政府在牡丹江市成立；1946年4月14日，松江省政府成立于宾县，1946年4月28日迁回哈尔滨市；1946年5月3日，哈尔滨特别市政府成立。

1945年11月至1946年4月期间，黑龙江省境内先后设立了黑龙江、嫩江、合江、松江4个省政府和哈尔滨市政府。当时黑龙江省会在北安县（今北安市），嫩江省会在齐齐哈尔，合江省会在佳木斯市，松江省会在哈尔滨。1946年4月8—10日，创建绥宁省，省会牡丹江市。

1946年8月，为了能够统一东北地区的行政管理，国民政府在哈尔滨设立了东北各省市行政联合办事处，这是东北地区的最高行政机关；同年10—11月，国民政府发布公告，宣布将绥宁省改设为牡丹江专区，并将哈尔滨市改称为特别市。

1947年，原有制度下的黑龙江省和嫩江省合并统一，称为"黑嫩省"；同年8月，牡丹江专区撤销，并正式设立为牡丹江省，而后将该省的管辖区域分割，分别划分至合江、松江二省；同年9月，东北行政委员会宣布黑龙江省独立建制，仍然以今黑龙江省北安市作为省会。

（三）新中国成立后黑龙江的历史发展进程

1949年新中国成立，黑龙江地区仍设松江、黑龙江两省。1949年后，新黑龙江省设立，省会城市确定为齐齐哈尔；另外，合江省合并至松江省，以哈尔滨作为省会。

1954年6月，中央人民政府委员会召开第32次会议宣布，为贯彻落实中央集中统一领导制度，同时也为了增进中央和地方政府的密切联系，决定颁布施行《关于撤销大区一级行政机构和合并若干省、市建制的决定》，撤销松江省建制，将其划归到黑龙江省，同时将哈尔滨市由中央直辖市改为省辖市，并入至黑龙江省建制，并将原黑龙江省所管辖的安广、开通等7个县区重新归至吉林省的管辖区域范围内。8月1日，新的黑龙江省正式宣告成立，黑龙江省人民政府设在哈尔滨市。此时黑龙江省的境域，即今黑龙江省的版图。

1955年1月31日,黑龙江省人民政府改为黑龙江省人民委员会。"文化大革命"开始后,1967年1月31日,黑龙江省人民委员会被黑龙江省革命委员会所取代。"文化大革命"十年中,黑龙江省的行政建制处于相对稳定状态。1979年12月26日,黑龙江省革委会改为黑龙江省人民政府,至此,黑龙江省共辖7个地区、9个地级市、2个县级市、63个县、1个自治县、55个市辖区。

截止到2020年,黑龙江省管辖格局趋于稳定,共有哈尔滨、齐齐哈尔、伊春等12个地级市和1个大兴安岭地区。除此之外,黑龙江省还包括54个市辖区和4个地辖区。

## 第二节 黑龙江形象的嬗变与主要特征

在漫长的历史长河中,伴随着经济形态的演变、文明的变迁与朝代的更迭,黑龙江省在向前发展的同时,也经历了辉煌与挫折,黑龙江形象在历史发展的波峰与波谷间跌宕起伏。纵览历史,黑龙江形象可分为龙兴期、辉煌期、衰落期和觉醒振兴期四个阶段,逐步形成了醒目的形象特征。见往以知来,知古而鉴今。回顾黑龙江形象的嬗变历程,可以更清晰地了解黑龙江形象构成的历史、文化、经济等多方面要素,更深刻地理解当前黑龙江形象的成因。

### 一、黑龙江形象的四个阶段

#### (一)龙兴期

黑龙江省有着悠久、辉煌的历史,被称为"白山黑水之地"。早在先秦时代,肃慎、东胡、濊貊三大族系的部分先民,已经定居在黑龙江地区。康熙年间,形成盛京、吉林、黑龙江三将军共同守卫东北区域,这是黑龙江成为一个军事、行政区域,并以"黑龙江"命名的开端。

黑龙江是清朝皇家的大后方、发家之地,由此得到充分照顾。既然被清朝皇室视为龙兴之地、风水宝地,清朝就没有理由不建设好黑龙江。在这个时期,黑龙江是发展得比较好的一个时期。黑龙江的白山黑水,是满族的故乡。截止到现在,满族人口总数为1000多万人,在中国55个少数民族中居第二位。

（二）辉煌期

1949年中华人民共和国成立后，黑龙江凭借着丰富的自然矿产资源，得到了迅猛的发展。该省的2个县级矿区鸡西和双鸭山，由于其资源丰富的原因而兼有行政方面的职能。黑龙江是重要的能源基地：有鸡西、鹤岗、双鸭山及七台河四大煤矿，是主煤炭调出省之一；有大庆油田，是中国最大的油田。这些都是新中国成立初期国家急需的资源，所以黑龙江在这个时期可谓非常"风光"，更多的人竞相去黑龙江"淘金"，去黑龙江工作和生活成为大家的共同心愿。

（三）衰落期

不过世事在变化，资源是有限的，经济发展也有阶段性的。20世纪90年代后，黑龙江的"风光"逐渐暗淡下来，几大资源区域开始为有限的资源而担忧，全国的经济开始转向可持续发展阶段，高污染的资源不再那么受青睐。加之科技的发展，其他地区崛起得更快，特别是长三角和珠三角地区。东北三省的GDP总额是在增加，但是黑龙江经济增速持续下降，2017年在全国GDP增速排名已经位居最后几位。造成这种局面的原因很多，如资源减少、人口老龄化、缺乏政策红利等。当前的黑龙江有种"有力使不出"的感觉。从地理位置上来说，靠近俄罗斯和韩国，但是俄罗斯和韩国并不以东北三省为主要的市场进出口方向。还有一个非常重要的原因，就是黑龙江人口资源持续减少，以前黑龙江是人口净流入地，现在黑龙江是人口净流出地，北上广深等一线地区对黑龙江人才具有强大的吸引力。

（四）觉醒振兴期

作为新中国成立后的重要工业生产基地，东北地区在计划经济时期实现了迅猛发展。然而，随着能源的逐渐枯竭，加之社会形势的复杂变化，东北地区的经济逐步走向没落，社会各项发展也日渐萧条。

为了改变东北地区的发展颓势，同时也为了扭转东北地区经济每况愈下的发展趋势，2003年5月，时任国务院总理的温家宝奔赴辽宁，围绕"振兴东北老工业基地"展开了一系列的调研活动，致力于重振东北经济，加快东北老工业基地的改造创新。同时，党和政府还将"东北老工业基地调整和改造"工程上升至国家重大战略部署的高度。另外，党的十六大报告也着重强调要加快东北地区老工业基地的优化升级，这为当地经济建设指明了新方向。

2004年8月，为了进一步提振东北经济，同时也为了加快社会主义现代化建设的步伐，时任国务院总理的温家宝组织召开了"振兴东北老工业基地"的最高规格会议，明确表示在贯彻推进西部大开发战略的同时，还要加快东北地区老工业基地的改造升级，以推动东北经济复苏，促进东部、中部、西部各地区协调稳定发展，从而真正实现全面小康和现代化的目标。会议上，温家宝明确表示加快振兴东北等老工业基地的条件具备，要求东北地区要充分发挥本地资源优势，从五个方面全面发力，围绕"六个主要任务"，加快东北老工业基地改造工程的落地。

作为党在新时期背景下的重大战略部署，"振兴东北老工业基地"一经提出就引起了东北地区的积极响应。一场以提振经济发展为主旋律的"辽沈战役"正式打响。这不仅是东北地区摆脱经济发展瓶颈、促进区域经济提档升级的关键战役，也是我国全面建成小康社会的重要一役。

2016年"两会"期间，习近平总书记在黑龙江代表团参加审议时指出，振兴东北要扬长避短、扬长克短、扬长补短，向经济建设这个中心聚焦发力，打好发展组合拳，奋力走出全面振兴新路子。2018年9月，习近平总书记在考察走访东北三省时，明确提出"东北振兴"的三大新要求——新气象、新担当、新作为，并指明了新时代下东北全面振兴的新方向。

2019年6月，国务院总理李克强召开"振兴东北地区等老工业基地"领导小组会议，着重表示要加快推进东北地区的全面深化改革，要多视角、全方位着手推进东北振兴工程。2020年7月，习近平总书记在考察吉林时再度强调了"东北振兴"战略在我国全面建成小康社会过程中的重要意义，要求各地方政府要积极响应中央重大战略部署，转变发展理念，积极发挥才干，以加快完成"东北全面振兴"的新任务，从而为我国社会主义现代化强国的建设，为中华民族的伟大复兴以及中国梦的实现奠定坚实基础。

## 二、黑龙江形象的主要特征

区域形象具有阶段性，存在于千千万万区域内、外部受众心目之中，要准确概括确属不易。在受众心目中，黑龙江形象究竟如何，至今其实并无一项权威的、全国的研究和解读。目前，根据相关文献资料，可以将黑龙江形象的主要特征概括如下。

（一）地貌特征

黑龙江主要以平原为主，拥有东北亚地区规模最大的平原区——松嫩平原。另外，黑龙江、松花江、乌苏里江三江汇聚之地则构成了三江平原，整体地势平缓，这为当地的农业生产提供了得天独厚的优势条件。而两大平原的边缘地带，由于有闭流河的存在而产生了湿地等自然生态区。另外，在黑龙江中游沿岸还分布了规模不一的小型河谷平原，土质肥沃，资源优势突出。上述这些平原均是黑龙江流域古代文明的发源地，如在松嫩平原之上，黑龙江流域古代民族建立了夫余国和大金帝国文化；三江平原则孕育了勿吉与黑水文明。除此之外，黑龙江海浪河谷地与宁安盆地曾经孕育了渤海文化，而黑龙江上游的土地则培育出了璀璨而辉煌的鲜卑文化。

从地形地貌来看，黑龙江流域地区四面环山：北部地区与外兴安岭山脉相连，西部地区无缝接驳大兴安岭山脉，南部地区毗邻长白山，东部地区则接壤锡霍特山脉。其中，大兴安岭北麓诸水汇入黑龙江上游地区，东麓诸水则汇集至嫩江右翼地区，长白山山脉北麓诸水从高到低逐步流向松花江，锡霍特山脉的西麓诸水则流入乌苏里江后再汇入至黑龙江。从地理分布来看，黑龙江东北地区是黑龙江诸江河水的入海口，而中部地区则分布着规模不一的小山脉，如小兴安岭等。

从河流特征来看，黑龙江诸水系属于永久性河流，汇聚了来自大兴安岭等各个山脉的诸水，存在断流的可能性微乎其微，而且由于自然资源禀赋优势突出，黑龙江流域有着极为丰富的地下水资源，即便在极度低温的情况下也会流淌不止。此外，黑龙江河流是经由鄂霍次克海转入太平洋的，因此属于外洋性河流，这种江河流域气候一般比较湿润。

有别于辽西地区，黑龙江流域的河流属于持续性河流，并不会因为降水量的骤降而出现断流现象，也不会因为河床过高或温度过低而出现地下水停滞不前的情形，这就使得当地的土地土质较为肥沃、土壤优越。对比之下，辽西地区只有在降雨量充沛的时节，才能够保证水流的充足，才能够规避断流现象。正是如此，在缺乏水系资源的滋润和河流的浸润情况下，辽西地区的气候较为干燥，土地沙漠化问题突出。

综上而言，黑龙江流域地大物博，山川河流应有尽有，而且植被茂密，土壤肥沃，有着得天独厚的区位优势和自然禀赋优势，这为黑龙江流域文明的形成、演变、发展提供了有力支持。正是因为内外兼容的地理格局，黑龙江流域文化具有极强的包容性，一方面依托本地区文化优势创造了属于自己的文明，如鲜卑文化、渤海文化等；另一方面以开放的心态，通过对外交流来接纳外来文化。然而，由于地质条件限制，不同历史阶段的黑龙江各族人民从事生产生活的方式截然不同。从这一点来看，一些学者提出的"黑龙江古代民族是北方游牧民族"这一观点并不严谨。从当地社会生产发展历程来看，黑龙江流域存在狩猎、渔业、农业等多种生产方式，而这种依赖于自然资源谋生的生产生活方式，促使黑龙江人在长期社会实践中形成了尊重自然的良好品质。

（二）文化特征

黑龙江流域的文化文明、黄河流域的文化文明、长江流域的文化文明，并称中国三大文化文明发源地。多年来，人们把黑龙江称为"北大荒"，这个"荒"字，过去解释是荒无人烟。但是回顾黑龙江的历史文化，却让人觉得北大荒的"荒"字不是荒凉，而是辽阔无边、深邃极远。直到现在，黑龙江流域仍然保留着一些特色的传统文化，总结归纳如下。

1. 北方渔猎文化

完达山脉延伸到黑龙江、松花江、乌苏里江这三江汇合之地，这就为文明的诞生创造了有利的资源条件。正是在三江诸水以及繁茂山林资源的滋养下，赫哲族在此聚居繁荣，这一民族主要聚居于同江市八岔、街津口民族乡以及敖其村等地。在松花江、黑龙江、乌苏里江三江沿岸，当地民族除了可以领略到黑龙江省大气磅礴、波澜壮阔的北国风光外，还可以充分感受赫哲族悠久而璀璨的历史文化。从古至今，赫哲族世代居住于三江沿岸，常年与水做伴，以捕鱼为生，这在当地催生出特有的北方渔猎文化。

2. 冰雪建筑文化

黑龙江属于温带大陆性气候，冬季持续时间长且气候干冷，最低气温可达到零下30℃以下。如此极寒的天气，让黑龙江各民族形成了在寒冷等极端天气生存的智慧，先后经历了抵御严寒到充分利用冰雪资源自娱自乐的漫长阶段，并在长期与冰雪和寒冷斗争的社会实践中，孕育出独有的冰雪建筑文化。

为了能够抵抗刺骨的严寒和凛冽的寒风，黑龙江各民族群众时常以穴为居，以深为贵，因此当地的建筑并非像南方地区那样拔地而起，而是起始于地下。早期阶段，人们会向下挖地，制作地窖和洞穴，用于存放粮食和居住。而为了便于居住，黑龙江流域的古代民族还制作了梯子、火盆等工具，用于上下出入和生火取暖。然而由于地下洞穴采光不好，且空气不流通，因此人们开始利用毛草等材料铺设建筑，在满足地面居住需求的同时，避免室内暖气外漏，从而达到抵御寒冷的目的。

从辽代女真族开始，随着实践经验的积累，黑龙江地域祖辈们创作出火炉、火墙等诸多取暖工具，这使当地居民逐步从地下走向地面。即便到现代社会，黑龙江地区的建筑仍然表现出鲜明的御寒特征：其一，能够快速扫除屋面和屋前的积雪，黑龙江省早期建筑大多采取尖顶斜坡屋顶的设计，后来随着建筑技术的推陈出新和建筑材料的日益丰富，这种设计风格已经极为少见，但是在哈尔滨市中央大街上仍然存在不少这类尖顶建筑；其二，为了避免热气向外扩散和冷气向内侵蚀，黑龙江地区建筑的墙壁相对较厚，平均在50厘米以上，如哈尔滨建筑大学的主楼建筑，墙壁最厚区域达2.5米，取得了良好的保暖效果；其三，黑龙江地区建筑多采用真空的双层玻璃窗，在满足室内采光需求的同时，达到防寒保暖的功效；其四，黑龙江地区楼房室内会配备集体供热设施，因此相较于室外零下几十度的温度而言，室内普遍温暖。

（三）国民经济特征

新中国成立后，黑龙江地区凭借着丰富的煤炭、石油等资源，实现了国民经济的快速发展，而且在党中央各项政策的引领和指导下，全面迈向社会主义新经济时期，一改过去半殖民地半封建时期的贫穷落后面貌，成为国内至关重要的粮食生产、机械制造等大型生产基地。

根据相关统计数据，1949年新中国成立初期，黑龙江省和松江省的社会总产值超24亿元以上，工农业总产值达到19.17亿元，其中农业总产值占比最高，达 64.26%。黑龙江省的工业发展水平也较高，轻/重工业的总产值分别达 3.4 亿元和 3.3 亿元。在三年国民经济恢复期间，因土地改制的深化推进，黑龙江省工业跨向发展的快车道，催生出一批新型工矿企业。尤其是随着国家"南厂北迁"政策的贯彻实施和国家财政的大力支持，当时黑龙江省工农业生产呈现出一派欣欣向荣的景象，经济高速腾飞。

1953—1957 年，是发展国民经济的"一五"时期，国家为了振兴国民经济，加大对黑龙江省的投资力度，其中，固定资产投资总额达 35 亿元以上，扶持省内 2400 余个工程项目落地。据不完全统计，限额以上的工程企业达 120 余个，而改建或扩建的工业企业则超 300 个，而这些企业大多以机械、煤炭等重工业企业为主。"一五"计划贯彻落实后，黑龙江省已经形成以机械、森林工业等为核心的经济发展体系，1957 年该省社会总产值再创新高，超 73 亿元，国民收入也实现了跨越性增长，与 5 年前相比增幅达 63% 以上。除此之外，由于黑龙江省的工业极为发达，因此当地的工农业总产值也迈向新巅峰，直逼 60 亿元，与 1952 年相比总涨幅超 72%。总体而言，"一五"期间，依托中央财政的鼎力支持和工程项目的大量投产，黑龙江省经济快速崛起，国民收入水平大幅提升，广大人民生活水平明显提高。这一时期也是该省在社会主义建设时期经济发展最强劲、势头最好的时期之一。

1958 年"大跃进"运动开始后，黑龙江省经济呈现超高速发展，到 1960 年社会总产值突破 155 亿元大关，工业总产值更是屡创新高。然而，由于过度投产，加之过分重视经济指标，黑龙江省产能过剩、生产秩序混乱等一系列问题日益突出，这也导致投资效益大幅缩水，严重阻碍了该省的经济可持续发展。到 1961 年，黑龙江省的经济则由盛转衰，社会总产值骤降，甚至于 1962 年跌破百亿元大关。另外，该省工农业总产值也呈负增长态势，从 1960 年的 123 亿余元跌落至 1962 年的 60 余亿元，跌幅超 200%。为了突破经济发展瓶颈，国家先后采取了一系列经济复苏和宏观调控政策，这在一定程度上改善了黑龙江的经济环境，使之重新焕发出新的生机。经过几年的调整，到 1965 年时黑龙江省经济再度复苏，工业总产值直线攀升，从 1962 年的 60 余亿元上涨至 97.25 亿元。

然而，起始于 1966 年的"文化大革命"再次将黑龙江经济社会发展拉向谷底，并给当地经济建设造成了巨大损失。尤其在 1968—1969 年期间，因错误的经济调控政策，加之投资规模过大，黑龙江省的良好经济格局被彻底打破，经济产业结构极度失衡，这也造成了当地工业总产值连续几年直线下滑，经济发展一度停滞不前。

1978年年底，我国全面施行改革开放政策，确立了解放思想、实事求是的马克思主义思想路线，这为中国经济建设提供了新的出路和理论指导。党的十一届三中全会召开后，我国各地区逐步转变经济发展模式，贯彻从计划经济体制向市场经济体制转型的工作。黑龙江省在党的十一届三中全会精神的指引下，迅速改变错误的经济发展理念，将工作重心转移到社会主义现代化建设方向上来，由此激活了当地的经济发展动能。随着改革开放政策的落实，黑龙江省在1979—1985年期间逐步建立了公有制为主、多种所有制并存的经济发展格局，且加强了对外开放，开拓了对外贸易市场。这为当地经济的高速增长作出了积极贡献。随着经济环境的改善和市场的日趋繁荣，黑龙江人民的收入水平显著提升，1985年全省国民收入与1952年相比增长12倍以上，人均工农业总产值超1400元，人均GDP突破千元大关，各项经济指标均远远超过全国平均水平。

然而，到了"六五"期间，因不合理的产业发展结构，加之产品整体附加值偏低，黑龙江的经济增速有所减缓，各项经济指标也处于停滞状态，涨幅低于全国平均水平，呈现出经济发展动能不足、经济增长后劲不足、市场活跃度较低的萎靡状态。黑龙江无论是经济实力，还是人均收入水平，在全国范围内的排名均不断后移。

（四）人口特征

1949—1952年期间，黑龙江省人口总数大幅增长，总增幅近10%；1959—1961年期间，受三年自然灾害的影响，这一时期黑龙江省的出生率大幅下滑，人口总数也呈现出下跌趋势；1962年，因前期死亡率上升等因素的原因，黑龙江省总人口呈现出负增长的趋势，人口总量较上一年下跌3万余人；1963—1973年，三年自然灾害后经济情况有所好转，加之补偿性生育势头迅猛，总人口数量激增，突破了2800万，年增速超过3.6%；1974—2000年，在计划生育政策的影响下，黑龙江省人口增速有所减缓；2002年后，黑龙江省人口增长缓慢，"十一五"期间，该省人口总量虽然有所上涨，但是与之前五年相比，人口增速呈负增长趋势，环比下跌20%以上；2012—2013年，黑龙江省总人口并未发生明显变化；2014—2015年，黑龙江省人口总数呈现出逐年递减趋势。

近几年来，由于人口出生率持续下滑，黑龙江省人口年龄金字塔塔尖不断上移，社会老龄化问题突出。其中2006—2015年，该省65岁及以上的老年人口激增，年均增幅超3.4%，且老龄人口数量在该地区总人口中的占比也呈逐年上涨趋势，从2006年的8.04%跃增为2016年的10.9%。

从全国范围内来看，黑龙江省的老龄人口数量增长速度加快，且60岁以上人口所占比重也在全国平均水平之上。调查统计数据表明，2005—2014年，黑龙江省的老年人口占比超过全国平均水平的0.4%；2015—2016年则再创高峰，突破1%。2014年及以前，黑龙江省65岁以上老年人口所占比重低于全国平均水平，但是2015年以后，则呈现出激增的趋势，一度超过全国平均水平，无论是所占比重，还是人口老龄化增速，均在全国排名靠前。有数据表明，2000—2015年，我国老龄化速度最快的地区是四川，老年人口比重提升5.4%；其次是黑龙江和重庆，均提升5.3%；最后是辽宁，老年人口比重提升5.0%。从全国范围看，黑龙江省已经是老龄化速度最快的省份之一。

2017年黑龙江省全省总人口3831.4万人，其中城镇人口2166万人，占全省总人口的56.5%；乡村人口占全省总人口的43.5%。从行政区域来看，黑龙江省各市辖区的人口密度偏高，哈尔滨市人口密度位列全省第一；从发展趋势而言，牡绥地区、东部煤电化基地等人流量大，居住人口数量较多，属于人口密集区。

综上所述，关于"东北全面振兴"的相关话题，目前已经引起学界普遍关注，可以参阅的文献资料相对丰富。然而，关于"觉醒振兴时期"黑龙江形象的真实面貌，尚待调研。可以肯定的是，截至目前，黑龙江形象仍未发生彻底转变，一些负面特征依然在相当长时期内存在，这些将对黑龙江未来各方面的发展造成不利影响。

# 第三章

# 黑龙江形象建构中的传统媒体实践

负面区域形象的改变是一个长期、艰难的过程。21世纪以来，黑龙江区域内各级、各类媒体在发挥基本功能、客观真实反映社会现实的基础上，自觉提升区域媒介形象的社会责任意识逐渐加强，履行社会责任的实践活动逐步增多，手段日益丰富，为改善黑龙江形象奠定了基础。

与大型的形象宣传活动相比，媒体日常的内容设置、栏目建设对区域形象的影响力更为持久，在受众中的渗透力更强。各类媒体的传播特点与优势不同，在形象建构方面也各有所长。大致说来，纸质媒体长于展示文化内涵和精神气质，更具权威性和可信度；影视媒体长于展示风光景致、区域面貌、大型活动，最为形象生动，受众基础更为广泛；网络媒体长于引导舆论，及时快捷，受众平均年龄较低等。结合各自所长，各类媒体对黑龙江形象建构各有建树，涌现了一批精品。本章重点总结黑龙江区域内的传统媒体履行社会责任，在黑龙江形象建构方面所做出的努力，笔者选取了其中最具代表性的活动作为案例进行分析，以期发现经验、总结规律，分析存在的问题。

## 第一节 黑龙江形象建构中的影像媒体实践

影像主要借助光学装置、电子装置等设备感受光线，依据光的折射和投影等基本原理，然后依托电子脉冲或电磁场等因素的变化，生成被摄录物体的图像，并以特定装置作为载体，将其以动态图像呈现于受众眼前的"物的影像"，主要可划分为静止摄影影像、电影影像、电视影像等多种类型。所谓影像媒体，是指主要以影像为符号进行信息传播的媒体形式，如电视、电影等。根据传播意图与手法的不同，影像媒体对区域形象的传播具有多种类型，且不同媒体表现出来的传播特征迥然不同。其中，电视和电影在区域形象建构中发挥着独特的优势。

一、影像媒体的传播类型

（一）纪录式的影像化传播

电视新闻、形象宣传片等影像作品主要以纪实为主，即通过直观呈现某一区域的地形地貌、风土人情等来展示区域形象。对此，黑龙江省各级各类电视台制作了大量新闻节目和纪录片，这为广大受众了解与掌握当地社会生活百态、黑龙江省特有风光以及人文情怀等提供了有效的传播媒介。如形象宣传片《山水黑龙江》通过记录黑龙江省的名山秀水，呈现当地绮丽、壮阔的独特景观，展示当地的人文风俗，以此提升区域形象，增添黑龙江魅力。

（二）植入式的影像化传播

植入式影像化传播，主要是以区域空间作为故事背景，通过电影或电视剧向人们传递区域信息，达到建构区域形象的目的。利用影像媒体进行植入式传播，除了艺术目的以外，还承担着打造区域新名片的重任。如以黑龙江作为故事发生背景的电视连续剧《闯关东》，凭借其宏大叙事吸引了众多受众的注意和追捧，而这也使得更多观众感受到黑龙江的风土人情、文化内涵，更真切地体会到该区域民众勇敢善良、热情乐观的品行，由此极大提高了黑龙江省的区域形象。

（三）象征式的影像化传播

象征式的影像化传播，主要是通过抽象的概念表达，或借助于主观色彩较浓的审美意象，依托电影等影像载体，让受众对区域形象产生美好情感。如取材于哈尔滨抗日历史的优秀电视剧《悬崖》，不仅有险象环生的故事情节、著名演员的出色表演，还有诸多的哈尔滨建筑景观。尤其是哈尔滨人面对日伪统治时期的血腥镇压和屠杀时表现出来的民族大义和铮铮铁骨，更给广大受众留下了难以磨灭的印象。此外，《开往春天的地铁》和《夜幕下的哈尔滨》均是借助于象征式影像化传播，达到建构区域形象的目的。

### (四）附加式的影像化传播

影视剧产业是一个潜力无穷的文化产业，它不仅有利于扩大影像符号传播的范围，而且会提高影像化符号所带来的附加值。作为我国电影领域的标杆盛典——"中国金鸡百花电影节"，每年都会评选出业内具有代表性和影响力的影视作品。凭借着含金量极高的奖项，该电影节一时间成为众多受众追捧的热点。由此，举办"中国金鸡百花电影节"的城市备受广大影迷们的关注，如无锡、银川等城市均因为举办"中国金鸡百花电影节"，无形中提高了城市的知名度。

"哈尔滨冰雪电影节"也是附加式影像化传播的典型案例。该电影节兴办于1989年，与国内金鸡百花等电影节相比历史更为悠久。从创办之初，"哈尔滨冰雪电影节"一直秉持着精品制作的方针，始终贯彻"推崇精英之作，抵制低劣平庸，繁荣电影市场，呼唤亿万观众"的电影节理念，为广大受众奉献诸多精品电影和优秀影视剧，而这一先进的电影节创办理念，也使哈尔滨走进广大受众的视野，为其赢得了"电影之城"的美誉。20世纪80年代，哈尔滨既有国内票房排名前十的电影院，也有依托深厚电影文化底蕴而催生出来的电影佳作，如《桥》《普通一兵》等。毋庸置疑，"哈尔滨冰雪电影节"无形中促进了我国电影产业的优化发展，也向受众展现了哈尔滨开放包容的城市形象，大大提升了这座城市的知名度。

此外，哈尔滨独特的自然风光和独具一格的历史文化建筑也成为众多经典影视剧的外景拍摄场地，如《滚滚红尘》《夜幕下的哈尔滨》等均取景于这座城市。作为具有深厚文化底蕴的城市，哈尔滨还培养了李冰冰、孙红雷等众多知名电影人。

综上所述，纪录、植入、象征、附加四种影像化传播类型各有优势，且能够同时发挥作用。如上海世博会充分利用多种影像化传播类型，利用纪录式影像化传播真实再现上海的人文景观和世博会全景；附加式影像化传播，则以世博会为由头，向世人呈现了上海的旖旎城市风光和国际化形象，极大提高了上海在全世界范围内的吸引力和影响力，取得了显著的城市形象传播效果。

### 二、影像媒体的传播特点

影像传播主要依托视觉文化。英国学者钱伯斯如此形容视觉文化的崛起：

"我们每天穿梭在广告和报纸、摄影和杂志、电影和电视的视觉世界中。这个视觉帝国因其影响和塑造我们生活的力量而受到了批判……各种形象是我们日常生活的一部分，我们不断地从电影、时装、杂志广告和电视中选择形象；它们代表现实，并成为现实，成为经验的符号和自我的符号。"[1]

影像作为人们形成感性经验、认识世界最重要的工具，作为人们感知现实的有力载体，在塑造与传播区域形象方面发挥了突出性作用。电影和电视通过变化万千、丰富多彩的视觉表达，为人们全方位认识某一区域形象提供了有力支持。具体来说，影像媒体传播具备如下特征。

（一）传播内容的真实性和生动性

影像主要是通过再现场景或镜像记忆，营造一种虚幻的真实，让观众在身临其境的视觉世界中获得认知经验。另外，影像还能够通过直观的画面，构筑与现实生活相仿的虚幻空间，激发观众的共鸣，并通过这种方式，丰富观众的视觉体验。"眼见为实"的心理影响，使区域形象信息在影像媒体中的呈现更加真实，无形之中强化了该区域形象的信服度。如电视新闻影像，依托客观性、现场感等诸多优势，有效提高区域形象相关信息的真实性和可信性，无形中增强了广大受众对电视新闻影像所建构的区域形象的认同感。

此外，由现代科学技术创造产生的影像语言，合成性的表达语汇，是一种视听兼备的语言。这种视听语言包含了传统语言的大部分陈述功能，同时又具有对陈述对象的形象直观的呈现作用。这种视听语言在对客观世界的呈现方面，既可以形象直观地描述外部形态，又能实现抽象分析、深入概括和内在心理的展示。这种视听语言对陈述对象可以实现一种"全能陈述"。毋庸置疑，建立在多媒体技术基础上的影像语言，兼具视与听的多重功能，能够以通俗的语言、直观的画面，多方位、立体化传播区域形象信息，提高信息的可触达率。影像媒体通过对不同媒介形式的组合应用，利用光线、构图等不同表达载体，能更生动形象地传达信息，极大程度提高区域形象的传播力。

---

[1] 转引自周宪《视觉文化与现代性》，载荣长海《文化研究》（第一辑），天津社会科学出版社2000年版，第143页。

## （二）传播过程的及时性与受众的广泛性

影像媒体借助电波等形式传递信息，有了传播速度快、覆盖范围广等诸多优势。而现代通信技术的飞速发展也为影像媒体信息的高速传播创造了有利条件，使得各种电视节目和影视剧能够通过电视载体实时传播给广大受众，具有极强的时效性。基于电视媒体而建构的区域形象，既能够让受众快速获悉区域最新发展情况，又能够让受众更直观地认知区域形象。

作为影响力较强的媒体形式，电视因传播范围广泛、接收终端较为便利等优势而受到广大观众的青睐，拥有较为稳定且庞大的受众群体。中国广播电视网络有限公司主导发起《2018年度中国家庭收视市场入户调查》，对全国30个省份和直辖市等进行调研，了解到12—74岁常住电视人口的收视情况。调查统计结果表明，2018年全国电视人口高达13.22亿人次，正在使用的电视机设备总量达4亿台以上，平均每户家庭拥有1.16台电视机。

由此可见，电视在所有大众传播媒体中备受推崇，拥有着极为广泛的受众群体，受众层次较为复杂多元，能够满足文盲、老人、儿童等类型受众的收看需求。不可否认，作为大众传媒中受众面最广的媒体形式，电视已与广大公众的日常生活密不可分。正因为如此，依托电视媒体来塑造与传播区域形象将发挥不可替代的突出作用。

## （三）传播效果的诠释性和文献性

影像媒体是生动而具体的，它通过直观的视觉语言激发群众共鸣，尤其是能够将枯燥、乏味、抽象的信息，用画面、语言等手段进行具体描述、解释和表达，具有较好的诠释性作用，也便于受众较好理解信息所要传递的价值取向。如对黑龙江大兴安岭植被覆盖率进行描述时，如果依托文字说明当地森林覆盖率增长了15%，这个抽象的数字很难让观众产生深刻认同、理解和体会其价值，更难以引发受众的情感共鸣。对比之下，如果用影像语言来描绘这片茂密的森林和郁郁葱葱的植被，则更容易让受众深刻认识到森林覆盖率增长15%的意义及其所创造的环保价值。

不同发展阶段所呈现的区域形象，以及不同信息所建构出来的区域形象，均存在显著差异。影像媒体通过对区域发展历程的记录，或者是对区域范围内某一细节的把握与捕捉，将成为珍贵的历史文献资料，它能为后人了解过去某一历史时空下的区域社会百态,了解这一区域的文化发展历程等提供鲜活记忆。影像正具有这样的功能,它可以是对瞬间的捕捉,如实反映区域生生不息的发展动态。这种时空结合的媒体表达形式,使影像媒体具有传播效果的文献性特征。

总之,影像媒体的传播范围广泛等特征,为其建构和传播区域形象奠定了良好基础。影像媒体或通过电视栏目、城市宣传纪录片,或通过以区域为背景的影视剧,向广大受众介绍该区域的风土人情、地形地貌、社会文化等,这将有利于提高该区域的知名度和影响力。一部成功的影视作品可以依靠其长盛不衰的艺术魅力,使受众产生身临其境的感觉,取得其他大众传播媒体望尘莫及的传播效果。

### 三、电视专栏塑造黑龙江形象

电视传播信息速度快,符号形式多样,生动直观,适合家庭成员共同欣赏。经过半个世纪的发展,电视在我国的普及率已经达到94%以上,受众群体规模庞大,媒体权威性和可信度高,社会影响力巨大。一个区域电视媒体的发达程度和节目内容特色,无形中成为该区域的形象展示窗口,会在区域内、外受众心目中留下深刻的印象。重视电视媒体,打造具有地域特色的精品节目,是塑造区域形象的重要手段。

在众多电视节目中,电视专栏因主题突出、题材相近、时段相对较长,容易引起受众关注,而其连续性又能够反复强化信息,加深印象。黑龙江卫视作为黑龙江省最重要的影像新闻媒体,在积极进行市场化探索的同时,始终重视黑龙江形象建设,结合黑龙江地方文化特色和社会政治经济状况,打造了《这就是黑龙江》《你好,俄罗斯》等一批在省内外颇有影响力的专题栏目,为黑龙江良好形象推广发挥了不可替代的作用。

2015年1月,黑龙江人民广播电台与黑龙江电视台正式合并。随后,两家单位开始优化整合原有的一些栏目和节目,形成了定位清晰、内容丰富的节目体系,内容涉及法治、少儿、农业、文体等方方面面。其中最有代表性且具有浓郁黑龙江特色的节目莫过于《这就是黑龙江》和《你好,俄罗斯》。这两个电视专栏类节目,主要反映黑龙江省内外近期发生的各类新闻信息。

(一)电视专栏《这就是黑龙江》

电视专栏《这就是黑龙江》的前身是创办于2006年的《英语新闻》,是黑龙江省乃至整个东北地区的首档英文新闻资讯类节目。《这就是黑龙江》有别于黑龙江电视台的《新闻联播》节目,前者主要采用英文播报的方式,以客观真实的视角,向广大受众呈现出一个具有勃勃生机和鲜活动力的黑龙江形象。该栏目每周播出六期,主要面向在华居住、工作的外籍人士以及高校学生。与此同时,该电视专栏成功登陆北美等地区,成为不少欧美家庭了解、走进黑龙江和认知黑龙江的重要窗口。通过电视专栏《这就是黑龙江》这个媒介平台,黑龙江由此走向世界,世界人民也开始熟悉和了解黑龙江。

《这就是黑龙江》栏目,借助于黑龙江电视台集新闻、专题、纪录片等诸多资源于一体的强大高清制播平台,以英文播报的形式,向广大受众介绍黑龙江政治、经济、社会、文化等方面的最新发展状况,以期向受众全面展示东北全面振兴背景下的黑龙江省崭新面貌。

在长期的经验积累和探索中,《这就是黑龙江》栏目工作人员采编能力不断增强,尤其是已经具备一流的中英双语新闻采编能力,而这一点在该栏目记者采访时任以色列副总理的奥尔默特时得到验证。此外,《这就是黑龙江》栏目组记者还参加了2008年北京奥运会和哈尔滨第24届世界大学生冬季运动会的转播和报道工作,以客观严谨、活泼生动的形式,如实报道和记录了黑龙江体育健儿备战奥运和国际性体育赛事的系列故事,让全世界人民深刻感受到黑龙江人热情乐观、敢于拼搏的精神。

(二)电视专栏《你好,俄罗斯》

《你好,俄罗斯》开播于1993年6月1日,播报周期是每周六早上6:30或每周三凌晨00:40分别在黑龙江电视台卫星频道和黑龙江高清频道对外播出,节目时长通常控制在20分钟内,主要是以俄语播报的形式,向人们介绍中俄往来的方方面面,介绍黑龙江省与俄罗斯经济贸易合作、文化交流、民间往来等各个方面的内容。这是中央外宣办批准设立的唯一一个代表国家向俄罗斯播出的俄语语种电视节目,具有极为深远的意义。目前该节目传播范围涵盖俄罗斯远东以及部分西伯利亚地区。这在增进中俄友谊、扩大黑龙江对外宣传阵地等方面提供了桥梁和纽带。该节目通过介绍黑龙江风土人情、中国改革开放各方面新发展新成就、东北全面振兴背景下黑龙江对外改革开放的重要成果等，对于增进俄罗斯人民对黑龙江的了解与认识，提高黑龙江省的国际知名度，具有不可忽视的重要意义和影响。

由于地缘较为接近，黑龙江省作为中国与俄罗斯两个国家之间接触面积最大、商贸往来最为密切的省份，境内居住着不少俄罗斯人。为了让黑龙江域内外人士更多了解中俄交往实况，同时为了让俄罗斯等国家外籍人士感受黑龙江的魅力，《你好，俄罗斯》用俄文播报新闻报道，向在华俄罗斯专家、学生、侨民等外籍人士展示改革开放以来黑龙江在经济、文化等各方面作出的杰出成就，展示黑龙江人安居乐业的美好生活，以及独具特色的风土人情。多年来，经过黑龙江电视台编播人员的努力，该节目质量有了较大提高，不仅加强了节目内容和选题的针对性，而且对节目的编辑和制作也更加精细，多次获得全国及黑龙江省有关部门的嘉奖。

中国驻哈巴罗夫斯克总领事毫不隐瞒其对这档电视栏目的赞许，认为《你好，俄罗斯》不仅题材广泛、形式新颖，而且新闻内容也较为丰富多样，是外籍人士了解改革开放后中国和黑龙江的重要窗口，在俄远东地区产生了较好的口碑和影响。

（三）其他电视专栏

与《这就是黑龙江》《你好，俄罗斯》两个电视专栏节目不同，《食安龙江》是由黑龙江广播电视台与当地市场监督管理局联合创办的电视栏目。该栏目在为本省人民生活安全方面提供有效、真实信息的同时，还较好塑造了该省"食品安全"和"卫生放心"的正面可靠形象，以此建构放心宜居的区域环境，吸引更多精英人士来黑龙江省投资创业、安居乐业。

《更龙江》和《艺术龙江》是黑龙江广播电视台文体频道播出的两个具有代表性的电视专栏，具有浓厚的艺术性和文化气息。该节目透露出来的艺术气息，向海内外受众展示黑龙江这个具有深厚文化底蕴大省的情怀。事实上，文化是一个区域发展的根基和命脉，是生活在这里和曾经生活在这里的人们内心的一种惦念和眷恋。不同区域、不同城市都会在历史的漫漫长河里，形成专属于自己的文化记忆和文化脉络。《更龙江》和《艺术龙江》这两档电视节目，通过探寻黑龙江地域文化之根，介绍黑龙江广大公众多姿多彩的社会文化生活，展现独具黑土魅力和情怀的黑龙江区域形象。

## 四、纪录片建构黑龙江形象

除了电视栏目外，纪录片也是一种至关重要的区域形象建构手段。它通过对文献资料的收集，在尊重客观事实的基础上，真实记录本地区的特色文化和独有自然风光。相较于其他形式的传播媒介而言，纪录片能够以更加客观的视角、更加真实的口吻发掘和记录地域文化，重现当地的历史文化和风土人情。

纪录片还是价值观传递的重要手段和媒介之一，因为它能够借助于纪实表现手段，深刻影响受众的认知和判断，树立良好的区域形象，争取世界各国和国内其他地区受众、媒体对本地区做出正面评价，同时营造良好的舆论环境，为本区域积聚资源并推动其发展。因此，在提升黑龙江形象的过程中，黑龙江题材的纪录片应该肩负起一定的责任与义务。

### （一）纪录片《龙江行》

作为一种新兴的影视作品题材，纪录片以其独特的媒介优势、新颖的报道角度及不拘一格的叙事方法，近年来被广大受众所认同和喜爱，同时也被不同地区、不同级别的电视台以及当地宣传主管部门所重视。

《龙江行》是一部记录黑龙江瑰丽自然和人文风光以及开发建设成就的大型影像志，也是国内首个全面记录北国地区历史人文和风景名胜的宣传纪录片，由中央新闻纪录电影制片厂与黑龙江省广播电视台联合摄制。该纪录片通过宏大壮阔的叙事手法、独特创新的拍摄技巧，向广大受众展现黑龙江各地的风土人情和绮丽风光，同时也从微观视角着手，通过对小人物的采访和各个地区改革开放前后的对比，向人们展示黑龙江省在伟大探索实践中取得的丰功伟绩，不仅填补了国内空白，而且为受众了解黑龙江提供了宝贵的影像资料。

《龙江行》由我国著名纪录片导演段锦川执导，由国家一级摄影师赵布虹担任第一摄影师。该片于2009年3月在黑龙江省亚布力滑雪场正式开始外景拍摄工作，完全采用35毫米胶片拍摄，在长达一年的拍摄时间里，摄制组走访了黑龙江省11个地市的数百个旅游景区点和众多的自然风景地，长途跋涉上万公里，所记录的名胜古迹和自然风景，既包括冰雪，又包括山川湖泊、广袤农田、民族风情等，黑龙江省或壮阔，或绮丽，或豪迈的自然风光带给受众强大视觉冲击力的同时，成功建构了"北国好风光、美在黑龙江"的区域形象。

《龙江行》于 2010 年 9 月在凤凰卫视欧洲台连续播出后，受到各界人士的广泛好评。时任中国驻英公使的秦刚评价说，《龙江行》这部波澜壮阔、记录黑龙江省自然风光和崭新面貌的大型纪录片，成功敲开了欧洲的大门，透过一帧帧壮观、唯美的电视画面，不少外籍人士由衷赞叹黑龙江省自改革开放以来所取得的伟大成就，这无形中大大提升了黑龙江省在海内外的知名度。

（二）纪录片《冰雪之冠·畅爽龙江》

《冰雪之冠·畅爽龙江》总时长仅有 30 秒，是黑龙江省旅游局倾力打造的一部冬季旅游宣传片，2017 年 10 月 1 日开始在《新闻联播》《探索发现》等多个电视频道黄金时间播出，正式拉开了"黑龙江发现之旅冰雪季"的序幕。此举标志着黑龙江冰雪旅游借助中央电视台，再次打开了全国电视观众欣赏冰雪龙江之美的窗口。

时长 30 秒的《冰雪之冠·畅爽龙江》宣传片，带有黑龙江特有的冰雪文化和冰雪记忆，以一个"外人"的视野去发掘和领略"大美黑龙江"。该片以多组凸显黑龙江人文特色的精美镜头，将黑龙江冬季旅游"一城五线"重点景区完美串联，呈现出一幅壮丽震撼的冰雪龙江画卷，在广大受众中备受好评。

（三）其他纪录片

黑龙江电视台拍摄制作的《森林行》《冰雪行》等纪录片，在包括俄罗斯在内的其他国家播出后引起广泛关注，为黑龙江省带来了世界声誉和全球影响力。其中，纪录片《乐动哈夏》讲述哈尔滨这座城市独特的音乐文化和音乐细胞，在浓郁的音乐氛围中成功建构起哈尔滨"音乐之城"的美好形象。

## 五、形象宣传片建构黑龙江形象

形象宣传片对区域形象有强大的塑造功用。它们既是以区域形象为表现内容的影视类型，也是为区域营销而展示的广告。大多数形象宣传片在拍摄制作及内容设置上,都是参照艺术片等电视纪录片的创作思路进行的,即以展示区域的风土人情为主要内容,进而表现其形象,主要的表达方式是写实和抒情。近些年,其表现手法渐趋多元,内容日益丰富多彩,给人们留下了深刻的印象。

### (一) 形象宣传片的表现方式

第一,形象宣传片可以是故事型的。"走向故事化是广告从单纯的商品宣传工具蜕变成一种具有自身意义的文化活动的标志。"宣传片堪称是为营销区域形象而做的广告,自然也可适用故事化手法。例如,由张艺谋拍摄制作的《成都,一座来了就不想离开的城市》就是一部非常典型的故事型城市形象宣传片。该片描述了"奶奶对成都的思念"这样一个故事,以此为切入点,然后再层层递进地将观众代入到成都这座繁华、热闹的城市中,既展示了成都厚重的传统文化内涵,又展现了成都"美食之城"的魅力。

第二,形象宣传片可以是 MV 型的。MV 这种艺术形式的介入,使形象宣传片成为兼具视听功能的崭新艺术形式。当形象宣传片遇上 MV,便使区域形象具有了一种全新的表现形式。2008 年的汶川大地震使成都市受到了一定影响,为了让地震后"成都依然美丽"的形象更加深入人心,成都市委外宣办策划并组织拍摄了名为 *I love this city* 的 MV 型成都形象片。该片以成都籍歌手张靓颖演绎的歌曲 *I love this city*,通过音乐和画面的有机融合,塑造了灾难后"成都更加美丽坚强"的形象,在展示成都美食、文化等各方面魅力的同时,还传递出对四川的希望与鼓舞。

第三,形象宣传片可以是动画型的。如《上海印象》的制作者就是运用 Flash 动画技术为形象宣传片引领了又一个新方向。该片开始于一个火柴盒的正面贴画,其上印有老上海某女明星照,结束于这个火柴盒的反面贴画,印有"上海欢迎你"的字样。其间,一根火柴盒中的火柴借助 Flash 技术幻化成一个小人儿,在老上海舞曲的引领下,带领我们穿越时空:从老上海的黄包车、老爷车到新上海的公交地铁、名牌轿车;从老上海的大新、永安、百乐门到新上海的快餐、Pub、购物街。既让观众重温了老上海的旧时繁华,也展示了新上海的酷派新潮,构思巧妙,让人印象深刻。

第四,形象宣传片也可以是名人代言型的。选择合适的形象代言人,是一部形象宣传片得以成功的关键。因为，形象代言人作为一种非常重要的表现符号，与当地那些较为著名的地标性建筑、名胜景点和饮食风俗一样，很快能够成为观众心目中重要的记忆点。与其他类型的形象宣传片相比，名人代言型的形象宣传片更具有人性化、形象化、生动化特色，不仅能够准确传达区域精神，充分建构区域形象，而且能够很快增进受众对区域形象的认同感，由此传播效果更佳。如成都的形象宣传片 I love this city 以张靓颖作为形象代言人；《寻梦太湖　情归吴中》则以刘亦菲作为代言人等，均巧妙利用了这些明星的较高人气，并寻求形象代言人与该地区的最大融合点，以此较为完美地建构区域形象。

（二）形象宣传片《山水黑龙江》

由东北林业大学拍摄而成的黑龙江形象宣传片《山水黑龙江》，主要贯彻落实党的十九大精神"绿水青山就是金山银山"，并结合黑龙江省的具体实际情况，在此基础上进一步提出"冰天雪地也是金山银山"的发展思路。

《山水黑龙江》是在深入学习习近平总书记关于"绿水青山就是金山银山，冰天雪地也是金山银山"的重要指示精神，结合黑龙江省的自然、生态、旅游等多方面元素，制作出的一部反映黑龙江省美丽风光、生态和谐的视频宣传片，表现了黑龙江省的山、森林、水、湿地、区域风貌等。

《山水黑龙江》以黑龙江手绘地图开篇，共分成五个篇章：第一篇章《虎踞龙盘》，主要表现黑龙江的山与森林；第二篇章《龙游曲沼》，主要表现黑龙江的湿地资源；第三篇章《流水游龙》，主要表现黑龙江的水资源；第四篇章《冰龙雪凤》，主要表现黑龙江的冬季风光；第五篇章《龙楼凤阁》，主要表现黑龙江的区域风光。《山水黑龙江》这部形象宣传片的五个篇章，从空间到时间都有呈现，以点带面综合表现出黑龙江的美丽山水。

再如，黑龙江形象宣传片《聚焦黑龙江——努力快发展，全面建小康》以"老工业基地、新投资热点"为主题，突出黑龙江作为老工业基地旧貌换新颜的新形象；《黑龙江欢迎您》主要介绍黑龙江农业发展情况、中俄边境贸易往来情况，以及多民族聚集地情况等；《我在黑龙江等你》《哈尔滨等你来》等形象宣传片，对一天中不同时间段里的哈尔滨形象进行刻画与描绘。

（三）新时代黑龙江宣传片《航拍龙江》

开机于 2017 年 8 月的新时代黑龙江宣传片《航拍龙江》系列，以"航拍龙江，唱响生态牧歌"为主题，运用空中拍摄为主、地面拍摄为辅的手法，全面展现黑龙江在全面建成小康社会过程中所取得的丰功伟绩。该宣传片由黑龙江省政府新闻办公室和黑龙江日报报业集团共同主办。

《航拍龙江》项目包括大美龙江、生态龙江、冰雪龙江、现代大农业、区域建设、企业展示等系列站点，以空中拍摄为主，地面拍摄为辅，每站形成一个视频作品和一系列高清晰度的新闻图片。每一站拍摄完成后，作品都在《黑龙江日报》及东北网、黑龙江新闻网、黑龙江日报手机客户端、黑龙江日报微信公众号、龙江高端阅读微信公众号、《生活报》微信公众号等黑龙江日报报业集团所属系列新媒体发布。

2017年8月至2018年4月，《航拍龙江》第一季拍摄完成后，编辑、剪辑制作了一部大型纪录片《大美龙江》。《航拍龙江》具有如下特点：主题重大，拍摄跨度大，实施时间长，质量要求高，媒体发布广。《航拍龙江》项目由黑龙江省十三地市宣传部、黑龙江省森工总局党委宣传部、黑龙江省农垦总局宣传部等共同协办。冠名《航拍龙江》的黑龙江省中大路桥集团，是一家专注于区域基础设施建设的民营企业；执行拍摄的哈尔滨映派文化传媒有限公司，则是黑龙江省著名的航拍团队。

再如，2019年11月，黑龙江形象宣传片《携手世界，共赢未来》在上海举办的第二届进博会上首次登场亮相。该形象宣传片虽然只有8分钟，但是该片集中展现了黑龙江在全国居首位的湿地风光，以及国际化生态旅游环境等，一时间成为黑龙江的形象宣传名片。

## 六、黑龙江题材影视剧的形象建构

影视剧作为大众文化的一种载体，亦是当今媒介文化的重要形态之一。它在提高人们审美情趣、弘扬传统优秀文化、丰富人们业余文化生活等的同时，也在"润物细无声"般地传播本民族的文化，潜移默化之中影响甚至支配着人们的精神状态、人生观和价值观。影视剧不仅是极富潜力的文化产业形态，更承载着黑龙江文化，体现着黑龙江风貌，展示着黑龙江人的性格和精神。通过影视传播，带动黑龙江文化走出去，是塑造黑龙江形象的有效途径。

### （一）"闯关东"题材影视剧

黑龙江题材的电视剧中，比较著名的有新中国成立前期的"闯关东"类型题材。这里的"闯关东"，其中的"关"，指的是山海关；"闯关东"，是指人们迁徙至辽宁、吉林、黑龙江三省开荒奋斗。由于辽宁、吉林、黑龙江三省位于山海关以东地区，因此被称为"关东"。旧中国时期，山东人口密度较大，人均耕地面积少，加之自然灾害的影响，当地饥荒问题较为严重。相比之下，东北三省地广人稀，沃野千里，史书说："有自然之大利三：曰荒，曰矿，曰盐。"

"闯关东"的社会背景是：1855年晚清年间，山东、河南等地区遭遇了百年一遇的水灾，庄稼粮食受到大面积的侵蚀，承担漕运功能的大运河也处于崩溃状态。在粮食收成骤减和漕运改道的情况下，再加上当时的各种苛捐杂税，依靠农业和漕运为生的人们陷入窘迫的生活困境。在此背景下，一无所有的农民以及因战乱而失去生计的穷苦百姓，开始闯关东的艰辛道路，试图迁徙至地广人稀的关外地区。"闯关东"的人以山东人和河北人居多，从清初到民国年间，内地"闯关东"的人数达到了3000万人次。他们从内地到关外，一路上长途跋涉，克服重重困难，历经千辛万苦，终于落地关东地区，寻求到了一条求生之路。

2008年在全国播出的电视连续剧《闯关东》，以朱开山一家从山东来到东北谋生为基线，以他3个儿子、儿媳的经历为主线，讲述了这一家人"闯关东"道路上的生离死别、奋勇拼搏，在抗日战争中所表现的爱国情怀、民族气节，以及以朱开山一家人为代表的中国人敢闯敢拼、不畏艰难的民族价值观。剧中人物朱开山之所以备受观众喜爱和追捧，主要是因为他的身上有一种闯劲儿。这种闯劲儿，就是"闯关东"的主要内核，它引导人们不畏艰辛、勇于拼搏，向陌生的地方闯；鼓励人们坚持不懈、保持坚毅的品格，向有希望的地方闯，从而真正闯出自己的一片天，创造一番事业。

归根结底，"闯关东"的精神主要体现于如下四个方面：一是以坚强的意志和坚定的品格，敢于同磨难、挫折作斗争，反映了大无畏、大奋斗的开拓进取精神；二是以钢铁般的信念，敢于同命运作斗争，反映了"置之死地而后生"的奋勇拼搏精神；三是以长远的眼光，敢于同不端正行为、与落后面貌作斗争，反映了去旧迎新、摆脱封建束缚、与时俱进的时代精神；其四是积极倡行"温良恭俭让、仁义礼智信"的人生准则，保持良好的操守和坚毅的品格，敢于同复杂变化的社会形势作斗争，反映了积极乐观、温良恭俭、开放包容的人文精神。

由于电视连续剧《闯关东》故事的中后期主要发生于黑龙江省城哈尔滨，所以这部电视连续剧较为真实地勾勒出了哈尔滨底层民众对美好生活的向往与追求，体现出抗日战争时期哈尔滨民众不畏强权、不怕牺牲、敢于与日本侵略者进行殊死搏斗的大无畏爱国气节，体现哈尔滨人民英勇顽强、开拓进取的"闯关东"民族精神。

（二）"抗联"题材影视剧

体现东北抗联精神的电视连续剧，除了《东北抗日联军》外，还有《黎明之前》《悬崖》《马迭尔宾馆的枪声》《江桥抗战》等电视连续剧。

《东北抗日联军》是由孙波、单联全、孙文才执导的一部电视剧。这是一部反映东北人民十四年抗日斗争的作品。该剧从1931年9月18日发生在沈阳柳条湖村一对即将迎婚的年轻人的悲欢离合写起，有机地串起了杨靖宇、赵尚志、李兆麟、赵一曼等众多抗联英雄人物的故事，描写了东北人民在中国共产党领导下，浴血斗争，不屈不挠，用无数烈士的生命和鲜血铺就通往新中国成立之路。全剧故事曲折，催人泪下，场面宏大，感人振奋。本剧是在中国共产党建党80周年、九一八事变70周年、世界反法西斯战争胜利56周年之际，向全国观众奉献的一份厚重的礼品。

《松花江上》是由中视传媒等出品的抗日剧，由陈国军执导，曹磊、秦海璐领衔主演。该剧讲述的是发生在东北的抗日英雄的传奇故事。该剧讲述的是20世纪二三十年代，以日本关东军为后盾的日本拓荒移民团对松花江流域进行着疯狂、有计划的入侵和蚕食。以彭兴华、程八爷一家为代表的东北地区各阶层人民，由自发到在共产党人赵醒民的领导下，对日本帝国主义进行艰苦卓绝的斗争和反抗。1931年9月18日，日本关东军发动九一八事变后，松花江流域的东北人民为了不当亡国奴，组织义勇军进行抗日，最终集合在由中国共产党领导的东北抗日联军的旗帜下与敌血战，苦斗十四年，赢得了抗战胜利。1945年抗战胜利了，面对建立什么样的新中国，共产党与国民党两个营垒又进行着殊死的决斗。松花江流域的人民选择了跟着共产党走,建立人民当家做主的新中国,最终迎来了1949年10月1日天安门城楼上毛泽东震撼人心的声音:"中华人民共和国成立了!"从此,太阳永远地照耀在松花江上。

《悬崖》是由当红影星张嘉译和宋佳联袂主演的谍战大戏。该剧2012年新年在东方卫视、天津卫视、黑龙江卫视等首播。该剧根据全勇先原创故事改编,主要讲述1938年中国东北,共产党特工周乙为方便潜伏于敌人内部,便与组织派遣的女报务员顾秋妍假扮成夫妻。面对心思缜密、手段毒辣的特务科头子高彬,周乙和顾秋妍这对假夫妻备受考验。在患难与共之中,这对"假夫妻"萌生了相互爱慕之情。后来当顾秋妍身处危难之时,周乙义无反顾,选择回到哈尔滨去解救顾秋妍。然而,等待他的却是另一条不归路。

《马迭尔宾馆的枪声》是由广西电视台与黑龙江同利达影视投资有限公司联合出品,姜峰导演,邵兵、张恒、赵立新、吕行等主演的29集国际密战传奇剧。《马迭尔宾馆的枪声》讲述的故事是:1938年秋,日本关东军制定侵略苏联的"猎熊行动"计划。苏联红军总参情报局缴获此情报后,立刻派出代号为"野狼"的侦察员伊万诺维奇,前往哈尔滨执行特殊任务。与此同时,哈尔滨地下党孙博文接受上级安排,前往马迭尔宾馆与"野狼"接头,然而行踪暴露、被捕入狱。凭借机智与勇敢,孙博文奇迹般地逃离监狱,然而却遭受哈尔滨地下党组织的种种质疑。即便如此,孙博文面对自己人的误解和日伪特务的抓捕,仍然坚定自己对党组织的忠诚与信仰,最终不仅化解了党组织对他的信任危机,而且成功完成了与"野狼"伊万诺维奇的接头任务,有效粉碎了日本特务机关的"猎熊行动"计划。

以上这些电视连续剧,生动诠释了东北抗联精神。所谓东北抗联精神,指的是20世纪三四十年代,东北抗日联军在中国共产党的领导下,在长达十四年艰苦卓绝的抗日战争中,所铸就的彪炳史册、光耀千载的民族精神;对待日本侵略者顽强抵抗、永不屈服的拼搏精神;以及中华各民族人民在中国共产党领导下休戚与共、团结一致的爱国主义精神等。同延安精神、长征精神、井冈山精神、西柏坡精神等红色革命精神一样,"东北抗联精神"亦是中华民族精神的重要组成部分,更是我们党、军队和民族需要不断发扬光大和永世传承的一笔宝贵精神财富。

经过专家学者们十余年来的反复研究和论证，东北抗联精神的内涵被概括成五个方面：第一，忠贞报国、勇赴国难的爱国主义精神；第二，勇敢顽强、前仆后继的英勇战斗精神；第三，坚贞不屈、勇于献身的不畏牺牲精神；第四，不畏艰苦、百折不挠的艰苦奋斗精神；第五，休戚与共、团结御侮的国际主义精神。

（三）"北大荒"题材影视剧

新中国成立后，《今夜有暴风雪》《年轮》等彰显北大荒精神的优秀电视连续剧，走上银屏并广受好评。

《今夜有暴风雪》是当代作家梁晓声创作的一部中篇小说，原刊于《青春》文学丛刊1983年第1期。《今夜有暴风雪》将北大荒40万知青返城作为故事发生的背景，以复线并进的叙事结构，把对过往兵团生活的回忆以及当下知青返城的现实进行融合，着重表现在残酷的自然环境下兵团战士们屯垦成边、献出宝贵青春甚至生命的感人故事，成功地塑造了一些有血有肉、个性鲜明、不断成熟的知识青年形象，如曹铁强、刘迈克、裴晓芸等。具体总结这部电视剧的主要特色有：

首先，作品塑造了一批极富英雄气质的知青形象，正直刚毅的曹铁强、壮烈牺牲的刘迈克、以身殉职的裴晓芸等都给读者留下了深刻的印象。在这一系列栩栩如生的形象中，曹铁强无疑是作家梁晓声着墨最多的一个。曹铁强是北大荒人的后代。他的父亲光荣牺牲在拓荒途中，母亲也在"文化大革命"中丧生。因此，曹铁强对北大荒的开拓事业怀着特殊的崇敬之情。他在要求得不到批准的情况下，自己设法来到北大荒。这时的他，真诚热情，单纯善良。"袭击警卫排事件"表现了他正直、坚毅又略带刚愎、易冲动的性格。经过这一次淬火，他成长为一个具有钢一样的弹性和硬度的人，开始用冷静理智的头脑处理问题。所以，他能在800名知青冲动、狂怒的情况下平息混乱，能义无反顾地选择留下来。通过作家对曹铁强形象的刻画，广大读者清晰地看到了一代优秀知青身上那种震撼人心的英雄主义气质。

其次，作品在结构上也独具特色。作家采用的是既平行发展又相互交错的双线结构。以800名知青在暴风雪之夜到团部追查团长马崇汉无理扣压上级文件这一事件为经，以十年兵团生活的回忆为纬，让人物在自然的暴风雪和社会的暴风雪中，思想性格发生对比、碰撞，从而对每一个灵魂进行深入剖析。曹铁强等 39 名对生活倾注着热情、对未来充满着希望的知识青年，经过这场心灵暴风雪的冲刷，变得更加坚强、纯洁，而郑亚茹的思想也在暴风雪中发生了巨大变化。梁晓声将典型环境的描写与人物性格的刻画有机地结合在一起，使作品的主旨更加深刻突出。

另外，《今夜有暴风雪》充盈着力度美、阳刚、雄浑、悲壮。在作家笔下，北大荒是一个凝聚着青春热情、充溢着理想信念的结合体。这里记录了知青们的痛苦、失落，也同样铭刻着他们的拼搏、奋斗。作家把深沉凝重的主观情愫融入时代悲剧的描写中，让读者一面叹息这惨烈的历史悲剧，同情主人公们蒙受的苦难，一面又钦佩他们无畏的献身精神和搏击勇气，使得整部作品悲而不哀、悲中有思，高扬着一种英雄主义的力量。《今夜有暴风雪》结构宏大而缜密，格调深沉而高亢，洋溢着豪迈、悲壮的色彩，洋溢着北大荒精神的昂扬斗志。

所谓北大荒精神，主要是指黑龙江垦区人民群众在新中国成立初期百废待兴的背景下，在艰苦卓绝的条件下开荒垦地、用青春与汗水铸就辉煌，它充分体现了北大荒人崇高的政治觉悟、非凡的精神境界、高尚的道德情操、坚强的意志品格、良好的工作作风等。这种精神不仅在黑龙江，甚至在全国范围内都产生了深刻、久远的影响，成为全中国人民共同拥有的一笔宝贵的精神财富，即便是在改革开放后我国经济社会高速发展、人民生活奔小康的现代社会背景下，北大荒精神仍然作为精神支柱，成为推动我国经济发展和社会进步的强大动力，也激励着年青一代在建设新时代中国特色社会主义的道路上奋勇前进。

### （四）"新龙江"题材影视剧

改革开放以来，反映"新龙江"精神面貌的影视剧不胜枚举，例如 1997 年首播的电视连续剧《候车站的故事》是英达、林丛执导，由英壮、赵玲琪、杨青、张钘等主演的一部情景喜剧类型的电视剧。该剧以黑龙江省齐齐哈尔市为背景，讲述了老车站里铁路职工、人民警察、服务员、旅客、盲流等各色人等，在小小的候车室里，不同生存境遇、不同文化背景、不同性格特点的人们，在一个咫尺空间里发生的令人啼笑皆非、妙趣横生的故事。这些故事看似微观渺小，实则是当时社会生活的一种镜像式反映。

2008年7月上映的电影《极限救援》，以黑龙江省哈尔滨市作为故事发生的背景，讲述了一个婴儿因鸡骨头卡住咽喉而生命垂危，然而在送往哈尔滨市儿童医院途中却遭遇堵车、撞车、交通高峰等一系列紧急事件。在此危急时刻，哈尔滨市普通民众、高速公路交通警察、黑龙江交通广播电台，以及素昧平生的出租车司机们等纷纷伸出援手，为了挽救垂危之中的孩子形成统一战线，做出了一系列努力。这个故事虽然简单朴素，但是却真实自然。它所传递出来的人文关怀理念，塑造和传播出黑龙江的大爱无疆形象。

《极限救援》是一部关于生命救援的影视作品，生动反映了社会现实生活，热情讴歌了哈尔滨市普通市民无私无畏、大爱无疆的高尚情怀和优秀品质，是一部宣传哈尔滨人民、弘扬哈尔滨精神的优秀影片。影片把时间、空间、人物、事件掌控得如此紧凑流畅又不失冷幽默，悬念的设置和矛盾的冲突烘托了爱心传递，它摆脱了主旋律电影的叙事模式，从故事出发，用轻松感人的流畅叙事，诠释了一个严肃的主题，引发出对小人物经历短暂光芒之后重新归于平凡命运的思考。

不管是《候车站的故事》，还是《极限救援》，均着眼于黑龙江省的普通人、平凡人，通过对当地普通群众生活习俗、精神面貌的发掘和展示，传递并赞美了当地人朴实无华、敢于作为、不畏困难的新时代精神风貌。

## 第二节 黑龙江形象建构中的纸质媒介实践

纸质媒介是以纸张为载体、以文字和图片为主要符号进行信息传播的媒介形式，主要包括报纸、期刊、图书等。纸质媒介材料易于获取，便于长期保存，其中文字符号抽象程度高，擅长传播复杂、深刻的知识性信息，阐述蕴藏于具体事物之中的文化内涵与文明结晶。而且，与电视、电影等电子媒介相比，纸质媒介历史更为悠久，组织比较严密，经过长时期的发展，在当前所有媒介类型中，最具权威性和影响力。因而，在黑龙江区域形象建构过程中，纸质媒介担负着重要的社会责任，具有不可替代的作用。

在大众媒介塑造区域形象的过程中，报刊和图书这两种纸质媒介具有不可小觑的重要作用。以报刊而言，由于其轻薄化和便携性，且能及时反映某一区域最近时段的社会变化与环境动态，对存在于受众心目中的区域既往形象进行不断的更新与修正，从而更为真切地贴近客观现实。尤其是报纸的一些副刊版面由于细分程度较高、内容较为集中，能对区域形象的某一方面形成较为全面、深入、细致的展现，并且以连续出版的方式不断强化信息传播力度，从而给受众留下较为深刻、持久的印象；而图书作为最有深度的大众媒介类型，容量大，主题更为集中，定位更准确，生命周期更长，尤其能够体现区域形象中的文明传承、精神面貌等深层次要素。此外，图书出版的周期长、节奏慢，有利于广大读者从一个历时性角度观照区域整体发展情况，从而在宏观层面上建构更符合区域发展真实情况与发展逻辑的区域形象。这两种纸质媒介在区域形象建构中意义重大，理应发挥各自长处，整合协作。

## 一、报纸副刊塑造黑龙江形象

《黑龙江日报》创刊于1945年12月1日，其前身是原哈尔滨特别市的《哈尔滨日报》和北安的《黑龙江日报》、松江省的《松江日报》、合江省的《合江日报》、嫩江省的《新嫩江日报》等报纸合并成的。新中国成立初期，黑龙江省在行政区域调整中实现了对原来的松江、嫩江、牡丹江等多个省市的合并，在此背景下《黑龙江日报》也随之合刊并逐步发展、壮大。

1949年9月下旬，毛泽东在中国人民政治协商会议第一次会议期间，亲自为《黑龙江日报》题写报头；1995年，江泽民总书记在黑龙江省考察工作期间，亲笔为《黑龙江日报》创刊五十周年题词；从《黑龙江日报》1945年创刊至今，该报在黑龙江省委的正确领导下，充分发挥党报的主导功能，坚持"政治家办报"的原则，较好宣传了党的各项路线方针政策，同时也客观、真实、全面地记录了黑龙江省各族人民团结一致、砥砺前行，改革开放以来在政治、经济、社会、文化建设等方面取得的可喜成绩。不仅在广大受众中建立了权威、客观、公正的省委机关报形象，而且也受到了黑龙江省委、省政府的嘉奖和鼓励。

在长期的新闻探索实践中，黑龙江日报社又先后创办了《生活报》《农村报》等一系列报刊，后来随着互联网的迅猛发展，又创办了黑龙江新闻网。2001年，为了满足当地公众多样化的信息需求，黑龙江日报社又先后创办了《黑龙江经济报》、《活力》杂志、《家庭保健报》等报刊，显著提升了自身的核心竞争优势。其中,《生活报》是闻名全国的综合性日报,而《老年日报》的发行量也屡创新高,是目前全国范围内覆盖面最广、发行量最大的老年类报纸。

2018年年底,集团所属的《农村报》《黑龙江晨报》休刊。按照黑龙江省委深改组通过的《黑龙江日报报业集团改革方案》要求,2019年年底,集团所属的《黑龙江经济报》《北方时报》《家庭保健报》《黑龙江法制报》休刊。目前,集团下属事业单位3家,分别为生活报社、老年日报社和黑龙江日报印务中心;承办3张报纸,分别为《黑龙江日报》《生活报》《老年日报》;承办3份刊物,分别为《传播力研究》《东方娱乐周刊》《活力》。

2020年8月,黑龙江日报编辑部进行组织构架和融媒改革。坚持大融合理念,打通壁垒,资源共享,以客户端升级改造为突破口,《黑龙江日报》《生活报》《老年日报》将其客户端合并后统称为《龙头新闻》,并在功能上全面升级。以自有平台为核心的《龙头新闻》客户端,以黑龙江新闻网为根基,聚拢不同年龄段的各大移动平台矩阵号,构建以最大范围传播"黑龙江声音"的大众媒体平台。经过融媒改革后,黑龙江日报报业集团在广度、深度、温度、热度方面狠下功夫,不断提升黑龙江大众媒介在国内外的影响力、引导力、公信力和传播力。

为了从思想方面对黑龙江省广大受众进行教育和引导,丰富民众的文化生活,黑龙江日报编辑部在《黑龙江日报》《生活报》等纸媒上设置了副刊。这些副刊在内容上兼顾思想性、知识性和趣味性,并寓思想性于知识性之中。《黑龙江日报》副刊《天鹅》、《生活报》副刊在用文学体裁反映黑龙江经济社会发展最新面貌、塑造黑龙江大美形象方面形成独特和固定优势,作出了突出贡献。

(一)《黑龙江日报·天鹅》副刊

在中国地图上,黑龙江省犹如一只羽翼丰满、正待展翅的天鹅。1984年3月,黑龙江省政府正式批准天鹅作为黑龙江省的省鸟,《黑龙江日报》的副刊由此取名《天鹅》。《黑龙江日报》的《天鹅》副刊自创刊以来,定期刊登反映黑龙江形象的各类文艺性、知识性作品或理论性、学术性文章,不仅独具魅力,而且一直秉承高洁、优雅、质朴、清新的风格。为了讲好中国故事,特别是讲好龙江故事,发出龙江声音,《黑龙江日报》的《天鹅》副刊策划、出版了不少优质、重磅报道。

1.《70年后,寻访为开国大典赶制国旗的人》:真实还原历史故事

2019年5月24日,《黑龙江日报》的《天鹅》副刊第11版上刊发了该报记者毕诗春采写,施虹、晁元元编辑的稿件《70年后,寻访为开国大典赶制国旗的人》。这篇稿件抓住1949年开国大典前夜哈尔滨人为开国大典赶制国旗的新闻线索,历经一个月时间的调查,采写了两位当年参与制作国旗的老人,还原了一段鲜为人知的历史故事。该作品在《黑龙江日报》的《天鹅》副刊独家见报后,人民网、中国共产党网、学习强国平台等主流、权威媒体纷纷进行转载,同时获得了黑龙江省党史研究室、哈尔滨市委党史研究室等多个部门专家的首肯,专家们一致认为这是一段鲜为人知的历史,这篇报道是对哈尔滨这段光荣历史的及时补白,具有重要的历史意义。

《70年后,寻访为开国大典赶制国旗的人》,作为《黑龙江日报》的《天鹅》副刊参与"70年本报特别报道"的重要作品之一,不仅时代感强,而且将思想性、新闻性、艺术性有机结合起来,格调高雅,特色鲜明,文笔生动,由此荣获"2019年度全国报纸副刊年度精品一等奖"。

2.《中国故事》栏目:发出"龙江最强音"

习近平总书记曾经多次强调,要竭尽全力打造融通中外的新概念、新范畴、新表述,讲好中国故事,传播好中国声音。为了讲好中国故事,特别是讲好龙江故事,发出最强龙江声音,2015年3月30日,黑龙江省作协与《黑龙江日报》的《天鹅》副刊联合推出《中国故事》栏目,并以此为契机,组织黑龙江省作家深入龙江社会、文化生活,讲述丰富、鲜活的中国故事和龙江故事,全面展现纪实文学的内涵和魅力;在生机勃勃的黑龙江当代实践中关注社会、刻画人性、传播知识、追求精湛,打造最劲爆的龙江故事盛宴。

为此,《黑龙江日报》的《天鹅》副刊特意设置《中国故事》专栏,讲述丰富鲜活的中国故事和龙江故事。《中国故事》专栏内容主要分为两部分:第一部分,讲述正在发生的故事,关注社会大背景下普通人物的情感和命运;第二部分,讲述过去的事,分"人物""事件""区域"三大主题,以处于变动中的社会文化生活为主要背景,以弥足珍贵的历史影像资料为重要依托,讲述哈尔滨乃至黑龙江省改革开放前后变革过程中的精彩瞬间,以知识感和

历史感勾起人们温馨的记忆。《中国故事》专栏折射的内容，大到国家民族的历史传承，小到区域地方的琐碎变化；上至历史人物的传奇经历，下至普通百姓的市井烟火；宏观如同社会文化风俗的变迁，微观如同某个个体的人生体验。

2015年5月6日《黑龙江日报》的《天鹅》副刊一共刊登了三篇文章：《捡拾兴安深处抗联传奇的人》《捋猪菜》《沉默的母亲》。其中，《捡拾兴安深处抗联传奇的人》这篇文章描写了黑龙江作家李尊秀倾尽半生心血，写作东北抗联故事传奇系列丛书的事迹。文章写道，李尊秀是林区的一名专职猎人，他住在用塑料布搭成的窝棚里，趴在树墩子上搞写作，在异常艰苦和孤独的环境下，写作出《黑瞎子沟传奇》《豹子沟传奇》《野狼沟传奇》《兴安野猪王》《虎峰山传奇》系列丛书，洋洋洒洒150余万字，还包括40多幅插图。《捡拾兴安深处抗联传奇的人》这篇文章在介绍李尊秀时写道：

> 他立命安身的单位叫桶子沟林场，离市内还有一百多里地呢。交通不便，也最为偏僻。作者曾经多次给我说过，那些年，包括在狩猎队的时候，遇到了心酸、委屈、纠结和苦恼，无法儿排解，他就悄悄地到赵尚志的墓前静坐、思考，思考更多的是赵尚志将军。那可是指挥抗日联军的总司令啊！被开除党籍，剥夺了兵权，终生未娶，三次坐牢，死于战场，尸首两分，连张照片都没有留下。还有他领导的三路军将士，受其牵连，多少人都曾经被开除党籍，能活到今天的又能有几个？这些人，才是真正的男子汉爷们儿呢。灵感突现，他就手儿记下，整理成章，后来在人民文学杂志社获奖金千元，名字就叫《为赵尚志守灵的辛亥老人》。

由此可见，性格上倔强、固执、性格刚烈的龙江籍作家李尊秀，正是在东北抗联精神的感召下，才能在文学创作上一条道走到黑，"撞了南墙也不肯回头"。《黑龙江日报·天鹅》副刊正是通过一篇篇如此感人的副刊文章，很好地宣扬了东北抗联精神，讲好了龙江故事，发出了最强龙江声音。

（二）《生活报》副刊

《生活报》是黑龙江日报社1984年创办的一份都市类报纸，曾经是全国十大都市报之一，也是黑龙江省发行量最大、影响力最强的一份综合性日报。作为黑龙江日报社的主办报刊之一，《生活报》不仅是黑龙江百姓"一报在手，尽知天下事"的信息总汇，而且还是地方社会公益活动的倡导者和积极参与者，已经成功确立"龙江第一都市报"的地位。

2009年年底，在黑龙江日报报业集团的主导下，《生活报》传媒集团正式成立，《生活报》开始负责全省都市类报纸资源的整合重任，齐齐哈尔、黑河等多个地市级都市报加盟，成为《生活报》的地方版，由此构成"1+8"的合作联盟。此举不仅增强了加盟报刊的竞争力，而且也大大促进了都市类报刊集约化发展方向。

2009年12月18日，以为黑龙江网民提供资讯服务为宗旨的大型社区网站——"生活知道网"正式问世。该网以自身品牌和资源优势为基础，是黑龙江日报报业集团旗下唯一的生活社区类网站，目前已成为集新闻报道、互动社区、资讯服务、网上零售为一体的多功能、强大、高效、便捷的都市资讯类平台。"生活知道网"开设新闻、寻爱、健康养生、太太帮、王帮办、换客、旅游、美食、商圈、汽车、房产、拍客、家长会等20余个频道，制作各种专题几百个。这些专题栏目在服务黑龙江受众业余文化生活的同时，也承担起构建黑龙江形象的责任。

2020年8月，黑龙江日报编辑部在媒介融合理念指引下，打通《黑龙江日报》《生活报》《老年日报》三家报纸客户端的介质壁垒，将三家报纸的客户端进行升级、改造、合并，统称为《龙头新闻》。《龙头新闻》作为当前《生活报》新媒体矩阵的核心力量，正在成为根植黑龙江、全面聚合黑龙江时政新闻与思想内容的全国性互联网媒体平台，为黑龙江省内外的用户提供高质、原创的新闻产品。截止到2020年8月，《龙头新闻》下载量突破300万，注册用户超过50万，日点击量超过3200万。

1. 《生活报》副刊《乐龄生活》：讲述龙江老人的"幸福生活"

自《生活报》创刊之日起，该报副刊就一直以全心全意为龙江读者服务为己任。仅以2021年2月7日《生活报》为例。当天《生活报》共出版8个版面，第一版导读，第二版要闻，第三版讲述，第四版人物，第五版观点时代，第六版乐龄生活，第七版慢阅读，第八版体育·体彩。这八个版面中，包含两个副刊版面，一是《乐龄生活》，二是《慢阅读》。

《乐龄生活》副刊,设有《老有所乐》《书画斋》《东篱诗香》《黄昏茶座》《人生感悟》等栏目。2021年2月7日《生活报·乐龄生活》副刊在重要位置刊登了《三亚街头,来了冰城老年非洲鼓队》这篇文章,讲述了一支由哈尔滨老年人组成的非洲鼓队,在海南省三亚市露天进行表演备受瞩目和欢迎的故事。

**三亚街头,来了冰城老年非洲鼓队**

在冬日的三亚街头,一支由冰城老年人组成的非洲鼓队的露天表演很是热闹。"嘟哒咚、嘟哒咚"的声响,引得路人纷纷侧耳倾听。十几位老人一边歌唱,一边随着音乐徒手打鼓。

65岁的刘滨是这支老年非洲鼓队的队长,退休前是一名教师,因为很喜欢非洲鼓欢快的节奏,2017年在哈尔滨成立了主要由离退休老人组成的大侠非洲鼓艺术团,多次参加各种文艺比赛并获得好名次,去年全团还上了省老年春晚,受到好评。每到夏季,刘滨就和伙伴们在中央大街、文化广场等地为中外游客无偿演出,受到了广大受众和游客热情欢迎。

去年年末,她来到三亚,发现非洲鼓艺术团也有十几名成员来三亚过冬,于是她想到带领大家在三亚街头表演。服装变化多样,集观赏性、文化性、娱乐性为一体的老年非洲鼓队一出现,就吸引了三亚受众的目光,他们的表演更是得到了大家的称赞。

独乐乐不如众乐乐,刘滨说远在三亚,能和伙伴们一起健身、一起享受音乐带来的快乐,把哈尔滨音乐之城的魅力传递到三亚,是件幸福的事。

这篇文章不仅将哈尔滨老年人"老有所为""老有所乐""老有所养"的晚年生活进行了完美展现,而且也表达了老人们要将哈尔滨音乐之城的魅力传播到三亚的美好愿望。通过对哈尔滨老年人"乐龄生活"的真实描述,《生活报·乐龄生活》副刊将哈尔滨人积极乐观的生活态度、豁达开朗的鲜明个性凸显出来,不仅重塑了龙江人形象,而且也讲好了"龙江故事"。

2.《生活报》副刊《慢阅读》：与龙江读者倾心交流

2021年2月7日《生活报·慢阅读》副刊共刊登四篇文章——《如何过个不焦虑的年？》《时间，会让我们知道》《春风里》《编辑部的故事——花森安治与〈生活手帖〉》，均让读者感到该报副刊编辑在低调、从容、优雅之中，与广大龙江读者促膝谈心、倾心交谈。例如，《如何过个不焦虑的年？》这篇文章中，谈到疫情期间的春节不宜过度聚集，娓娓道来，入情入理，让人信服。该文最后两段这样写道：

> 我们不妨顺应这个趋势，以自己以及自己周围那些重要的个体为中心，去做选择。而就在去年的春节，因为疫情原因，我们基本都需要隔离在家，人和人之间真的减少了很多往来。但据我了解，很多人都认为，隔离的春节，因为没有那么多交往了，真的跟以前很不一样。这个现象，其实就是我所说的：低密度春节，即低密度社交。我的多数来访者也讲到，因为隔离在家，春节减少了大部分的应酬，难得放松了下来。另外，我一些工作繁忙的朋友也感慨，从没试过长时间和家人待一起，以前会觉得很难以忍受，现在觉得这是很享受的一件事。
>
> 2021年的春节也快要到了。并且，近期也在倡导就地过春节，少交往，少家庭聚集。所以我猜，今年的春节，仍然会是低密度社交这种模式。连续两年都体验这种低密度的春节，我想这也许会构成一些影响：人际关系如此高密度的节日，换成低密度的社交，原来是这种体验。因此，在人际交往中，我们要记得：不要太委屈自己，不要太委屈你的伴侣，也不要委屈你的父母和孩子。这样过年的时候，不仅自己舒服，大家也舒服。我想，这就是低密度春节的意义所在。

该文谈到疫情期间的春节，由于没有过多的人际交往，反而形成自己舒服、家人高兴的结局，这就是低密度春节、低密度社交的意义。实际上，这篇文章在与广大读者平等谈心的同时，也积极倡导了疫情期间减少外出聚餐、减少人员聚集的理念，不仅响应了疫情防控期间的国家号召，而且也做到了以理服人，以情动人，让广大读者心悦诚服地接受居家隔离、减少社交的疫情防控要求。

（三）《哈尔滨日报》副刊《太阳岛》

1949年中共哈尔滨市委机关报《哈尔滨日报》正式创刊。1999年11月，经中宣部、国家新闻出版署批准，哈尔滨日报报业集团正式成为全国第三批十五个报业集团试点单位之一。该报团囊括《哈尔滨日报》、《新晚报》、《家报》、《新地产》杂志、《知识文库》杂志等诸多报刊，以及哈报新闻网站和哈尔滨出版社，当时形成了"五报四刊一社一网站"的发展格局。其中，《哈尔滨日报》作为哈尔滨市委机关报，是我国创办时间最早的地方性党报，凭借着广泛的影响力和传播力，2018年3月，该报获得第三届全国"百强报纸"；2019年3月21日，《哈尔滨日报》获得"全国党媒优秀扶贫报道"奖项；哈尔滨日报报业集团的优秀子报《新晚报》，则是东北地区综合生活类报刊的"领头羊"，曾经获得"全国十大创新晚报""国内都市生活类报纸竞争力20强"等荣誉称号。

1997年5月16日，经由国家相关部门批准，隶属于哈尔滨日报报业集团的哈报新闻网站正式上线。该网站是哈尔滨日报报业集团线上发布各类新闻报道的重要渠道，依法享有独立新闻发布权。每天凌晨时分，哈报新闻网站就会实时发布哈尔滨日报报业集团所属各家报刊中的大量新闻报道，同时还编辑发布短信新闻、手机新闻、网络视频新闻、网络视频直播节目等，成为省内外各界人士了解黑龙江、走进哈尔滨的一个重要资讯窗口。

《哈尔滨日报·太阳岛》副刊于1984年创刊，著名书法家赵朴初为该副刊题写"太阳岛"刊头。《哈尔滨日报·太阳岛》副刊创刊后，一直致力于挖掘哈尔滨这座百年名城的优秀历史文化与社会和谐进步，以且歌且赋的形式对这座充满活力的城市大书特书，不仅赞美这座现代都市的日异月殊，而且咏叹魅力都市的豪迈大度，为世人了解、感知、热爱哈尔滨这座文化名城提供了最为优美的阅读文本。

1.《哈尔滨赋》：讴歌哈尔滨，赞美哈尔滨

2007年5月16日，中共哈尔滨市委宣传部与《哈尔滨日报·太阳岛》副刊编辑部联合举办征集"哈尔滨赋"的活动。为此，该副刊诚邀志专于辞赋写作、钟情于哈尔滨文化的赋家雅士，以错综古今的形象思维、总揽人物的宏阔眼光，以"合纂组以成文，列锦绣而为质"的缜密功夫，以纵论城市古

今、通览城市方圆的赋体文思，充分记述哈尔滨这座城市充满活力的历史文脉，着重突出其历史渊源、人文优势、地理特点、发展成就以及未来憧憬，深刻体察、透视这座文化名城中最富灵秀的一切元素。

《哈尔滨赋》征文活动开始后，受到了广大辞赋爱好者的积极响应和广泛参与，上至耄耋老人，下至青年学生；从身居冰城的文人雅士，到旅居国外的家乡赤子，都饱含激情，精心创作。应征作者们以"赋"这一古典文学样式，讴歌哈尔滨这座现代城市，记述其充满活力的历史文脉，赞美哈尔滨这座现代都市的日异月殊，为世人了解感知、热爱哈尔滨这座文化名城提供了最为优美的阅读文本，不仅宣传了哈尔滨的优秀历史文化，而且也展现了哈尔滨这座现代城市的科学发展、和谐进步。

在《哈尔滨日报·太阳岛》刊发的数十篇赋文中，既有本省市作者撰写佳作应征，也有外省市乃至定居国外的家乡人书写赋文应征。每一篇赋文都是由副刊编辑和赋文作者多次商定推敲、几易其稿，甚至在副刊清样付印前，双方还在为一个词的准确表达而认真改稿。征文读者纷纷反映，以"赋"这一古典文学样式，讴歌现代城市，并能在《光明日报》《百城赋》推出，这将对认识、宣传哈尔滨，激发广大公众建设哈尔滨的热情，发挥不可小觑的鼓舞作用。

2008年1月21日，《光明日报》《百城赋》专栏刊发著名作家蒋巍的作品《哈尔滨赋》。该作品荣获本次征文活动一等奖。蒋巍的《哈尔滨赋》主题鲜明，感受独特，大气磅礴，激情饱满，鲜活生动，现摘录如下：

> 星移斗转兮久别故乡，雁唳鹤舞兮情飞北疆。何曾忘，灯影长，慈母语哽咽，华发染秋霜。嘱儿新试游子衣，针线成行泪成行！呜呼，此情此景长在心，斯水斯土最动肠。今番登归程，扶摇心高翔，临城近乡音，亲情已汪洋。世间美景观不尽，行匆匆，都过客，最恋仍是我家乡，潮头唱大江！
>
> 一赞家乡冰雪生妙趣。燕山雪花大如席，冰城雪花大于天！有道是，天生寒，寒生风，风生雪，雪生花，风花雪月展画卷。莫叹风如刀，入怀心偏暖。莫道行路难，更似舞蹁跹。君不见吾独拥有北国之风光，前有伟人放歌兮——江山如此多娇；后有今人新创兮——全球到此游园！

都云思者寸肠断，敢说来者乐似仙。呼游客，且入园，登冰峰之高巅兮收万里之锦绣，临玉宇之长风兮共千里之婵娟。逶迤数步，怀秦岭而抱天山；悠然旋踵，观西湖而赏台湾。揽江河则金蛇狂舞，跨山陵则气吞雄关。九天银河凝飞瀑，惊呼嫦娥玉带飘人间；瑶台荷池忽结晶，敢笑吴刚痴情不思凡！千树堆雪疑月桂，万厦披霜傲云端。鬼斧神工矣，移蟾宫銮殿于松江左岸；伟构奇思兮，集五洲美景于冰雪乐园。琼楼玉阁接舞榭歌台比肩冲霄汉，万家灯火与冰雕雪塑争辉不夜天。百丈舞池化明镜，冰上芭蕾袅袅乎再现天鹅湖；玲珑月宫捧红烛，冰上婚礼款款乎新人展娇颜。谁云周天皆寒彻，此城无处不尽欢。奇峰凌空，看红男绿女驾飞雪之翼，争与天公试比高；寒江荡波，有鹤发童颜破千里冰封，齐踏龙宫惊龙颜。敢说家乡人人都英雄，试问天下英雄谁敢？！

二赞家乡盛夏好清凉。环球同热人凄惶，南极北极冰成洋，笑问企鹅何处去？企鹅遥指松花江。谓予不信，纵目远望，盖因森森大江之浩波，源自巍巍奇峰之神壤。高山玉露，上苍所赐；深谷甘泉，大地之赏。长白山兮高入云，云生露兮泉生凉，一枕涛声入梦来，桃源深处是吾乡。春风第一枝，紫气东来兮丁香如云遮日影。夏雨数繁花，红袖迤逦兮燕舞莺歌满街芳。太阳岛，梦之岛，举国之向往，人间之天堂！情侣牵手，花间留影百年好；勇者击浪，云帆高挂万里翔。观虎园，惊闻风雷动地最心跳；游鹿园，疑似梅花遍野凌秋霜；听"哈夏"，漫赏长歌短调任逍遥；逛新城，沉醉处处爽风淡淡香。这儿的明月好多情，炎炎暑夜悬秋窗；这儿的清风最解意，烈烈日光化轻霜。有道是，大江送爽，北域生凉，正如本埠之名店："老独一处"——敢称天下避暑之胜地，诗意栖居之梦乡！

三赞家乡历史多奇绝。呜呼，关东烟，高粱酒，放倒天下英雄无数。东北汉，龙江女，出手且将江山重铸！天高地广兮开胸襟，烈风暴雪兮凝铁骨。有道是，一诺千金，两肋插刀，三碗不醉，四肢发达，五官堂堂，六神有主，七窍通气，八面威风，九九归一，敢喝一声我来也，何叹人生疑无路！君不见莽莽兴安苍苍林海嘎仙洞，深藏千年石刻惊天书，记先祖，驾神驹，牵虎豹，向征途，金鞭一劈南北朝，中原问鼎绘宏图。常忆岳鹏举壮志难酬饮恨黄龙空悲苦，难忘金兀术北掳二帝坐井观天长歌哭。倏忽，再挥"八旗"铁流踏南土，又熔华夏文明于一炉！千载风云奔来兮，金源故都尽沧桑；百年春秋流转兮，塞北名郡多兴亡。曾记否，国运衰，引列强，山河碎，民沦丧，国恨家仇仰天啸，裂裳为旗赴沙场！抗俄捍北疆，悲歌慷慨叹国殇。抗日十四载，金戈铁马遍大荒。呜呼，大江东去浪淘尽，先驱英灵日月长。一曼街，兆麟街，彪炳史书诗两行！尚志街，靖宇街，横天丰碑映华章！

四赞家乡今朝更繁盛。虎踞塞外，碧血激荡吾辈之雄风。龙腾大江，丹心铸就北国之新城。素称地大物博，奉献滚滚粮煤油木兮，为全民族慷慨解囊。坐拥"三大动力"，喷薄滔滔光能热能兮，开共和国锦绣前程。"哈药""哈啤""哈飞"，承继历史光荣传统兮，创新世纪四海英名。改革、开放、创新，释放人民激情伟力兮，看新一代呼啸争锋！荡荡乎，龙江最是大天地。巍巍乎，冰城从来大心胸。血火岁月，温慰数十万欧亚流民身心创痛；歌舞升平，喜迎海内外商贾来往亨通。于是乎，中西合璧，内外交融，海纳百川，共生共荣。古称大江之畔宜居地，今日群雄并起创业城，艺术之都享盛誉，文化重镇开新风。漫游长街短巷兮处处馆藏，唐宋明清三皇五帝隔墙相望；信步市井阡陌兮家家可闻，丝竹管弦国风西曲悠然传情。月临孔圣庙，琅琅书声颂千古之文明。日照索菲亚，飘飘仙曲伴教堂之晨钟。徜徉十里花堤，柳丝含羞拂倩影；畅怀中央大街，欧美风景似画屏。蓦然回首，时见世界新潮四海宾朋八方佳丽，灿灿乎醉我于万千旖旎风情！

壮哉冰城，千秋永光！乐哉冰城，万民永康！塔镇江天，成天人合一之势。桥架南北，构世事和谐之祥。人情和美，有环球同暖之爱。壮志高翔，看未来再创辉煌！

2.《我的国，我的爱》等：展现家国风采，抒发家国情怀

2019年是新中国成立70周年。为了庆祝新中国成立70周年，同时也为了全面贯彻落实习近平总书记关于新时代中国特色社会主义思想和党的十九大精神的重要阐述，热情讴歌新中国成立以来欣欣向荣、日新月异的成就，大力弘扬爱国主义精神，彰显新中国成立70年来发生的翻天覆地的变化，中共哈尔滨市委宣传部、《哈尔滨日报·太阳岛》副刊编辑部联合举办庆祝新中

国成立 70 周年 "我的国，我的爱"大型主题征文活动。该活动以百姓的视角与情怀，以散文、随笔等形式，通过展现鲜活的人物、事件及其成长、发展，以及社会生活中点点滴滴的变化，全面呈现新中国成立 70 年来经济社会的迅猛发展、城乡建设发生的翻天覆地变化、人民生活水平的日益提高，由此书写这个美好时代带给这座城市的喜人变化，抒发对祖国、对哈尔滨这座城市浓浓的爱意。

又如，2020 年是打赢脱贫攻坚战的关键之年。为了全面贯彻落实党的十九大精神及习近平总书记扶贫开发战略思想，深入贯彻落实中央、省市关于脱贫攻坚工作的重大决策部署，激发广大人民群众建设家乡、热爱家乡的使命感和自豪感，中共哈尔滨市委宣传部、《哈尔滨日报·太阳岛》副刊编辑部联合举办了"打赢扶贫攻坚战，全面建成小康社会——'让爱在阳光下链接'大型主题征文"活动。该活动着重书写脱贫攻坚工作中感动的人和事，记录扶贫岁月，品味人间真情，既可以独特视角讲述一段亲身经历，又能讲述"别人的故事"，以帮贫助贫中所见所闻叙写身边变化，抒发家国情怀。

（四）《新晚报》副刊

《新晚报》是哈尔滨日报报业集团系列报刊之一，是哈尔滨地区的"龙头报纸"；也是当地房地产、医药保健、IT、汽车、金融保险、旅游等广告市场的首选平面媒体；作为"龙头报纸"，《新晚报》锐意创新，并引领时代潮流。1995 年 4 月下旬，《新晚报》专门成立副刊专刊编辑室，出版《紫丁香》《记忆》等副刊版面。

1.《新晚报·记忆》副刊

2004 年 4 月 1 日，《新晚报·记忆》副刊正式创刊。由于该刊始终关注哈尔滨基层百姓的生存状态，呈现和反映他们的生活原貌以及精神、情感世界，深入挖掘当地的优质文化资源，努力践行"贴近实际、贴近生活、贴近群众"的办报方针，因此一经推出便备受广大读者的青睐和关注。

首先，《新晚报·记忆》副刊在创刊之初，便秉持着"老百姓写，写老百姓"的办报宗旨，让普通百姓"登堂入室"作为新闻报道的主角，"写百姓人生，述凡人情结"，专门记录和书写那些真实的、令人动容的凡人凡事。为了让更多的老百姓充当报刊上的主角，《新晚报·记忆》副刊专门设置了《难忘瞬间》《回眸往事》《我家轶事》《生活故事》等多个专栏。这些专栏从不同视角出发，吸引广大读者写稿和投稿。此举使该副刊上呈现的诸多新闻故事丰富多彩、曲折有趣，愈加接地气。虽然一些业余作者写下的温情故事，可能略显稚嫩，用词也相对粗糙，文笔也欠流畅，但是这些新闻故事却能够以情动人，激发广大受众的情感共鸣，并吸引来更多读者的关注。

其次，《新晚报·记忆》副刊立足地方特色，打造地产名牌。《新晚报·记忆》拥有一支由本地作者、文学新人和专业媒体人共同组建的作家团队，由本地作者结合自身亲身经历撰写本地故事，由于接近地气、真实感人，更容易引发当地读者共鸣。正是由于《记忆》副刊的编辑们热爱家乡，由此他们更愿意倾心讲述哈尔滨当地的精彩、感人故事。例如，《老哈尔滨》和《老哈尔滨讲古》是副刊中最受读者喜爱的两大栏目，前者透过一些珍贵历史照片，聚焦哈尔滨老建筑、老街道、老场景等，采用镜像回忆的方式让读者更加直观地了解哈尔滨的曾经繁华；后者主要是让老哈尔滨人讲述昨天的故事，为读者描绘或惊心动魄，或感人真挚的历史瞬间，由于具有浓厚的人文情怀，栏目一经推出，便引起不少老哈尔滨人的响应，来稿络绎不绝。

再次，《新晚报·记忆》副刊以真情动人，追忆逝去的岁月。真情和真诚，是《记忆》副刊的生命源头和活力所在。该副刊紧紧抓住情感主线，持续加强副刊作者与读者之间的情感联系，一则则感人肺腑的小故事，不仅给广大读者带来情感共鸣与激荡，而且也赋予副刊编辑们诸多感动。例如，《记忆》副刊把老照片当作一道主菜来经营，经常刊发一些珍贵的老照片，这些照片背后记录了不少鲜为人知的历史瞬间和难忘的岁月，通过这些照片不仅可以看到父辈们经历的沧桑往事、逝去的青春年华，而且还可以回顾自己童年时代的率真无忧，以及青少年时期的豪情满怀、雄姿英发。例如《为周总理送信》《缴获敌军"六〇"炮》《家庭"小乐队"》等稿件，首发许多鲜为人知、极具历史价值的小故事，让现代社会的人们在逝去历史的寸寸沧桑中感受到今天幸福生活的来之不易。再如《坚强的朝鲜小姑娘》讲述了志愿军与朝鲜人民的深厚情谊。故事的主人公是一位活泼可爱的朝鲜族小姑娘，自幼便与奶奶一起生活，当她看到中国志愿军战士没有烧饭用的柴火时，则主动带领他们上山捡干柴，有时还会为战士们载歌载舞。这篇小文后面配上小女孩和志愿军战士们的合影，把读者们带入那个炮火纷争的年代，体会到残酷战争背后蕴含的一缕缕人间真情，体会到志愿军战士们保家卫国、自我牺牲的崇高伟大，也感受到朝鲜普通百姓与志愿军战士的鱼水深情。

最后，《新晚报·记忆》副刊紧跟时代脚步，积极践行与时俱进的办报理念，尤其注重从时代发展变迁的视角来体现今昔变化。如哈尔滨地铁正式动工之时，《新晚报·记忆》副刊应时应景发表《7381·地铁梦》这篇回顾性文章，对哈尔滨地铁动工做了很好的回应；如哈尔滨大规模停水事件发生过后，该刊用大幅版面刊登诸多与水相关的回忆性文章，较好地配合该报对哈尔滨停水事件的系列新闻报道；再如为了让广大读者了解哈尔滨——这座我国最早纪念"五一"国际劳动节的城市，因势利导地推出《1907：庆"五一"》这篇文章；此外，《新晚报·记忆》发表的《我在第一个教师节》《过年的饺子》等文章回忆了"小城往事"，由于是配合一些特定节假日而刊发的，因此具有较强的时效性。

2. 《新晚报·紫丁香》副刊

哈尔滨人对丁香的深情，主要在于丁香的品格，凝聚了塞北人独特的精神风貌，它聚小而成大气。1988年4月12日，哈尔滨市人民代表大会第二次会议作出《关于丁香花为哈尔滨市花的决定》。在此背景下，哈尔滨的"龙头晚报"——《新晚报》，特意开辟《紫丁香》副刊，书写哈尔滨人的爱国、爱家情愫。例如，2008年3月21日，《新晚报·紫丁香》副刊发表赵长林的文章《丁香诗人丁香诗》，表现了一位远离家乡的游子对哈尔滨的无比热爱和深厚情感。

丁香诗人丁香诗

赵长林

"紫丁香带给我的是浓浓的乡情。多年没有经历那淡紫色的五月了，她只留给了我一个浪漫的梦境。"——这是一位远离家乡哈尔滨的游子在赵荣群的博客上留下的一段感言。

赵荣群是一位作家、诗人，赵荣群也是一位普普通通的哈尔滨市民。

自2007年10月在博客上陆续发表以"丁香"为中心意象的诗歌作品以后，赵荣群的个人博客受到了读者的广泛关注，亦引起了广大读者对丁香的喜爱和对哈尔滨的向往，甚至前往冰城旅游观光的热切兴致。

应该说，赵荣群的诗歌写作是寂寞的，但赵荣群的"丁香诗"的读者反响却是热烈的——数万名网络读者的阅读和大量的评论，足以表明，赵荣群无愧于"丁香诗人"的桂冠。

丁香是哈尔滨的市花，读了赵荣群的"丁香诗"之后，我们却会别有一番感慨——多达50余首，历时六七年，以丁香为中心意象，多角度、多层面的观照，一以贯之、反反复复的歌咏，写下了那么多神采飞扬，大爱无边的诗行，无不表达了他对丁香、对哈尔滨的无比热爱和深厚情感。

赵荣群不仅以"丁香"为一以贯之的歌咏对象，写了大量的"丁香诗"，而且，更为难能可贵的是，他是第一位给丁香赋予全新寓意的诗人。以前，在我们所阅读过的零星关于"丁香"的作品中，"丁香"无不是"哀伤的""幽怨的""娇弱的"形象，比如李商隐的"芭蕉不展丁香结，同向春风各自愁"，比如戴望舒的"丁香一样的结着愁怨的姑娘"。而在赵荣群的"丁香诗"里，丁香的形象却是积极的，向上的。在《重读丁香》这首诗的题记里，他这样写道："什么是丁香，自古有文章。丁香千结解不开，离情别绪最惆怅。先人几句诗，后人不思量。今日重读丁香，改写千古印象。"

是的，他以丁香的清秀来赞美爱的高昂激荡，温柔缠绵的旋律；他以丁香的淡定来表达清醒超然，睿智执着的品格；他以丁香的坚强来抒发永不言弃，真诚面对的情怀；他以丁香的婉约来描绘千种风韵，万种柔情的人生。

由此，"丁香"这一哈尔滨特有的风物，无论是从文学艺术上还是从地域文化上，都变得更加丰富、立体、有血有肉、耐人寻味。仅从这一点上来说，赵荣群的"丁香诗"也是令人震撼的。

丁香诗人赵荣群的"丁香诗"，不仅体现了作者对审美的精神、审美的特征、审美的倾向的一种现实的追求，而且表明了作者对家乡哈尔滨的眷恋之情，对丁香树、丁香花的独特理解。同时，因其独特的视角和独特的意象引发了一种独特的文学现象，那就是对家乡的深沉爱恋贯穿始终，使得哈尔滨的地域风采被充分地诠释和表达出来，提升了城市文化的品位。可以说，《丁香赋》是哈尔滨这座城市的文化品牌诗。

从这个意义上来说，赵荣群的"丁香诗"是完全不同于其他的诗歌的。他的"丁香诗"让更多的人有机会感受"丁香诗人"的人格魅力，感受"丁香诗"的艺术魅力，并且能够从中了解丁香，了解哈尔滨。

《丁香诗人丁香诗》这篇文章，主要表现哈尔滨普通受众赵荣群在博客上陆续发表以"丁香"为中心意象的诗歌作品，字里行间表达着他对家乡的深沉爱恋。与此同时，这些散发着浓郁"丁香"芬芳的诗句，也使哈尔滨的地域风采被充分地诠释和表达出来，潜移默化间也提升了哈尔滨这座城市的文化品位。

## 二、图书推介黑龙江和哈尔滨形象

### （一）黑龙江和哈尔滨历史书籍及文学作品

通过阅读黑龙江和哈尔滨的历史书籍及文学作品，读者可以亲历哈尔滨的成长历程：有的读者以专业的视角来挖掘历史真相，发掘哈尔滨在特定历史时期发生的神秘历史事件；有的读者以哈尔滨为背景，以小说的形式表现哈尔滨的人文风俗；有的读者以散文诗歌的形式表达自己对哈尔滨的炽热情感；有的读者以外国人的眼光来看哈尔滨的风土人情、世事变迁。

关于黑龙江和哈尔滨的历史，近年来在读者中反响比较强烈的有《黑龙江通史》《黑龙江传》《黑龙江历史》《东北历史》《国外黑龙江史料提要》《黑龙江将军衙门档案》《黑龙江流域少数民族英雄叙事诗》《黑龙江通史简编》《老街轶事》《双城堡二人转》等领域门类的书籍。

1. 以《黑龙江通史》为代表的历史书籍

《黑龙江通史》是黑龙江历史文化研究工程主抓的核心项目，由黑龙江省社会科学院组织省内外十名东北史骨干学者担任分卷主编，六十余名学者参与编撰，是黑龙江地区第一部大型通史。该项目2012年正式启动，2018年完成结项，主要分为《先秦卷》、《秦汉魏晋南北朝卷》、《隋唐卷》、《辽金卷》、《元明卷》、《清朝卷（上）》、《清朝卷（下）》、《民国卷》、《沦陷时期卷》和《解放战争时期卷》。

《黑龙江通史·先秦卷》由刘晓东、胡秀杰、王乐文、李有骞等著，主要是以考古学为视角，全面、系统梳理先秦时期黑龙江的历史文化。通过对文化分区、年代分期以及文化谱系的研究，廓清了先秦时期黑龙江地区历史文化的基本框架和主体脉络，重现了黑龙江先民的生存状况，展示了其在开发祖国东北边疆、促进民族融合的过程中所作出的突出贡献。

《黑龙江通史·秦汉魏晋南北朝卷》由梁玉多等著，主要介绍秦汉魏晋南北朝时期黑龙江地区的历史概况，重点探讨各族人民对黑龙江地区的开发建设以及黑龙江地区与中原地区在政治、经济、文化各方面的联系。这一时期，黑龙江地区各民族经济和社会的发展虽然都各具特色，但是总的说来是在中原文明的影响下发展起来的，是中华文明的一部分；中原政权始终通过一定的方式对黑龙江地区各民族进行管辖，使得黑龙江地区始终在中国版图之内。

《黑龙江通史·隋唐卷》由魏国忠等著，主要以中央王朝为主线，较为全面、系统地论述了隋唐时期黑龙江地区的政治、经济、文化和社会生活习俗方方面面的历史内容，在王朝更迭的大背景下以时间为线索，梳理了本地区历史沿革的源流、发展及不同阶段从属于中央王朝的历史真相，首次填补了黑水靺鞨大联盟在北部地带先后三度"勃兴"的历史空白。

《黑龙江通史·辽金卷》由程妮娜等著，主要以辽金王朝为主线，叙述黑龙江地区各王朝政治势力更替与各族社会文化变迁的历史。全卷共九章，阐述了辽金王朝对黑龙江地区实行强力统治的政策，使大部分族群相继完成向文明社会的过渡。随着中原文化的传入，在南北文化的碰撞下，黑龙江地区的政治、社会、经济、文化、思想都发生了重要变化，展现出中华民族多元一体发展的历史轨迹。

《黑龙江通史·元明卷》由胡凡等著，主要叙述元明两朝黑龙江的历史发展。蒙元王朝兴起于黑龙江上游，忽必烈开始征服黑龙江下游的骨嵬，兵不血刃地统一了黑龙江下游地区。元王朝在黑龙江设宣抚司和宣慰司，在下游设征东招讨司，开通驿道，保障与内地的交通。明王朝建立后，从洪武初年即开始经略黑龙江地区，到永乐时期将之完全纳入明朝的版图。

《黑龙江通史·清朝卷（上）》由周喜峰著，主要以明朝万历四十四年（1616年）后金政权建立，到清朝道光二十年（1840年）第一次鸦片战争前的黑龙江历史为基本内容，对清朝前中期黑龙江地区社会发展历史进行全面系统的研究和阐述。从边疆经略与行政管理、边疆民族与外来移民、经济开发与社会发展、反击沙俄与军事驻防、文化宗教与风俗习惯等方面探索这二百余年黑龙江地区的历史。

《黑龙江通史·清朝卷（下）》由李随安、石方、刘涧南等著，该卷共分为九章，全面、立体地阐述了黑龙江近代史。1840—1911年间，黑龙江地区的历史极其复杂：在中外关系方面，沙皇俄国逼签不平等条约，割占领土，制造惨案，占领全境，实施"黄俄罗斯"计划；在内政方面，黑龙江人开禁放垦，移民实边，改革行政体制，进行文化建设、社会转型。

《黑龙江通史·民国卷》由辛培林、王敬荣等著，主要介绍从辛亥革命到1931年九一八事变爆发之前这一历史时期，黑龙江地区政治、经济、军事、文化、民族各方面的状况，此外还介绍了俄、日、美等帝国主义国家对该地区的侵略活动，以及奉系军阀在黑龙江地区的统治。此外，该书还介绍了东北经济快速发展的"黄金时期"、近代教育与文化、中苏有关边境及中东铁路的交涉活动、中东路事件、"皇姑屯事件"与"东北易帜"等内容。

《黑龙江通史·沦陷时期卷》由王希亮、车霁虹等著，主要介绍了黑龙江地区自九一八事变后至日本战败投降，长达十四年的沦陷时期的历史。1931年九一八事变爆发，日本军国主义入侵中国东北。在东北沦陷时期，日本利用伪满洲国对沦陷区进行政治、经济、军事、文化上的殖民统治，把中国东北变成其侵略扩张的战争资源基地；与此同时，东北人民在中国共产党的领导下开展了长期艰苦的对敌斗争。

《黑龙江通史·解放战争时期卷》由高晓燕等著，全面阐述了黑龙江地区作为中国共产党的革命根据地和战略后方，通过建立新型民主政权模式、探索新型生产经济政策、营造新民主主义文化、积累城市工作经验，最终成为全国解放战争的后援基地。黑龙江人民无私无悔地奉献出大量的人力、物力、财力，为中国人民的解放事业和新中国的成立作出了不可磨灭的历史贡献。

2. 哈尔滨抗疫历史和文学作品

2020年伊始，一场史无前例的新型冠状病毒感染疫情在中国乃至全球泛滥肆虐，无数曾经幸福的家庭短短时间内家破人亡。1月20日，我国钟南山院士正式确定新型冠状病毒感染疫情属于"人传人"，这在全国人民乃至全世界人民面前敲响了警钟。新冠疫情背景下，广大民众更加关注这场突如其来的疫情从何而来，又要如何防治，此时，由哈尔滨出版社2019年11月出版的哈尔滨抗疫历史纪实作品《苍生大医伍连德》《伍连德在哈尔滨》受到不少读者的关注。

《苍生大医伍连德》主要描写1910年晚清时期，哈尔滨突发肺鼠疫，不少人莫名其妙地死去。在未知病魔面前，当时的哈尔滨人毫无还手之力。此时，刚从海外归来的年轻医生伍连德，临危受命并实施了一系列防治传染病的举措。他在最短的时间内找到病源，在全世界最先提出了"肺鼠疫"的概念，亲手实施中国医学史上第一例病理解剖，首次向中国人提出了"用口罩预防传染病"的主张，亲手设计"伍氏口罩"并被沿用至今。伍连德防治传染病的系列举措卓有成效，并最终力挽狂澜，挽救了当时不少濒临死亡的哈尔滨市民。伍连德利用个人所学所长，救民族于危难之中，被当地人所传颂，直到现在仍被不少市民盛赞为"哈尔滨的救星"。后来，伍连德成为中华医学会首任会长、北京协和医院的主要筹办者、1935年诺贝尔医学奖候选人。

为了逼真再现那段令人窒息的历史，《苍生大医伍连德》的作者孟久成参考了大量历史资料，除了用文字外，作者还发布了许多颇具视觉冲击力的图片，使得该书具有较强的震撼力，同时为当下的新型冠状病毒感染疫情防治工作提供了意义非凡的借鉴和参考。

关于哈尔滨抗击肺鼠疫这段历史，人们关注更多的是被誉为"国士无双"的伍连德，在巨大危机面前展现出的魄力，在公众生命面前流露的人文情怀。哈尔滨籍作家迟子建写作的《白雪乌鸦》中，视角较为独特。该书虽然也有部分章节关注了伍连德，但更多关注的却是一个在哈尔滨傅家甸老城里讨生活的贩夫走卒。

在《白雪乌鸦》这部文学作品中，迟子建以一贯的平民视角，聚焦灾难下普通人的崇高与卑鄙、恐惧与无畏、爱恨与情仇，用沉静而饱满的叙述，淋漓尽致地表现出普通民众在巨大灾难面前复杂的人性。在迟子建的笔下，众多人物被置于老城傅家甸中，被置于肺鼠疫这一非常态环境中。所以这部小说的主角，不仅仅是肺鼠疫中的人，还有这场肺鼠疫中的哈尔滨。关于这种独特的写作视角，迟子建认为，尽管这场肺鼠疫已经过去一百年了，但是一个城市、一个地区的生活习俗，总如静水深流，也会以某种微妙的方式沿袭动荡中的平和之气，这也是这部灾难小说散发出来的与众不同的气息。

3. 哈尔滨中东铁路历史书籍和画册

中东铁路是以哈尔滨为中心，西至满洲里，东至绥芬河，南至大连，路线呈丁字形的一条全长约2400公里的铁路。这条铁路初名为"东清铁路"，中华民国成立以后改名为"中国东方铁路"，简称"中东铁路"。1896年，清政府和沙俄签订《中俄密约》，决定共同修筑中东铁路。该铁路于1897年8月开始动工兴建，直到1903年2月才全线竣工通车。中东铁路在见证了一百多年来列强的残暴与野心外，还改变了哈尔滨的历史。虽然中东铁路是一系列不平等条约的产物，但是借由中东铁路的滚滚车轮，哈尔滨由最初的几个破败村镇，迅速发展为远东地区经济、文化、贸易中心的重要中心城市。

关于哈尔滨中东铁路历史的书和画册，在黑龙江地区尤为畅销，主要有2010年1月由黑龙江人民出版社出版、黑龙江日报报业集团高级记者曾一智著作的《城与人：哈尔滨故事》，2015年1月由北方文艺出版社出版，冯力强、冯冠豪著作的《红色记忆——中东铁路上的中国梦》等书籍，均对哈尔滨中东铁路的历史进行了考察和记录。

其中，冯力强、冯冠豪著作的《红色记忆——中东铁路上的中国梦》，是国内第一部以当年沿中东铁路往来于中国内地与莫斯科的中共早期领袖、革命先驱留下的红色足迹为题材创作的纪实作品。该书讲述了中国共产党早期领袖陈独秀、李大钊、瞿秋白、张太雷、周恩来、任弼时、李立三、罗章龙、邓颖超等往来中东铁路时遇到的危险与艰辛，并由众多红色后代披露了许多鲜为人知的往事。这些红色故事当年秘而不宣，如今也鲜为人知。为挖掘这个重大革命历史题材，作者历时七年进行采访，走访了二十几个省市，寻访过百余人。如今很多被访者已经离世，他们感人肺腑的讲述，已成为永远的绝唱。

4. 哈尔滨音乐史图书

2010年6月22日，联合国教科文组织授予奥地利维也纳、意大利博洛尼亚、西班牙塞维利亚、英国格拉斯哥、比利时根特以及中国哈尔滨六座城市"音乐之都"的荣誉称号。

哈尔滨能够获得"音乐之都"殊荣、成为中国的"百年音乐之都"，与20世纪初大批从俄罗斯及东欧来的犹太移民密不可分。19世纪中叶，日趋腐朽没落的清政府受到世界一些强国的侵略和侮辱。1860年后，当时俄国政府利用其毗邻黑龙江的便利，开始有组织、有预谋地对哈尔滨这座城市进行经济掠夺和文化侵略。1898年横贯东北亚地区的中东铁路，将哈尔滨与东北亚其他重要城市连接起来，哈尔滨逐渐成为东北亚地区的经济与文化中枢。20世纪之交，哈尔滨这座城市遍布歌剧、芭蕾舞剧、交响音乐、爵士乐等外国文化形式，尤其是以俄罗斯音乐文化居多。当时俄罗斯的芭蕾舞团，以及来自俄罗斯圣彼得堡帝国歌剧院的歌唱家、演奏家，都曾经来到哈尔滨进行演出。

在哈尔滨音乐城的建设上，大批来此避难的犹太移民也是功不可没。实际上，哈尔滨最早的一批剧场、乐团、音乐学校等，都是犹太社区的成员创办发起的。犹太音乐家将异域的文化和风情融汇到哈尔滨的地方文化生活中，书写着哈尔滨音乐文化的历史。这些犹太音乐家的音乐活动不仅丰富了哈尔滨的音乐舞台，而且还丰富了哈尔滨人的文化生活。在此历史背景下，1958年哈尔滨正式创办"哈尔滨之夏音乐节"，此后一直坚持了几十年，并一直与这座城市的繁荣和发展相伴。哈尔滨这座城市的气质和灵魂底蕴里，已经离不开音乐色彩，音乐也早已内化为哈尔滨人的一种生活方式。

关于哈尔滨音乐史，2016年由李荣焕、王铁合著出版的《哈尔滨音乐简史》一书，让我们重新走进哈尔滨音乐历史，重新观照哈尔滨音乐历史，让哈尔滨这座城市的音乐历史不会遗失。除了出版关于哈尔滨音乐史的著作外，该书作者李荣焕还在龙江讲坛、哈尔滨讲坛、中央书城、市内外党政机关、省内各大高校，宣讲哈尔滨音乐历史，塑造和传播哈尔滨这座音乐之城的美好形象。在李荣焕开展的数十场公益讲座中，他大多以"音乐之城哈尔滨的前世与今生"为主题，以时间跨度为线，选择哈尔滨音乐发展历史中的重要人物与事件，梳理与回望这座城市百年的文化脉络，串起对这座城市的音乐记忆，为研究哈尔滨近现代音乐发展提供了一个多视角、清晰的记录，一个简单明确的历史评价。

此外，由刘欣欣和刘学清合著、人民音乐出版社2002年出版的《哈尔滨西洋音乐史》，从1898年5月沙皇俄国派兵驻扎哈尔滨写起，一直写到20世纪七八十年代，主要叙述哈尔滨从1903年到1962年间的音乐发展情况。该书依据大量翔实具体的史料，主要分为四个章节。各个章节以专题形式，将乐团、乐队、音乐家及他们带到哈尔滨的歌剧、芭蕾艺术、音乐教育、音乐活动、音乐演出等音乐史事件，分门别类地加以阐述。该书由于具有大量翔实和丰富的历史资料，包括"伪满洲国建国10周年成果展"中的相关内容，数十幅珍贵的历史照片,以及原在哈尔滨的俄侨音乐家撰写的回忆录综合本和其他资料,因此被赞誉为近现代音乐史研究中地方音乐专史研究的一部颇具开拓性的著作。

5. 俄侨作家笔下的哈尔滨

"哈尔滨俄侨文学"系列丛书亦是了解哈尔滨的一个重要窗口。该丛书是中国第一套专门描写俄侨在哈尔滨生活的系列文学作品,由中共哈尔滨市委宣传部、哈尔滨市文学艺术界联合会策划组织出版。

由俄侨胡泓写作的中短篇小说集《哈尔滨的忧伤》,2016年3月由黑龙江人民出版社出版,是"哈尔滨俄侨文学"系列丛书之一。该书由七个中短篇小说组成,它以胡泓的童年生活环境和经历为素材,以20世纪二三十年代至五六十年代的哈尔滨为历史背景,以"哈尔滨的忧伤""英俊马车夫""小提琴家和他的小提琴"等人物故事为主线,谱写了哈尔滨俄侨对哈尔滨这座城市深情而忧伤的思念与畅享。

尚志发等著作的《我的苍凉情歌》、周鹤写作的《女特务瓦莉娅》等文艺作品,亦真实表现了俄侨在哈尔滨的生活状况。《我的苍凉情歌》2017年9月由黑龙江人民出版社正式出版发行,主要描写1904年冬日俄战争时期,沙皇下令在冰封的贝加尔湖上铺设临时铁路。西伯利亚土著索伊特爱上了铁路工程师的妻子阿列娜,为了追随阿列娜,索伊特带着女儿格林达离开了世代祖居的贝加尔湖,来到了哈尔滨。后来,格林达和男孩布雷、马克西姆结下深厚友谊,他们与哈尔滨一起成长。周鹤著作的报告文学《女特务瓦莉娅》,2005年由文汇出版社正式出版。该书以纪实手法记述了20世纪的哈尔滨,这座因为多种文化并存而变得风情万种的城市——"东方小巴黎",曾经孕育过瓦莉娅这个带有宗教式思维,受过良好教育,才华出众,生活在俄罗斯情结中的美丽女人。

以上图书在抒写传奇故事的同时,亦反映了哈尔滨这座城市浓郁的异域风情,以及悠久而浪漫的历史文化底蕴。在俄侨作家们的笔下,哈尔滨丰富的生活包含其中,温婉细致,意味深长。实际上,这种现象实际上也吻合了世界文坛作家们抒写故乡的一种寻根意识。正是借由这些作家群体的书写,才绘制出哈尔滨这座城市独具一格的文化版图,打通了这座城市的文化血脉,赋予了其新的生命蕴含。通过作家们对哈尔滨这座城市的多维呈现,广大读者由此打开了进入哈尔滨乃至黑龙江大地的特殊通道。

（二）在哈尔滨生活过的外国人对哈尔滨的回忆著作

由中共哈尔滨市委宣传部、哈尔滨市文学艺术界联合会策划组织出版的"哈尔滨记忆系列丛书"，还包括一些在哈尔滨生活过的外国人对哈尔滨的回忆性作品。其中，澳大利亚作者玛拉·穆斯塔芬的《哈尔滨档案》，犹太作者亚伯拉罕·考夫曼的《我在哈尔滨的岁月》《哈尔滨犹太简明辞书》，日本作者加藤淑子、加藤登纪子的《倾听哈尔滨的诗》，俄罗斯作者叶莲娜·塔斯金娜的《哈尔滨，鲜为人知的故事》，叶夫格尼·安达史凯维奇的《哈尔滨》，波兰作者塔德乌什·舒凯维奇的《波兰人在远东》，日本作者芳地隆之的《满洲的情报基地——哈尔滨学院》，这些外籍作者写作的图书也组成一套书，共同编入"哈尔滨记忆系列丛书"之中。

系列丛书作者之一、出生于哈尔滨的女作家玛拉·穆斯塔芬，5岁时随父母移居澳大利亚，先后做过外交官、记者等职业，拥有丰富的人生阅历。2002年，由玛拉·穆斯塔芬撰写的纪实文学《哈尔滨档案》正式出版，书中讲述了20世纪30年代，30000多个苏联家庭从中国返回"祖国"；1937年，全苏联开展了一场声势浩大的清洗行动，其中奥尼库尔一家成为被血洗的对象。而玛拉·穆斯塔芬作为奥尼库尔家族的后裔，通过家中一张发黄的老照片，掀开了这段尘封几十年的历史记忆，让读者了解到奥尼库尔家族的悲惨命运，同时也向公众完整揭露了那些曾经旅居过哈尔滨的苏联家庭惨遭清算的事实真相。该书所讲述的这段"惊天秘密"公之于众后，立刻引起了世界范围内的广泛关注。《哈尔滨档案》由此获得极高的国际声誉，并荣获澳大利亚"国家传记文学奖"。

犹太作家亚伯拉罕·考夫曼写作、李述笑编译的《我在哈尔滨的岁月》《哈尔滨犹太简明辞书》中文版于2019年10月正式问世。该书俄文版是亚伯拉罕·考夫曼从苏联集中营获释，回到以色列以后撰写的关于1912年到1936年他在哈尔滨期间工作与生活的回忆录，作者一度被称为"哈尔滨地方史专家""哈尔滨犹太人历史文化研究领军人物"。

犹太社团和犹太人在哈尔滨的政治、经济、文化活动，是哈尔滨历史文化共生性与多元化的一个别具特色且非常重要的组成部分，也是世界犹太人大流散历史的重要组成部分。尤其是哈尔滨犹太复国主义组织的活动,是世界犹太复国主义组织活动链条中闪闪发光的一环。在《我在哈尔滨的岁月》《哈尔滨犹太简明辞书》两本书中,亚伯拉罕·考夫曼以编年叙事之方法,较为详尽地介绍了哈尔滨犹太社团的形成与发展。两本回忆录内容丰富多彩、史料极为珍贵、叙述准确翔实、行文生动简明,是不可多得的哈尔滨犹太历史文化研究和世界犹太人大流散史研究的第一手资料,同时也是研究俄罗斯犹太人、世界犹太复国主义组织价值不菲的历史文献。

《倾听哈尔滨的诗》是由日本歌手加藤登纪子的母亲加藤淑子所撰写的其早年间在哈尔滨生活的回忆录。该书主要记录了加藤淑子在哈尔滨生活的11年时间里经历的一些重大事件及其所见、所闻、所感。该书语言风格清新,描写细腻,对20世纪30年代哈尔滨的景物、生活环境和人文风俗进行了详细介绍,是难得的老哈尔滨风貌图,同时也是研究哈尔滨历史的重要参考文献。

俄罗斯作者叶莲娜·塔斯金娜的《哈尔滨,鲜为人知的故事》中文版,2018年由哈尔滨出版社出版问世。叶莲娜·塔斯金娜通过回忆、思考,同时查阅大量珍贵资料,分别从历史、文化、教育和艺术等角度,讲述了在时代与文化的十字交叉路口,成千上万的俄侨在异国他乡的真实生活状况。《哈尔滨,鲜为人知的故事》文笔流畅、语言朴实、图文并茂、时空交错,在作者的笔下许多鲜为人知的历史被还原并变得鲜活起来,具有很强的故事感和画面感。尤其是书中收录的50幅珍贵历史老照片,由作者与译者精心收集、整理出来,与文字叙述相得益彰,为广大读者再现了当年哈尔滨的历史场景。

由波兰作者塔德乌什·舒凯维奇著的《波兰人在远东》,全书共有八个章节,内容涉及东北简史、波兰天主教会、波兰之家协会及各社会团体、媒体、音乐、学校等方方面面的内容。该书以大量篇幅介绍了哈尔滨波兰人的情况,表明在远东地区各国的各个城市中,哈尔滨无疑是波兰侨民人数最多、影响最大、活动最为活跃的中心。由于该书是根据当事人的原始记载写作而成,因此信息量大、资料性强、可信度高,为研究当时波兰人在哈尔滨的历史情况提供了大量素材和线索,并以翔实的史料订正了既往记载的某些失实之处。

除了上述图书外,"哈尔滨记忆系列丛书"中还有相当一部分图书属于引进版权图书。例如,引进版权书《哈尔滨(上下)》是俄罗斯作者叶夫格尼·

安达史凯维奇花费七年时间得以完成的。为了真实再现20世纪20年代至50年代之间哈尔滨这座城市的味道，以及包括俄罗斯人在内的哈尔滨市民的种种经历，作者查阅了大量文献资料和旧报刊，采访了不少仍然在世的当事人，深入了解当时哈尔滨俄侨的坎坷人生。由于此书涉及的人物在现实生活中均确有存在，因此该书人物形象个个鲜活丰满、栩栩如生，散发出独属于那个年代的生活气息。

再如，2018年由哈尔滨出版社出版的《满洲的情报基地——哈尔滨学院》也是一本引进版权书，由日本作家芳地隆之写作。该书作者通过对亲历者的专访，再现这所间谍学校的真实面目，详细介绍了哈尔滨学院的历史渊源，与此同时披露了哈尔滨学院培养间谍的详细过程，并且追踪了这些神秘间谍的详细去向。

由哈尔滨出版社出版发行的这些引进版权图书，直接带动了中国本土对外出版的新风向，推动了中国与世界其他国家文化之间的交流和融合。这些版权图书的引进，对于研究、传承哈尔滨历史文化，促进哈尔滨相关文化产业的发展，亦具有一定的推动作用。

（三）东北和哈尔滨的现当代文学作品

1. "东北黑土地四大名著"

萧红的《呼兰河传》、陈玙的《夜幕下的哈尔滨》、周立波的《暴风骤雨》、曲波的《林海雪原》被称为"东北黑土地四大名著"。

（1）萧红的《呼兰河传》

《呼兰河传》是中国作家萧红创作的长篇小说。1911年出生于哈尔滨市呼兰区的萧红，原名张廼莹，萧红是她发表《生死场》时使用的笔名。萧红的主要作品有《跋涉》《生死场》《桥》《牛车上》《旷野的呼喊》《萧红散文》《回忆鲁迅先生》《马伯乐》《呼兰河传》。其中《呼兰河传》是萧红的代表作。

《呼兰河传》于1940年9月1日首次见载于香港《星岛日报》，12月27日全稿连载完毕。该作品以萧红在呼兰河畔的童年生活为线索，形象、生动地反映出近现代时期呼兰这座小城当年的社会风貌、人情百态的原生态：

> 花开了,就像花睡醒了似的。鸟飞了,就像鸟上天了似的。虫子叫了,就像虫子在说话似的。一切都活了。都有无限的本领,要做什么,就做什么。要怎么样,就怎么样。都是自由的。倭瓜愿意爬上架就爬上架,愿意爬上房就爬上房。黄瓜愿意开一个谎花,就开一个谎花,愿意结一个黄瓜,就结一个黄瓜。若都不愿意,就是一个黄瓜也不结,一朵花也不开,也没有人问它。玉米愿意长多高就长多高,它若愿意长上天去,也没有人管。蝴蝶随意地飞,一会从墙头上飞来一对黄蝴蝶,一会又从墙头上飞走了一个白蝴蝶。它们是从谁家来的,又飞到谁家去?太阳也不知道这个。

在萧红的笔下,呼兰小镇居民在物质生活方面的需求是简单的,他们的人生理想也是简单的,他们的人生要求更是简单的,"只希望吃饱了,穿暖了"。然而就是这样一群有着勤劳、纯朴、忍耐、善良品格的人,在中国几千年封建陋习形成的毒瘤,以及这毒瘤溃烂、漫浸后所造成的瘟疫一般的灾难下,也会变得愚昧、麻木、野蛮、迷信、保守。这种对当地人"愚昧"和"麻木"生存状态的描写,在《呼兰河传》中随处可见,如萧红描写"漏粉"的人:

> 他们一边挂着粉,也是一边唱着的。等粉条晒干了,他们一边收着粉,也是一边地唱着。那唱不是从工作所得到的愉快,好像含着眼泪在笑似的。逆来顺受,你说"我"的生命可惜,"我"自己却不在乎。你看着很危险,"我"却自己以为得意。不得意怎么样?人生是苦多乐少。那粉房里的歌声,就像一朵红花开在了墙头上。越鲜明,就越觉得荒凉。他们被父母生下来,没有什么希望。只希望吃饱了,穿暖了。但也吃不饱,也穿不暖。逆来的,顺受了。顺来的事情,却一辈子也没有。

(2) 陈玙的《夜幕下的哈尔滨》

我国作家陈玙的长篇小说《夜幕下的哈尔滨》,主要讲述抗日战争时期发生在黑龙江省哈尔滨市的地下工作者们和日本人斗智斗勇的故事。故事描写了1934年正处在日寇与伪满阴暗统治下的哈尔滨,以日本关东军将军玉旨雄一为代表的日伪势力，与王一民等共产党员为代表的正义力量，在文化、教育、工商等领域，以及城市建设、工厂、学校等战线，展开一次又一次的英勇较量。最后，王一民团结和带领当地共产党员及其抗日力量，刺杀了特务头子中村次郎；帮助进步作家开展话剧《夜茫茫》的演出；营救共产党人李汉超和他的妻子儿女；带领大批进步作家、画家以及剧团演员等奔赴中共领导下的汤北抗日根据地。

（3）周立波的《暴风骤雨》

《暴风骤雨》是由现代作家周立波创作的长篇小说，1948年由东北书店出版。《暴风骤雨》这部小说生动再现了新民主主义革命时期中国农村暴风骤雨般的阶级斗争，主要描写以萧祥为队长的土改工作队在松花江畔的元茂屯，积极发动和组织贫苦农民对恶霸地主韩老六进行斗争。处决了韩老六后，韩老六的弟弟带领土匪武装进屯，进行反攻倒算，企图扼杀新生政权。在共产党员赵玉林和青年农民郭全海的领导下，斗垮了阴险狡猾的地主杜善人。此后郭全海报名参军，踏上了解放全中国的新征程。《暴风骤雨》这部小说具有鲜明的民族特色、磅礴的革命气势、鲜明的阶级爱憎以及丰满的人物形象，叙事结构严谨有序，人物描写惟妙惟肖，语言富有地方色彩。

（4）曲波的《林海雪原》

1957年正式出版的《林海雪原》，是现代作家曲波所创作的一部长篇小说。2019年9月23日，该小说入选"新中国70年70部长篇小说典藏"。

《林海雪原》主要描写1946年冬天东北民主联军一支小分队在团参谋长少剑波的率领下，深入林海雪原执行剿匪的战斗任务。其间，小分队侦察英雄杨子荣单枪匹马，只身前往威虎山，与匪帮匪首"座山雕"斗智斗勇的故事。

《林海雪原》不仅被视作"革命通俗小说"的典范，而且还被誉为"新的政治思想和传统的表现形式互相结合"的代表，甚至还被认为是"十七年文学"发展中不可逾越和代替的小说作品。

2. 以梁晓声、迟子建等为代表的当代作家作品

（1）梁晓声的《人世间》

2022年伊始，一部荧屏大剧《人世间》火遍我国大江南北。该剧首先于2022年1月28日在中央电视台一套节目中播出，接着又在江苏电视台等地方电视台和网站循环重复播出，关于该剧的大结局更是频频登上热搜。随着电

视连续剧《人世间》的热播,该剧作者——哈尔滨人梁晓声和他创作的系列反映哈尔滨的作品,再次引发广大读者们的关注。

《人世间》是当代作家梁晓声创作的长篇小说,2017年12月首次出版。该小说以上山下乡、改革开放、经济转轨、社会转型、城乡巨变等重大事件为背景,以哈尔滨平民子弟周秉昆及其一家人的生活轨迹为线索,全面、客观、立体、生动地展现了近五十年来中国社会的沧桑巨变。其间,既有中国社会发展变化的势不可挡、一往无前,又有直面改革发展中不同阶层人物的艰难抉择和复杂情感纠葛……《人世间》这部长篇巨著是中国作家协会2017年度重点作品扶持选题,也是"十三五"国家重点出版物出版规划项目图书。2019年7月,《人世间》荣获第二届"吴承恩长篇小说奖";同年8月16日,该作品荣获第十届"茅盾文学奖"。

与共和国同龄的梁晓声,出生在哈尔滨市道里区安平街13号,小时候就居住在"安"字片,后来搬到光仁街,初中毕业后他下乡到了北大荒,后来考入复旦大学读书,毕业后先后进入北京电影制片厂、中国儿童电影制片厂、中国语言大学等单位工作。回顾《人世间》等书写哈尔滨的文学作品的创作道路,梁晓声吐露心声:"我是喝松花江水长大的,家乡的土地养育了我,我能用文字记录家乡人的生活,对我来说是最大的快事。哈尔滨是生我养我的故乡,故乡的人、故乡的水,哪怕是一草一木都是我的创作源泉,都能唤起我澎湃的创作热情。"① 正是出于对家乡、对故土的一番眷恋深情,广大读者看到了梁晓声笔下的哈尔滨。

除了《人世间》,梁晓声以哈尔滨为背景的其他长篇小说《雪城》《年轮》《泯灭》也是畅销不衰。

(2) 迟子建的《烟火漫卷》

新时期以来,以迟子建等为代表的黑龙江籍作家们接续东北文学的写作传统,热情书写哈尔滨题材,淋漓尽致地展现哈尔滨的市井与烟火,同时这些作家也将审美的目光聚焦于哈尔滨形形色色的人群身上,关注他们的在地经验和生存状态,为广大海内外读者进入东北、进入黑龙江这片广袤的边陲

---

① 《梁晓声的人世间是诉不完的乡愁:电视剧创作是从家乡起步的》,来源于哈尔滨新闻网,2022-03-11,22:06。

大地,打开了别样的视角。

2020年8月由人民文学出版社首次出版发行,由著名作家迟子建写作的长篇小说《烟火漫卷》,聚焦当前中国城市社会的普通市井生活,其间穿插描写了哈尔滨独特的城市景观,以及不同社会阶层人物之间的情感纠葛、利益冲突与复杂命运。小说将哈尔滨作为主体,开篇就试图用文字刻画城市烟火气息中饱含的丰富生活图景,抒写普通人的命运交响曲:

> 无论冬夏,为哈尔滨这座城破晓的,不是日头,而是大地卑微的生灵。
>
> 当晨曦还在天幕的化妆间,为着用什么颜色涂抹早晨的脸而踌躇的时刻,凝结了夜晚精华的朝露,就在松花江畔翠绿的蒲草叶脉上,静待旭日照彻心房,点染上金黄或胭红,扮一回金珠子和红宝石,在被朝阳照散前,做个富贵梦了。当然这梦在哈尔滨只生于春夏,冬天常来常往的是雪花了,它们像北风的妾,任由吹打。而日出前北风通常很小,不必奔命的雪花,早早睁开了眼睛,等着晨光把自己扮成金翅的蝴蝶。
>
> 一年之中,比朝露和雪花还早舒展筋骨的,是学府路哈达蔬菜批发市场的业主。凌晨两点,这里的交易就开始了。
>
> …………
>
> 一座城市有一条江,等于拥有了一册大自然馈赠的日历。对于哈尔滨这样的都城来说,这日历就是一部四季宝典。每日清晨翻动它的,是风霜雨雪,以及依托这条江生息的人们。
>
> 哈尔滨每年近半年的冬天,所以这册日历,底色多半是白的,但这白的程度也是不同的。松花江刚封江时,没有雪的铺垫,薄冰透射着河床,它是青白;冬深之时,一场又一场的雪,像是给松花江献上了层层叠叠的哈达,使它泛出凝脂般的银白色光泽。而清明一过,融冰开始,这册日历就到了最难看的时候,斑驳陈旧,残破不堪。但不要紧,和风与暖阳并驾齐驱,会加速松花江解冻的进程。

《烟火漫卷》这部书中,满溢着哈尔滨这座城市中的各种人间繁华:从凌晨开始批发市场里涌动的喧闹交易,到晨曦时分的各式鸟雀和鸣,到弥漫在这座城市大街小巷里的各式花香、食物香味，以及从澡堂子里冒出来氤氲、湿润的热气，再到旧货市场里老器物的展出，老会堂音乐厅里不同文化气质的演出，以及饭馆或礼堂的二人转，风味小吃，服装，交通，做礼拜的教徒……对此，作家迟子建说："烟火在我心目当中，至少在《烟火漫卷》这部长篇小说当中，我觉得它包含了多重含义：一方面包含着我所写的哈尔滨的人间烟火，我写到了夜市，写了那么多风味小吃，写了那么多人情，也包含着人情的交往。这是人间的'人'的层面的烟火。"

除了《烟火漫卷》，迟子建书写家乡的其他长篇小说《伪满洲国》《起舞》《晚安玫瑰》《白雪乌鸦》《黄鸡白酒》等都备受追捧。

以上这些图书，全方位、立体式地对哈尔滨的历史、风土人情、人文特色进行全面解读，尤其是其中蕴含的哈尔滨元素、黑龙江元素，乃至东北元素及其文化，经由图书这种纸质媒介，在广大读者们的日常生活中不断发酵，已经产生了广泛影响。这对于哈尔滨乃至黑龙江形象的建构与传播，无疑具有不可小觑的重要意义。

## 第四章
## 黑龙江形象建构中的新媒体实践

2022年2月，根据我国第49次《中国互联网络发展状况统计报告》显示，2021年年底我国网民总人数已经超过10亿人次，与2020年12月相比呈现出小幅上涨的趋势，互联网普及率超过70%以上。此外该报告还显示，一是城乡上网差距持续缩小，我国农村网民规模与日俱增，农村地区的互联网普及率突破57%，与2020年12月相比增幅达1.7%；城乡之间互联网普及率差距逐渐缩小，与2020年12月相比缩小0.2%。二是老年群体网民数量有所增加。随着互联网应用适老化改造行动的深化落实，老年群体上网需求大幅增加，截止到2021年年底，我国60岁以上老龄人口网民规模接近1.2亿人次，能够独立使用互联网应用软件进行购物的老年网民超过50%，能够独立完成出示健康码和行程卡的老年网民比例接近70%。

该报告还呈现出我国网民互联网使用行为的新特征：一是人均上网时长呈现稳步增长态势。到2021年年底，我国网民人均每周上网时长超28小时，与2020年12月相比增加2小时以上，侧面反映出上网已经成为中国广大网民日常生活的一部分。二是上网终端设备呈现多元化趋势。截止到2021年年底，我国手机网民所占比例超过99%，表明手机是中国网民首选上网设备，还有相当一部分网民选择使用笔记本电脑、平板电脑、电视、台式电脑等设备上网，所占比例均在25%以上。

进入互联网时代，传统媒体的生存空间正在被急剧压缩。根据世纪华文对我国70个城市的报纸零售终端（包括报刊亭、报摊、便利店、超市、书店等）的持续监测数据显示，2013年我国报业发行市场就已经整体呈现下降趋势，环比下降2.16%，同比下降10.83%；根据2014年世纪华文的监测数据，全国70个城市报纸零售市场中的各类报纸零售总销量较2013年同期相比下滑18%以上。其中都市报纸的发行量在各种类型的报纸发行总量中占据比例最高，但是销量情况却不容乐观，与2013年同期相比零售总量跌幅超过17%。都市报纸零售量下降幅度最大，居于各类报纸首位。[①]

分析传统媒体生存空间不断被压缩的现象，归根结底是因为受众已习惯从新媒体上获取信息。美国卡内基协会近期完成的一项大型调查进一步表明：50%以上的18—34岁受众获取信息的首选渠道就是各类新媒体。而我国情况也是如此。中国人民大学舆论研究所进行的一项调查显示：35岁以下的年轻读者中，有11.6%的人现在几乎不读报纸，改从各类新媒体上获取消息。受众阅读方式的显著变化，导致了全球传统媒体的尴尬现状。

在这种情况下，世界范围内的传统媒体开始纷纷进军新媒体，希望能与新媒体"结缘"。截至2005年12月底，全世界已经有5000家报纸推出了自己的新媒体网站。目前，我国传统媒体纷纷搭上数字化的快车。南京《扬子晚报》于1998年开通了网站，同时依托通信技术先后推出"短信互动平台"、"语音互动平台96096热线"以及手机报业务"扬子随身看"，实现了与读者之间的双向互动，便于读者及时获取最新新闻资讯；2005年，随着新媒体技术的推陈出新，《扬子晚报》推出"扬子随身听"业务，支持手机语音听新闻；2006年4月，《扬子晚报》与江苏移动达成合作共识，推出集文字、音视频等多媒体形式于一体的手机彩信报，吸引了不少手机用户关注。

传统媒体除了与通信公司跨界合作之外，还顺应时代发展趋势探寻数字化发展道路，纷纷开启了互联网转型之路。2006年1月，上海《新闻晨报》创建"嗨嗨网"（www.highai.com），主要是为广大读者提供最新本地生活服务类资讯，具有浓厚的人文气息；2006年，《南方都市报》成功收购"深圳热线"后，搭建"奥一网"新闻网站平台，提供博客、EDM电子杂志等诸多电子新闻产品，极大满足了读者的多样化需求。

一些传统媒体老总认为，手机媒体将来是媒体融合的发展方向，因此积极向手机媒体进军。如今，手机已经不仅仅是接收电话的工具，它还是一个

---

① 《2014年发行量下降的报纸》，来源于"传媒圈"，http://www.mediacircle.cn。

具有发展前景的新媒体。通过手机，人们不仅可以接收电话，而且还可以用手机上网冲浪、游戏娱乐、收发 E-mail、接收新闻信息、收听音频、收看视频，还可以网上购买各类商品与服务等。学者匡文波认为："手机媒体是借助手机进行信息传播的工具；随着通信技术、计算机技术的发展与普及，手机就是具有通信功能的迷你型电脑；而且手机是网络媒体的延伸。"[①]

早在 2004 年，《中国妇女报》就推出了彩信版手机报。随后两年多时间里，我国先后有 30 多家报社开展手机报业务，并将之作为新媒体时代报纸突破发展瓶颈的首要选择。[②] 2005 年 9 月，《华西都市报》选择与四川电信合作，共同创办《华西手机报》，同时还于同月 27 日开通声讯版，读者拨打 96181880 专门热线，即可收听当天报纸上的最新报道，《华西手机报》在众家报纸中独树一帜，成为我国首家视听兼备的手机报；2006 年 3 月，《北京晚报》利用清华紫光的优码技术，推出《北京晚报手机版》，读者通过手机摄像头扫描登录 WAP 网站，从而获取丰富的新闻资讯。相比于其他手机报较为单薄的报道内容，《北京晚报》手机版共有 14 个大类 64 个栏目，报道内容丰富翔实，报道形式多元多样，基本可以涵盖北京市民生活的方方面面；2006 年 3 月，《潇湘晨报》、红网和湖南移动联合推出 WAP 版的《湖南手机报》，用户不仅可以线上阅读浏览新闻，而且在互动板块就当天的新闻报道发表个人观点的同时还可以查看其他用户的评论。

2006 年 8 月，第三届中国报业竞争力年会正式启动"中国报业实验室计划"，旨在探寻与摸索报业转型的可行路径，包括新媒体时代报业电子化、网络化发展的内容显示介质技术、盈利模式、运行模式、信息传播技术等，以期加快报纸从传统纸质出版向数字网络出版转型的重大变革。

2014 年 8 月 18 日，习近平总书记在中央全面深化改革领导小组第四次会议上强调："推动传统媒体和新兴媒体在内容、渠道、平台、经营、管理等方面的深度融合，着力打造一批形态多样、手段先进、具有竞争力的新型主流媒体，建成几家拥有强大实力和传播力、公信力、影响力的新型媒体集团，形成立体多样、融合发展的现代传播体系。"该意见是以习近平同志为总书记

---

① 匡文波：《2005：新媒体的跨越之年》，《中国记者》2006 年第 1 期。
② 罗建华：《报业的两个新增长点：手机报和免费报纸》，《中国报业》2006 年第 6 期。

的新一届中央领导集体,着眼于巩固宣传思想文化阵地、壮大主流思想舆论做出的重要部署。

笔者认为,在实现数字化转型的大趋势下,传统媒体应该加快革新步伐,充分运用新技术、新应用,创新媒体传播方式,尽快探索出适合自身发展的新媒体发展道路,占领信息传播制高点,并在中央的政策导向和支持下,加快与新媒体融合与发展的步伐,尽快转型为新型媒体集团,迎接其在互联网时代蓬勃发展的"第二个春天"。

## 第一节 传统媒体与新媒体融合发展的外部因素

### 一、传统媒体与新媒体融合发展的社会因素

#### (一)受众获取新闻的方式发生变化

现代社会生活节奏的加快,使受众更愿意追求方便、快捷的生活方式,而通过敲击键盘,从互联网上获取自己需要的各种新闻、信息以及商业服务,无疑成为他们追求轻松生活的一种理想选择。受众选择从互联网上获取新闻、信息的另外一个重要原因,就是互联网免费为受众提供各种新闻和信息,而这是其他媒介行业所无法企及的。

为了让受众方便、快捷地获取新闻,美国一些报纸的网络版开始倡导更容易被受众所接受的新闻报道方式。美国论坛公司总裁杰克·富勒认为:"我们用年轻人愿意接受的方式在因特网上传播新闻。为了达到这个目的,我们常将新闻做得简洁干练、通俗易懂。研究结果显示,没有人愿意在网络上仔细阅读那种类似总统就职报告似的长篇大论,他们除了阅读一些重要新闻外,主要是为了娱乐。"[①] 2004 年,美国密苏里大学新闻学院主办的《哥伦比亚密苏里人报》星期天网络版,为了让受众轻松、愉悦地获取新闻,开始尝试一种全新的新闻报道方式。该报星期天网络版上的新闻故事既不长也不短,主要根据受众的阅读需要和阅读兴趣来决定篇幅。

---

① Stephen Quinn and Vincent F. Filak, *Convergent Journalism: An Introduction-Writing and Producing Across Media*, The Focal Press, 2005:31.

### （二）社会结构出现碎片化倾向

"碎片化"是描述当前中国社会新闻传播语境的一种形象性说法。所谓"碎片化",英文为 Fragmentation,意思是将完整的东西粉碎成诸多小块。有相关研究显示：当人均收入达到 1000—3000 美元时,该社会便处于由传统社会向现代社会过渡的转型期,而转型期的一个重要特征就是这个社会的碎片化,即传统的社会关系、市场结构及社会观念的整一性统统瓦解了,取而代之的是不同利益族群以及各种社会成分的碎片化分割。

当呈现碎片化分割的利益族群以及各种社会成分,均希望从多种渠道获取新闻信息时,以互联网为代表的新兴媒体,基本上可以满足受众一周 7 天、一天 24 小时全方位、立体化的新闻信息需求,并能达到最大范围的受众。在这种情况下,探索出一种全新的网络化生存模式,实现传统媒体的数字化生存,争做"24 小时全天候运转"的新型媒体,成为不少传统媒体的必然选择。2007 年 5 月,笔者曾随美国密苏里大学新闻学院考察团赴纽约一些知名媒体访问时获悉,美国的《时代》《新闻周刊》《美国新闻与世界报道》等新闻周刊,积极探索一周 7 天、一天 24 小时的全新网络化生存方式。这些世界知名杂志的老总们认为,延续至今的数字化革命正在促使媒介形态发生重大变化,传统媒介只有与新媒体进行嫁接,才能在新的媒介生存环境中重生。

例如,1923 年创办的美国《时代》杂志,在历经 80 多年的辉煌和盛誉之后,也在积极改进其网站（www.time.com）,这种努力和尝试是《时代》杂志发行人爱德华·麦克·凯瑞克就任主席和发行人以来最关键的改革举措之一。自 2007 年 1 月开始全今,《时代》杂志网站着力于为受众提供最及时、最新鲜的新闻报道。该网站编辑经理人杰斯·泰安格认为,只有积极为受众提供 24 小时之内的最新报道,即提供新闻周刊"汇总编辑"功能之外的更多新鲜内容,才能在数字化时代更好地存活下去。在杰斯·泰安格"24 小时全息生存战略"的指导下,《时代》杂志网站积极为碎片化后的受众,提供更及时、更新鲜的各种新闻和信息。[①]

---

① 郑敏：《美国新闻周刊的 24 小时生存战略》，《中国记者》2007 年第 11 期。

## 二、传统媒体与新媒体融合发展的技术因素

### （一）新技术的不断开发和利用

现代科学技术的不断开发和利用，使传统媒体的技术实力不断增强，运行方式也不断发生变化。早在2002年，美国肯特州立大学教授罗杰·费德勒经过多年的研究，将电子技术与纸质媒介完美融合，创造了电子便携报纸，并将这种便携式电子阅读装置命名为"肯特格式数字新闻书"，它将文字、图像和声音结合在一起，除了降低对纸质资源的消耗，便于随身携带外，还实现了视听结合，丰富了受众的阅读体验和人机互动体验，弥补了从前报纸只能看不能听且不能评论的不足之处。

2004年，荷兰飞利浦集团推出世界上第一台电子报纸显示器模块设备，内容显示介质技术大幅度提升，且重量轻，便于人们随身携带。2005年，美国密苏里大学新闻学院推出电子版报纸——《哥伦比亚密苏里人报》，通过"嵌入印刷技术"，将报纸以 PDF 形式保存，允许读者下载阅读。与此同时，该电子版报纸支持视频、音频等多媒体报道形式，给读者带来了视听享受。

美国《纽约时报》公司从2005年夏天开始研究"时报阅读器"，主要利用 Windows Vista 操作系统中 WinFX 工具，创建一个名为"时报阅读器"的软件。使用"时报阅读器"软件的计算机用户，可以随时浏览、注释和评论新闻报道，并即时下载实时新闻，同时还可以根据个人在阅读内容上的兴趣偏好，以及计算机屏幕的尺寸、比例等，设定个性化的新闻报道显示形式；除了"时报阅读器"，《纽约时报》公司还推出一款全新的报刊阅读器。这种电子产品使读者拥有阅读纸质报纸的感受，同时还提供给读者在报刊阅读器上记笔记以及在电子报刊页面上进行搜索的功能。美国《纽约时报》公司提供给这些产品使用者以共享、下载及进行信息反馈的机会。除此之外，《纽约时报》研究开发中心还在积极研究开发移动技术，因为移动性信息接收设备能够很好地补充纸媒，而且两者都能够在移动中阅读。

2006年1月，欧洲报业协会为实现报业与电子显示技术的融合相加，在荷兰埃因霍温启动"E 新闻"项目。其中美国马萨诸塞州技术学院"E 墨水公司"推出"E 墨水"设备：在一块塑料材质的显示屏上，运用正、负电荷来控制显示屏上的黑点与白点，然后在显示屏上显示图像和文字。"E 墨水"

设备还能让读者从报纸网站上,将新闻报道下载到一个20.3厘米×15.2厘米的塑料显示屏上,这种显示屏不仅柔软,而且可以改变形状,甚至能够像百叶窗一样,收放自如。与此同时,日本索尼公司推出的另外一款基于"E墨水"技术的阅读器,大小为7英寸×5英寸(约相当于17.8厘米×12.7厘米)见方,能够清晰地显示任何PDF格式的文件。基于"E墨水"技术的产品,不仅便于报纸的新闻报道得以快速传播,而且这种移动电子终端还可以用最快的速度更新新闻,自动、实时地下载最新的新闻报道。

2005年年底,美国《新闻纪录报》基于对新媒体技术的开发和利用,决定使用PDF技术,即制作一个与纸媒版面非常相似的电子报纸。读者可以从该报的网站上实时下载、即时阅读这种电子报纸,每篇文章还可以打印,或者通过电子邮件发送到用户邮箱,每个电子报纸版面都可以用PDF格式下载。

新媒体环境下,为研究读者不断变化的阅读需求和对新闻呈现形式的不同偏好,《纽约时报》特别成立美国新闻业界的第一家网络研发部门,提出以独特的网络服务项目来吸引网民的注意。2011年8月,该部门研发的Beta620里就聚集着各种实验性项目,专注于对《纽约时报》网站新闻阅读体验的提升以及对数字内容的挖掘,其中的"Times Skimmer"项目可以重排《纽约时报》网站的内容,让网民尝试风格迥异的阅读体验;"Community Hub"项目里会列出各篇文章的评论数量、最活跃评论者的评论,以及来自Facebook好友的评论,为那些有需要的人提供一个发掘评论价值的平台;"Longitude"项目能够在Google地图上标出《纽约时报》新闻所提及的地点,点击后可以看到当地的相关新闻、人物与组织机构;"Times Instant"项目和Google即时搜索的目标相同,都是刚开始在搜索框内打字,页面上就直接开始显示搜索结果。不过"Times Instant"的实现和Google即时搜索有很大区别,"Times Instant"输入文字时输入框不会自动补全,而是在下方提供相应的关键词。这种标签式的关键词,更加适合《纽约时报》这样的信息源。

(二)宽频带网普遍得到使用

互联网使用率的上升,与宽频带网的普遍使用有着直接关系。所谓宽频带网,主要是指互联网的高速化。同时,宽频带网的使用和普及还将是一次革命,因为它将直接改变网络结构的本身,也将改变我们利用的终端。

通过宽频带网，用户可以迅速下载诸如音乐、视频以及其他的多媒体内容。

由于宽带使用户接收的内容更加丰富，因此宽带的使用在世界许多国家和地区都非常流行。据统计，2003年年初，全球宽带用户数已达6300万。其中，韩国的宽带普及率居世界之首，每100位居民中就有21名宽带用户；中国香港以15%的宽带普及率排名世界第二；加拿大居第三，宽带普及率为11%。从全球范围看，家庭用户在宽带需求方面扮演着主要角色。①

为了让越来越多的美国人能够在家中高速上网，美国联邦通讯委员会早在2003年前后就开始筹建无线网，从而取代有线网。美国联邦通讯委员会主席麦克·鲍尔当时承诺："所有的原材料已经准备完毕，认识也已达成一致，现在剩下来的事情就是让它成为现实。"②

根据美国Broadband Directions LLC市场情报公司的研究表明，美国排名前40位的报纸几乎都拥有宽带视频技术。虽然有些报纸在视频内容开发方面不是非常成熟，但它们无一例外地积极筹划、开发这种新技术，并愿意付出时间和努力。宽带的普及给广大读者带去更多的音频、视频作品，将是传统媒体实现数字化生存的一项重要战略。

（三）新闻采集工具趋于廉价

2004年2月18日，《纽约时报》首次在头版刊登一张使用手机拍摄的照片。照片内容是美国ATT集团总裁约翰·兹利斯17日在纽约签署该集团的无线融合协议。由于融合协议的签署发生在当天早上3点钟以前，当时并没有摄影记者在场。该集团的首席财政主管约瑟夫·马科克比，就用自己的手机摄像头拍摄了这一重要场面。

随着手机、照相机、摄像机、计算机等电子产品在人们日常生活中的普及，越来越多的非专业人士参与新闻采集与制作的过程之中，并向报纸、广播、电视、新闻网站等媒介机构，发送自己制作的新闻产品及其他信息。正是由于新技术的不断发展与进步，许多公众都拥有高效、优质的新闻采集工具，一些非专业人士借此向报纸、电视、广播、新闻网站等媒介机构，发送

---

① 晓雅：《彻底调查：国际电信联盟报告"宽带的绽放"》，《人民邮电报》2003年10月8日。
② Stephen Quinn and Vincent F. Filak, *Convergent Journalism: An Introduction-Writing and Producing Across Media*, The Focal Press, 2005: 35.

和传播自己制作的新闻产品及其他信息。为此，一些美国媒体在自家网站上专门设立链接，方便普通受众给媒体提交新闻或资讯。还有一些美国媒体为鼓励和吸引受众向专业媒体提供文字、视频、照片和音频等新闻内容，特意举办具有激励性质的比赛，并设有丰厚的奖品。美国 ABC 广播公司曾经专门开设邀请受众参与视频新闻创作的"iCaught"栏目，当受众将捕捉到的好片子发给 ABC 广播公司后，该公司的专业人员会将受众拍摄的原创内容和媒体的专业评论"混搭"播出，结果引起不俗的反响。

再如，美国 CNN 有线电视新闻网专门在其网站上开辟"iReport"的栏目，鼓励受众将他们捕捉到的视频及其他内容上传到这个栏目上。为了确保事实的准确与公正，该公司会对这些原创视频进行认真核实和及时订正，而对于那些未经核实、不辨真伪的视频，"iReport"栏目也会添加特别说明，对该视频的实际情况"实话实说"。新闻采集工具的日渐廉价和普及，将对传统媒体的数字化生存起到积极的推动作用。

## 第二节　我国传统媒体积极寻求与新媒体融合发展

### 一、媒介融合背景下我国传统媒体面临的挑战与应对

2005 年以来新媒体强势崛起，而我国传统媒体发展模式、经营模式相对落后使其陷入空前的困境，发行量大幅缩水的同时，总体运营收入也呈现增速滞缓的趋势，不少传统媒体出现大幅度亏损的局面。在此背景下传统媒体被迫谋求转型与升级，探索出一条与时俱进的数字化发展之路。

与传统媒体身处"寒冬"的窘境不同，不少商业性网站表现出强劲的发展势头，网站流量大幅增长，广告收入也不断递增。根据尼尔森公司 2010 年上半年发布的调查统计数据显示，2010 年上半年，我国互联网展示广告的估值已经超 95 亿元人民币，比上一年同期上涨近 28%。这些数据表明，传统媒体正面临一些大型商业性网站的强大挑战与竞争，发展处境岌岌可危。

在此背景下，一些传统媒体为了增加营业收入，选择将高品质的新闻低价卖给商业性网站从而换取影响力，然而这种做法并不能从根本上解决传统媒体的可持续发展问题。为此一些传统媒体开始转变原有的发展理念，重新

考虑向网络媒体提供新闻内容的定价问题，加大对自我知识产权的保护，期望让新闻内容回归其应有的价值。①

2005年，我国20多家报业集团的老总们集聚一堂，制订并发布了"南京宣言"。该宣言积极呼吁全国报业应形成统一战线，彻底改变传统媒体为商业性门户网站"打工"的尴尬局面。2006年年初，解放日报报业集团向全国30多家报业集团呼吁，共同组建"内容联盟"，提高商业性门户网站转载新闻的门槛，同时加快建立知识产权保护体系，以应对商业性网站带来的负面冲击。解放日报报业集团有关负责人表示，组建联盟并不是要把报纸的内容画地为牢，限制这些内容刊载于互联网，而是为了谋求更广范围的产业融合。

实际上，我国当前大多数商业性门户网站没有新闻采编权，主要是通过有偿转载或无偿转载的形式来购买传统媒体生产的各种新闻信息内容。然而，由于没有合理、完善的定价标准和机制，传统媒体从商业网站那里得到的转载费用极低，这与传统媒体耗费的新闻采编成本根本无法相提并论。商业性网站获取传统媒体的新闻信息后，就会对报道资源进行整合与开发：一是将各种新闻报道进行整合，形成更具有震撼力的组合报道；二是将各类新闻信息输入数据库，分类管理后形成该网站的资料库；三是通过手机平台发布各类新闻信息，同时向广大用户进行收费；四是将新闻信息纳入搜索引擎，用户只要登录搜索引擎并输入关键字，就可以很快查阅到相关资讯。网站正是通过对新闻信息资源的不断整合与开发，使其网站流量不断攀升，由此吸引到更多的广告资源，反过来挤占传统媒体的广告收入空间。

对于传统媒体来说，广告是其主要收入来源，在盈利业务骤然下降的情况下，传统媒体与新媒体的融合发展之道，将是传统媒体突破发展瓶颈的必然抉择。在此背景下，2006年3月，腾讯网和《重庆商报》共同出资建立区域性门户网站——大渝网，利用报纸的深度报道内容优势与新媒体平台的传播渠道优势，开创了资源共享、共存共赢的良好局面。同年8月，解放日报报业集团与新浪公司携手合作，谋求建立一种战略合作伙伴关系；其他传统媒体也纷纷与新媒体建立合作关系，《南方都市报》收购"深圳热线"、《北京青年报》收购千龙网、《潇湘晨报》收购红网等。这些传统媒体希望通过与

---

① 肖景辉：《报业巨头羊城论剑》，《传媒》2006年第2期。

新媒体的融合，能够摆脱当前的"寒冬"局面。

对于上述传统媒体与新媒体的融合模式，中国人民大学新闻学院彭兰教授将其称作为"竞合"。"竞争是合作的动力，合作是竞争的归宿。未来的合作应该不是一种简单的资源的供给或共享的问题，而是一个重新规划生产流程、重新规划各自在这个流程中的角色的问题。"①

媒介融合的大趋势，决定了传统媒体和新媒体不再是对立和竞争的博弈关系，而应该是一种合作和共赢的"竞合"关系。

## 二、媒介融合背景下传统媒体的升级战略

新媒体的崛起，各类媒介的融合，不仅给中国传统媒体带来了挑战，也给中国传统媒体进行内容产业的战略转型带来了历史的机遇。

毋庸置疑，数字技术的推陈出新，打破了广播、电视、报纸杂志等不同传统媒体之间的信息壁垒，将这些媒体的内容产品集中和统一到数字化平台上，实现各媒体信息资源的共建共享。媒介融合为传统媒体的内容生产提供了新的传播形式和传播路径，也为传统媒体创造了新的受众群，开拓了新的媒介市场，带来了新的规模竞争升级。在媒介融合的推动下，传统媒体将大力实施数字化发展战略，不断开发出形态多样的信息产品，形成庞大的信息传播产业链条；将通过品牌拓展、多元化运营，由地区性分散集团向全国性垄断集团演进，由单一性传统媒体集团向多样性新媒体集团演进，由传统的单媒作业向新型的资源共享演进；传统媒体将进一步深化体制改革，推动资本运营模式向多业态、多向度转变，从而打造多产业集合的媒介新业态，从而真正实现跨媒体、跨行业、跨地区经营。

新媒体成为传统媒体发展的趋势和方向。2006年8月，我国新闻出版总署报刊管理司正式牵头实施"数字报业实验室计划"，将全国15家媒体纳入首批试点单位名录，致力于探索报纸出版业的数字化转型，探索符合数字报业发展需求的数字化、网络化的内容显示介质技术、信息传播技术和运营模式，这标志着我国数字报业的研究正式迈向实践探索阶段。此次"数字报业

---

① 成功、苏永通：《〈新京报〉诉TOM.COM案背后的传媒格局》，《南方周末》2006年12月21日。

实验室计划"拟在三年内分阶段推进，包括 15 家媒体在内的成员单位通过资源共建共享，合力攻坚实验任务。截至 2007 年 5 月，数字报业发展第一阶段的工作基本结束，目前正探寻与其他相关产业合作，寻求数字报业的新发展、新突破。

传统媒体数字化转型是一个复杂的系统工程，必须以科学的发展规划为指导。因此，数字化转型中一个首要而紧迫的任务是，在传统媒体的总体战略框架内，顺应数字化战略转型的发展规律，结合内外部环境分析，积极构建数字发展战略，并以此为轴心，寻求传统媒体未来发展模式的创新性突破。这种创新性突破，应主要体现在如下几个方面。

（一）创新定位

传统媒体的数字化创新行动，必须观念先行，找准位置。要充分认识到，传统媒体集团欲在数字时代争取主动，就必须突破传播介质束缚，解决自身定位问题，即主动尝试从传统媒体向新媒体的平滑过渡，尽早实现从传统媒体经营机构向数字内容提供商的角色转变。只有解决了定位问题，传统媒体才可能最大限度地整合内外部资源，顺利实施数字化转型，占领信息传播和媒介经营的制高点。

（二）创新目标

国内传统媒体的数字化转型必须突破传统媒体的藩篱，遵循新媒体运行规律，在发展目标上寻求突破，谋求传统媒体集团向文化传播集团的成功转型。要赋予数字平台更多功能，整合优势资源助推新媒体发展，通过扩大影响力，提升竞争力，努力使其成长为区域性、专业化、多媒体的数字信息发布平台，成为传统媒体机构突围数字时代的新生力量和未来收益的主要增长点，为传统媒体转型提供先期试验。①

（三）创新流程

为确保战略目标实现，传统媒体机构必须变革传统的信息采集、加工、生成和发布方式，一方面要提高新媒体传播时效，努力实现新闻信息的即时、滚动播报；另一方面要在原创新闻的多种终端发布上下功夫，同时要切合新

---

① 袁勇：《数字时代的报业创新之道》，《传媒》2007 年第 7 期。

媒体分众对等传播的个性特征，引导受众更多地参与内容制作环节，分享体验经济的成果。因此，传统媒体要建立起四个专业平台——数字信息综合开发处理平台、数字信息发布平台、数字产品营销平台和数字产品客户服务平台，以平台为纽带创新业务组合。

（四）创新传播模式

信息时代的新技术革命，不仅推动了新媒体的兴盛，也给我国传统媒体的信息化建设带来了诸多发展机遇。在近年兴起的传统媒体数字化风潮中，诸如手机报纸、多媒体网络报纸等数字内容产品的出现，已经部分利用了信息技术革命的最新成果。在 IT 产业日新月异的今天，技术壁垒已被打破，数字技术不再为某一行业专有。鉴于此，借鉴新媒体的信息技术优势，为数字内容生成、传播方式多元提供技术支持，是传统媒体创新的一个重要内容。在对受众和用户需求进行精准分析和科学把握的基础上，传统媒体要适时引入 BBS、RSS、BLOG 等技术，不断追踪信息传播技术成果，通过构建数字技术平台，重新聚合新闻信息、生活资讯等核心内容资源，满足社会新生力量的体验式阅读需求和信息消费习惯。

（五）创新价值模式

与新媒体相比，我国传统媒体所拥有的一个明显优势是，具有流程严谨、效率较高、功能强大的内容生产能力。传统媒体的数字化进程，应该紧紧围绕这一核心价值，通过整合产业价值链的上下游资源，创造出符合新媒体发展规律的新的价值模式。在新媒体传播时代，传统媒体的数字信息平台也是用户自主生产和发布原创内容的强大资讯平台。传统媒体的专业化内容生产和网民自主生产既可以各自独立运行，也可以适时融合。传统媒体能够借助网络传播和网民互动扩大原创内容的议程设置效应，优化新闻选题效果；网民原创内容也能够为传统媒体提供丰富的内容加工素材，并通过传统媒体的专业化信息核实手段和内容配置能力，形成内容生产和价值增值的良性互动。

（六）创新盈利模式

传统媒体的另一个明显优势是，其多年积累的品牌优势和围绕品牌产生的公信力和权威性，使传统媒体机构在真切感受到新媒体带来的困扰和压力时，也同样面临着十分宝贵的市场机遇。新媒体对传统媒体价值链的切割，看似分流了传统媒体收益，却也因此培育和创造了新的市场机会，预示着传统媒体足以依托品牌优势，在部分关键节点上寻求突破，延伸品牌优势，创造出新的盈利模式。传统媒体不仅可以对内容信息进行制作和加工，而且还可以利用新媒体和新技术建立用户数据库，并将用户数据信息纳入交易环节。通过对用户数据资源的动态管理、科学分析和高效开发，传统媒体可以在广大用户和广告商之间建立更加平坦化的交易流程，从而提高交易效率。为了更好发挥新媒体的渠道优势、平台优势，一些传统媒体还研发、建立了在线付费、手机付费等多种准确科学的计费模式。

## 第三节　新媒体塑造区域形象的优势

以网络为代表的新媒体兴起，为区域形象建构与传播开拓了新的空间和渠道，有利于提高区域形象输出的时效性，扩大覆盖面，增强影响力。与传统媒体相比，新媒体在区域形象传播方面拥有许多优势，值得重视和运用。

新媒体类型多样，各具特色。其中新闻网站影响重大，覆盖面广。2020年7月，央视市场研究股份有限公司（CTR）对8家主要央媒和38家省级以上广电机构的自有APP、官网，以及在微博、微信、短视频和其他第三方平台开设的新媒体产品及账号进行持续常态监测，对这些主流媒体的网络传播力进行评估。据报告显示，2020年上半年，中央广播电视总台、《人民日报》、新华社位列央媒总榜前三名。除了中央级媒体外，一些区域利用各类新媒体进行形象传播，也收到了良好效果。例如，早在2006年6月，重庆市政府就与新加坡报业控股集团联合开办联合早报网重庆频道，当时每日标题浏览量达到200多万人次，频道浏览量达到42万人次。

### 一、品牌优势

多数省级重点新闻网站一开始就具有一定的品牌优势，因此，地方政府应该利用省级重点新闻网站的品牌优势，提高其在区域形象塑造和传播上的传播力与影响力。例如，2000年《北京日报》、《北京晚报》、北京人民广播电台等北京市属主要媒体机构联合创办千龙网，充分发挥各家媒体的信息资源优势，形成在大型网络媒体平台实现信息资源共享的"千龙模式"；同年，安徽省委、省政府组织、协调安徽日报社、安徽人民广播电台、安徽电视台等省级主要媒体,搭建安徽省唯一的大型综合性新闻门户网站——"中安网";2002年,广西壮族自治区党委宣传部主办了"广西新闻网",将其作为广西壮族自治区党委、政府的耳目喉舌。该新闻网整合自治区内50多家传统媒体的新闻信息资源,全面保证新闻报道的权威性、时效性、大众性、服务性。综上所述,新闻网站所依靠的传统媒体均是行业内的佼佼者,而在各新闻网站联合搭建的过程中,传统媒体长期以来形成的品牌资源优势将顺势转移到新闻网站之中,从而使其在创建初期就凸显出鲜明的品牌优势。

二、资源优势

由传统媒体衍生而来的新闻网站,运用其在媒体资源整合方面的优势,在区域形象建构和传播中游刃有余。例如,隶属于湖南日报报业集团的湖南在线,整合集团内部众多媒体的多方信息资源,全方位、立体式发布省内最新新闻报道,同时引进"新闻辩论""图海""八戒"等多项国内顶尖技术系统,增强新闻报道的触及率,扩大网站的覆盖面,满足不同层次受众的信息需求。正是凭借着信息资源的强大整合能力,湖南在线日均访问IP数突破30万大关。湖南日报报业集团整合后的华声在线,聚合国内、国际新闻,在国内确立其领先的新媒体地位,还打造出订阅数接近5万份的华声杂志等系列产品;湖南日报报业集团打造的华声论坛拥有大批原创写手和制作者,内容产品趋于个性化,成为用户活跃度较高,全球排名居于前10位的中文论坛品牌,总注册用户一度突破150万。数量庞大的用户群、多种多样的功能开发,形成新闻网站的新型优势资源,利用得当,将极大地有利于当地区域形象的塑造。

三、技术优势

新媒体自其诞生之初,就携带着无与伦比的优势技术基因,即传播速度快。传统媒体采写、编辑和传播新闻信息,需要动员大量的人力、物力和财力。与此相对应的是,新闻网站运用自身综合整理、全面聚合的功能,依靠接收、整合、发布各方面新闻信息这几个简单的环节就能够做到。网络以先进的软件作传送手段,如聊天室、网络信箱、论坛等,可以实现同步传送、即时到达，从而可以在新闻事件发生的第一时间为网民提供丰富的相关资讯。新闻网站信息量大、内容丰富、上传形式多样，有助于网民深入了解新闻事件的背景、内幕、未来发展情况等相关信息。新闻网站的多媒体表现形式，使其在信息传播中自由灵活，更适合内容表达的需要，符合网民的个性化接收习惯，既可以生动形象，也可以深刻严谨。更重要的是，新闻网站具有强大的互动功能，网民可以随时跟帖、评论，或者上传自己获得的新闻资讯与网民分享。另外，独立服务器提供的巨大容量空间，使新闻网站顺势成为一个容量巨大的新闻资料数据库，通过新闻网站的搜索引擎，可以便利地在更大范围内检索到适用的新闻资源，满足自己阅读、跟踪研究等各种需求。

由于新闻网站的这些优势，一个区域的良好形象可以得到更为广泛的传播，举凡先进人物、闪光事迹、美好风光、优质产品等，更容易得到区域内、外受众的关注。新闻网站等新媒体形式与传统媒体结合，可以形成更有力的整合传播模式，更加有效地吸引受众关注，产生更为持久、强大的影响力，在广大受众心目中留下更为深刻的印象。

## 第四节　黑龙江新闻网塑造黑龙江形象

黑龙江省第一家获国务院新闻办公室批准的新闻网站——黑龙江新闻网（www.hljnews.cn），是宣传黑龙江的重要窗口。黑龙江新闻网对黑龙江省委省政府的战略部署和中心工作提供媒体力量和舆论支持，网站策划的一系列民生报道也取得了良好的社会效应，网民的黏着度逐步提高。

由于黑龙江新闻网隶属于黑龙江日报报业集团，所以该集团所属《黑龙江日报》《老年日报》《哈尔滨新区报》《生活报》等纸媒的数千名采编人员，每天都为网站提供大量的原创内容。黑龙江新闻网设置《要闻》《政事》《论苑》《经济》《健康》《民生》《黑土》《哈尔滨》《文化》《科普》《龙江森工》《东北虎》等新闻频道，内容涵盖最新的黑龙江新闻、黑龙江资讯、哈尔滨新闻、哈尔滨时事、黑龙江时事、黑龙江民生以及哈尔滨民生的大事件。

## 一、《黑土》频道，铸就龙江之魂

黑龙江新闻网设置的"黑土"频道，包含三个栏目的内容：《龙江眼》《今速递》《风物志》。其中，2021年3月3日《龙江眼》刊登了《90后的回村之路：见过了远方的世界，现在我在淘宝卖大米》，讲述了黑龙江省五常市杜家镇七一村张家湾屯的邰原野，多年在俄罗斯打工，后来考虑到父母年纪渐长，在外漂泊多年的他决定回家。他的家乡五常市处于第二积温带，得天独厚的地理条件，使得这里成为全国重要的商品粮基地。在母亲1万元启动资金的支持下，邰原野在淘宝上开设原野稻花香米店。随着淘宝店经营得越发红火，邰原野成立五常市谷邦水稻种植专业合作社。2020年年初，邰原野又筹划自己建厂，为大米销售提供加工、打包、物流等一条龙服务。邰原野的成功，在当地并非个案。据了解，截至2020年年底，七一村540户居民，有134户在做淘宝生意，年销售收入达到了5000多万元。

当天，《龙江眼》还刊登了数篇新型冠状病毒感染疫情防控稿件"他们在抗疫一线"：《李忠军：诠释初心使命 坚守疫情一线》《呼玛县疾控中心副主任袁淑霞：勤奋敬业的"白衣战士"》《24小时坚守38处卡口 大庆公安风雪坚守 扎实做好疫情防控》《齐齐哈尔市公安局铁锋分局王贺男：用心感知 用笔叙述 用镜头记录战友们携手战"疫"的壮举》。以上这些稿件讲述黑龙江众多基层工作人员，在疫情防控期间，深入群众，发动群众，"想百姓之所想，急百姓之所急"，与广大基层百姓齐心合力，共同抗击新型冠状病毒感染疫情。虽然这些基层工作人员的年龄、性别、身份各不相同，但是他们有一个共同的特点：都是守护龙江平安的护卫者，也是抗击疫情的最美逆行者。

《黑土》频道的这些文章成功塑造出勤劳、善良、勇敢、智慧，敢于担当、敢于作为的龙江人形象。比如五常农民邰原野能干、巧干、会干，不仅建设水稻种植专业合作社，而且善于利用互联网新技术，将五常农产品推销到全国。邰原野已经成为当地具有互联网新思维的现代化农民们的一个典型代表。而李忠军、袁淑霞、王贺男以及大庆公安们，他们忠诚守卫抗疫第一线，牺牲小我顾大家，为基层百姓们的幸福与安康无私奉献着自己，燃烧着自己。他们才是抗击新型冠状病毒感染疫情期间最可爱和最可敬的人。

## 二、《文化》频道，讲述大美龙江故事

黑龙江新闻网设置的"文化"频道，包含七个栏目的内容：《文艺清单》《文化观察》《天鹅》《读书》《北国风》《未来》《阿什河》。其中，《文艺清单》栏目在 2021 年 1 月 26 日刊登《"穿"回东晋 看王羲之和文人雅士聚会》这篇文章，讲述了近年来黑龙江省博物馆"相约龙博"第二课堂，带领小朋友们一起了解二十四节气、弟子规，走进帽子王国、鸭嘴龙的世界，动手制作铜坐龙瓷瓶、唐三彩瓦当，得到家长和孩子的一致认可。1 月 23 日，"相约龙博"首期课程主题为"相约兰亭"。《兰亭序》图卷为南宋作品，描绘了东晋时期以王羲之为首的 42 位文人雅士，在浙江会稽山阴的兰亭雅集，于溪水边饮酒赋诗、观山赏水的情景。省博物馆老师带领哈尔滨市继红小学 60 余名学生在线上穿越回古代，了解古代文人聚会的情景以及"书圣"王羲之《兰亭集序》的创作过程。黑龙江省博物馆通过类似活动，期望带领更多青少年感受博大精深的中华传统文化，同时以专业、优秀的姿态繁荣和发展黑龙江省博物馆事业。

再如《北国风》栏目，2020 年 9 月 3 日刊登《小挂钱里的大乾坤》，主要讲述诞生于清朝末年的兰西挂钱的寓意及其当前价值。2007 年，作为民间剪纸艺术的兰西挂钱，被列为黑龙江省第一批非物质文化遗产保护项目，而兰西县因为这项历史悠久、技艺精湛的剪纸工艺，被我国文化部命名为"中国民间文化艺术（挂钱）之乡"。挂钱，是当地民间剪纸艺术的另类代表，当地人赋予它安居乐业、丰衣足食、祈求安康的美好、深刻寓意。近年来，国家出台了一系列政策来保护非物质文化遗产，从事兰西挂钱剪纸艺术的爱好者们得以发展壮大，他们的作品主题多与当地民间艺术、地域文化、北国冰雪文化等紧密相关，呈现出创作题材民俗化、创作内容丰富化、纹理装饰精细化、表现手法多样化等诸多特性。

"文化"频道的这两篇文章，反映黑龙江省传播与传承中华优秀传统文化的典型事迹，其中既有黑龙江省博物馆老师带领哈尔滨市 60 余名小学生线上穿越回古代，对东晋"书圣"王羲之《兰亭集序》创作过程的回顾，也有对兰西挂钱这种民间剪纸艺术的详细书写与描绘。"窥斑见豹"，于细节之处体现出黑龙江省在"文化建省""文化强省"方面的专注、信心与决心。

## 第五节　东北网塑造黑龙江形象

创建于 2001 年 7 月的东北网，是黑龙江省影响力最强、访问用户最多的综合性网站，亦是黑龙江省唯一的重点新闻网站。作为黑龙江省委的"机关网"，东北网从一家点击量寥寥无几的地方性小型网站，一跃成为每日点击量超过 800 万的全国大型综合性网站，并在黑龙江省形象构建与传播中发挥积极作用。

目前，东北网主要拥有黑龙江、国际、国内等 7 套新闻频道，以及教育、健康、游戏等 15 个资讯频道。此外，东北网设计了视频、访谈、论坛等互动板块，可进行网络直播、转播、在线访谈和互动讨论等。东北网还组建了一支约 300 人的专兼职评论员队伍，在重大突发性事件或社会热点问题的互动交流讨论中，积极发挥网络舆论引导作用。

### 一、开通俄文频道，对俄传播龙江形象

2006 年东北网开通俄文频道（伙伴网），这是我国首家综合性俄文网站，每天用俄文定期发布中俄贸易往来、文化交流等新闻报道，为外籍人士提供相关资讯信息。为提升龙江故事海外传播的影响力，东北网还开通了日文、韩文、英语频道，并将这四大外文频道作为黑龙江省最大的外宣窗口，在建构和传播黑龙江形象，提升黑龙江省对外传播软实力建设上作出积极贡献。

近年来，我国制定并出台了《2009—2020 年我国重点媒体国际传播能力建设总体规划》及其配套实施方案，加大对我国主流媒体国际传播能力建设项目的投资力度，重点发展与推进海外落地工程建设。黑龙江省与俄罗斯毗邻，两国共享 3045 公里的边界线，黑龙江省大众媒体无疑具备对俄讲好龙江故事和中国故事的先天优势和政策条件。

凭借黑龙江省与俄罗斯之间的地缘、人缘优势，东北网曾经组织"春天的舞会"等系列活动，邀请全球各地的老俄侨重回黑龙江，追忆青春时光、回首那段峥嵘岁月。活动期间，东北网俄文频道记者全程跟踪报道，在省内外甚至是在俄罗斯成功提升了东北网知名度，成功打响这一网络媒体品牌。活动期间推出的系列报道《曾经在哈尔滨生活过的俄罗斯人》受到俄罗斯有

关方面的高度赞扬和肯定；2009—2011年期间，东北网俄文频道又先后两次举办"俄语风采大赛""俄罗斯主持人大赛""俄罗斯人汉语大赛"等综合性赛事，吸引境内外上千人积极参与，同时也引起俄罗斯主流媒体——塔斯社、《俄罗斯报》的关注并进行大量跟踪报道。

在一年一度的哈尔滨经济贸易洽谈会上，东北网俄文频道都会实时播报相关新闻，甚至通过大屏幕在"哈洽会"现场滚动播放对俄参展人员的视频访谈，此举吸引大批中俄游客实时观看，极大提升了东北网在中俄两国的传播力和影响力。目前东北网俄文频道成为我国在俄罗斯远东地区宣传、推介黑龙江经济社会发展形势的一个重要窗口，不仅较好形塑了龙江形象，而且出色地讲好了龙江故事。

## 二、同政府部门密切合作，积极服务当地公众

作为黑龙江省着力打造的重点新闻网站，东北网还承担着当地政府有关部门重要政务活动，以及省内重大突发事件等新闻报道优先发布的责任。

由于长期与地方政府部门合作，东北网形成了优势品牌形象。如东北网同哈尔滨铁路局合作创建铁路信息网，为广大用户提供哈尔滨铁路局管内的客票信息、车次变化等交通出行资讯；同哈尔滨交警支队合作推出哈尔滨交警信息网，广大网民用户在这个网站上可以在线查询哈尔滨市违章违规车辆信息。

为得到更多网民用户的支持，东北网还与政府部门紧密合作，举办了一系列网络评选活动，积极服务当地公众。例如，东北网承办的黑龙江省首届"六个十佳和谐单位"网络评选等一系列活动，有效网络投票均在百万张以上；此外，东北网还先后组织开展了"全省十佳警察""最美医生护士评选"等微信投票活动，累计参与人数超10万人次。通过这些活动，东北网聚拢了大量人气，其官方微信公众号注册用户高达16万以上，官方微博粉丝也超过百万。如此庞大的粉丝群体，为东北网参与建构黑龙江形象，不断扩大品牌影响力奠定了坚实的受众基础。

## 三、策划新闻报道活动，全面反映龙江成就

为服务于黑龙江省经济社会发展，更好地塑造黑龙江形象，东北网自成

立以来策划、组织大量的新闻报道与传播活动,在省内外均收到非常良好的社会反响。例如,2009年9月14日,为迎接新中国成立六十周年,东北网与黑龙江省统计局合作,推出大型专题系列报道《龙江六十年》。该专题报道分为"龙江辉煌时""龙江振兴时""龙江最美时""龙江荣誉榜""龙江人物志""龙江放歌时""龙江进行时"七个篇章,对黑龙江省六十年来在政治、经济、文化、社会等多方面取得的重大成就进行全方位展示。

再如,2015年4月15日,由东北网独家策划组织的"探寻黑龙江丝路带"大型系列宣传报道正式启动。此次系列报道活动中,东北网记者沿着绥满铁路这条铁路黄金大通道及沿线六个主要地区,自东向西地进行深度采访报道。他们用文字、图片、视频等多种媒体形式,在全方位、立体化地展现"黑龙江丝路带"重大战略构想的同时,唱响了东北全面振兴背景下黑龙江经济、社会发展的时代最强音。

拥有百余年历史的绥满铁路,串联着绥芬河、牡丹江、哈尔滨、大庆、齐齐哈尔、满洲里六座重要城市,被称为黑龙江省经济社会发展的龙脉,汇聚着全省80%的经济总量、80%的高端人才,是黑龙江省最有希望的经济增长极,也是龙江黄金产业带。绥满铁路东、西、北连通俄罗斯,南连全中国,其区位优势和巨大潜力孕育着龙江发展的希望。

东北网还联合黑龙江日报集团旗下《生活报》等主流纸媒采编人员,共同策划发起"探寻黑龙江丝路带"之1号行动——"绥满铁路1480行纪"。记者团的记者们从绥满铁路东部起点绥芬河出发,一路向西行程1480公里,最后抵达终点——中国最大的陆运口岸内蒙古自治区满洲里市,一路上用图片、文字、音视频等全媒体手段,通过网络、报纸、微博、微信、手机新闻客户端等多终端发布,全面呈现绥满铁路大通道建设进展以及沿线主要城市物流园区、产业园区发展状况,全方位宣传"黑龙江丝路带"的时代意义。

2016年,东北网策划组织了"中国·亚布力冰雪产业国际高峰论坛",并在会议中发布《亚布力宣言》;同年,东北网还先后承办、举办了"龙江色彩手机相机国际摄影大赛""2016亚布力五花山森林文化周"等大型活动,吸引了来自全世界的摄影家、画家、作家、音乐家及自媒体从业者们的积极参与和响应,极大提升了黑龙江省的国际知名度和影响力;活动期间诞生了诸多具有龙江特色的摄影作品等,最大限度实现了大美龙江的海内外传播。

此外，在东北网策划组织的"全国重点网媒绥化行活动"中，来自人民网、东方网等十几家国内知名媒体，以新闻专题、微信等多种媒介载体、平台和手段，刊发各类新闻资讯 2400 余篇，微博互动话题总点击量超过 100 万；在东北网策划组织的"网络媒体看鹤城"大型新媒体采访活动中，众多网络大 V、国内知名媒体记者、微信公众号等积极参与，发布各类稿件、微信、网络互动等，信息触及人群超过 4500 万人次以上。

近年来，东北网在塑造黑龙江形象方面卓有成效。仅以 2021 年 3 月 5 日东北网刊发的新闻报道为例。当天东北网一共设置了 24 个频道："黑龙江""应急""视频""龙江时评""全媒体""哈尔滨""原创""大庆""理论频道""北大荒""国内""国际""社会""文体""专题""民生""健康""旅游""房产""企业""教育""财经""汽车""中俄"。由于此时正逢十三届全国人大四次会议开幕，东北网特别设置《两会面孔》栏目，并刊发对全国政协委员、香港金融发展协会主席魏明德的采访报道。魏明德提出的"两会"建议是《加强科研力量协作 保障国家粮食安全》。他在接受东北网采访时谈到，黑龙江粮食总产量、商品量、调出量，分别占全国的 1/9、1/8 和 1/3。作为一个粮食生产大省，黑龙江省一直把农业生产、粮食安全作为该省的核心工作和重点任务，争取让"中国饭碗"端在中国人手中。但是，该省在农业科技研发方面还需要国家层面较大力度的支持，因为该省要真正做到"藏粮于地""藏粮于技"，确实还有相当长的一段路要走。

当日，东北网还在《两会面孔》栏目刊发对全国人大代表、黑龙江农民贾红涛的采访报道。贾红涛提出的"两会"建议是《加大合村并居力度 更好实现农业生产生活现代化》。他在接受东北网采访时谈道："从政策层面加强引导，出台合村并居政策，鼓励就近就地合并。通过合村并居，建中心村完善教育、医疗，农业产业集中，解决农业人口就地就业问题，促进更好的集约土地、托管等农业生产现代化与生活现代化。"这些新闻报道对于及时发出黑龙江代表委员们在"两会"上的声音、宣传和形塑黑龙江正面、良好形象，无疑起到了积极支持作用。

### 四、积极采纳新媒体技术，实践媒介融合发展

2016 年，东北网利用新媒体技术打造网络直播团队，全媒体在线直播哈

尔滨马拉松、伊春马拉松、大庆马拉松等大型赛事活动，吸引广大受众关注，最高时访问量突破600万人次；为了更好地呈现比赛现场，东北网还引进无人机等高端设备，航拍冰雪大世界开园、端午巡游等大型特色活动；此外，东北网还运用H5、动漫及视频等手段，发布一系列新媒体作品，如《习大大的龙江 time》漫画风格独树一帜，风趣幽默的新媒体风格受到广大网友一致好评，在龙江朋友圈内广为传播。

东北网还推出移动端全媒体聚合微平台，运用VR、3D虚拟漫游等新媒体技术，对"2016奶业大会"进行跨媒体、立体式报道。此外在一些大型活动中，东北网引入网络红人、自媒体大咖加入活动报道，吸引国内外网友对东北网策划组织活动的高度关注。东北网还优先在移动客户端各平台发布重要资讯报道，同时在东北头条、手机报等多种媒体上实现多屏多终端联动，利用不同平台、不同渠道的资源共享、互联互通，最大限度提升黑龙江形象相关信息的可触达率，实现东北网内容、技术、渠道的多方位深度融合。

五、利用自身技术优势，服务当地经济建设

为更好地服务于当地的经济建设，东北网利用已有的硬件平台、软件实力等，同黑龙江省的商业巨头苏宁电器、松雷商厦等企业建立合作关系，开设网上商城项目；投资100万元创建"文兴龙江"文化产品网上展示与交易平台，为当地区域文化建设提供有力支撑；东北网还在哈尔滨市玉山路与长江路交会处建设一块超大型的LED电子显示屏，滚动播放东北网广告；此外，东北网拥有4家全资子公司：东北传播技术有限公司、易通百年科技发展有限公司、黑龙江龙创网络技术公司和黑龙江东北新传媒广告有限公司。这些子公司在平房动漫基地已经开辟1600余平方米，作为东北网的第二办公区，主要开展技术输出、无线增值等业务，致力服务于黑龙江省动漫企业。

由于东北网拥有实力雄厚的技术后台，以及优质的计算机网络环境，尤其其技术部门拥有近20名经验丰富的高级网络技术研发人员，因此可以为黑龙江省内企事业单位提供软件自主研发、网络安全防护、页面策划等大型项目的策划与制作工作。东北网先后参与了黑龙江省文明网、黑龙江省交通内网、黑龙江省政协信息网等企事业单位网站的建设工作，还积极搭建了黑龙江省民委网、黑龙江省纠风网、黑龙江省中医药网、黑龙江省旅游资源数字化平台和哈尔滨理工大学校园网等大型网站。

## 第六节 《龙头新闻》APP塑造黑龙江形象

2020年8月25日，黑龙江省最大综合性都市报《生活报》的《龙头新闻》APP正式"中国上线"。根植于黑龙江省，依托于黑龙江日报报业集团优势新闻资源，以及生活报社的都市新闻原创团，《龙头新闻》APP致力于为用户提供高质、原创的新闻产品。截至目前，《龙头新闻》APP的注册用户已经超过50万，下载量已经突破300万。

2020年8月15日，"龙头新闻中国上线"开展线上互动直播，通过两场"经典诵读"云上读书会搭建平台，与近十万网友、专家聊聊"青春那些事"。该直播通过《龙头新闻》APP以及生活报的四个新媒体账号（生活报官方微信号、生活报新浪微博号、生活报官方抖音号、生活报今日头条号）进行同步互动。本次活动还引入"飞花令诵经典"环节，设置关键字"送别"及"云"，网友进行实时接龙答题。18日，"龙头新闻中国上线"主题车厢正式亮相哈尔滨地铁1号线，受众在沉浸式主题车厢中，可领略《龙头新闻》的美丽和风采。

《龙头新闻》APP下设"黑龙江"、"二十大"、"招商"、"哈尔滨"、"哈新区"、"龙粤合作"、"论苑"、"经济"、"巩拓脱贫成果"、"龙江林草"、"龙江文旅"、"兴业金融"、"大庆油田"、"体育"、"民声"、"帮办"、"采客"、"生活报"、"老友"、"健康"、"科教"、"国医祖研"、"秒赏"、"黑土地"、"北大荒"、"龙江森工"、"财金眼"、"科普"、"한국어"（中韩双语频道）等主频道。仅以2021年3月5日《龙头新闻》刊发的新闻报道为例，当日重点新闻报道有《聚焦2021年两会》《2021全国两会报告热词地图海报》《雷锋精神永恒》《关爱让家庭更温暖》《这些黑龙江人刷屏啦》。其中《这些黑龙江人刷屏啦》，讲述的是"龙江人踏着雷锋足迹，执着地传承着雷锋精神。光，总是会照亮一方热土，最崇高的精神，孕育在一桩桩平凡的小事中"。例如，黑龙江省大庆市让胡路区远望大街的一家饭店为有困难人员提供"一锅一饭"的爱心之举；再如，哈尔滨市交警支队道里大队五中队辅警张一

名、李思鹏救助因病痉挛抽搐的孩子,为避免孩子将舌头咬破,张一名主动将自己的手指塞进孩子嘴里说:"孩子,咬叔叔,别咬舌头。"张一名也由此被大家称为"暖心叔叔"。这些发生在龙江的几件小事,生动说明涌动在龙江大地上的"雷锋精神"从未走远,"雷锋精神"一直都在龙江大地上温暖着所有龙江人。

2020年新型冠状病毒感染疫情开始在全球肆虐,黑龙江省各行各业在疫情当中遭受重创。尤其是在疫情严重、各地民众必须居家隔离的日子里,如何将主流媒体的最强声音送入黑龙江省千家万户,成为《龙头新闻》重点需要考虑的问题。围绕抗疫主题,《龙头新闻》APP在2020年1月31日17时至19时直播"加油武汉、加油中国!疫病无情、龙江有爱"手机春晚,这是国内媒体中的首次手机春晚;《龙头新闻》APP在2020年2月8日14时至18时直播"加油武汉、加油中国!疫病无情、龙江有爱"手机元宵节赏灯会,其间还穿插猜灯谜环节,即现场主持人发灯谜、参与观众猜谜得奖,具有较强的互动性和娱乐性;《龙头新闻》APP在2020年2月24日直播"加油武汉、加油中国!疫病无情、龙江有爱"手机诵诗会,主播和在线观众一起听诗歌赏歌曲、致敬白衣英雄、祈福平安幸福;《龙头新闻》APP还在线直播黑龙江首届手机"3·15"晚会、"缅怀致敬前行——黑龙江省公安厅清明追思战'疫'英雄专场"。

《龙头新闻》APP、生活报官方微信号、生活报新浪微博号、生活报今日头条号四大平台同步直播了这些活动;与此同时,腾讯视频、B站、优酷等网站亦展示了这些演出的录制视频,点击量过千万人次,有效疏解了当地居家群众的焦虑情绪,同时向国内外受众有效塑造出黑龙江人面对新型冠状病毒感染疫情乐观豁达、积极向上的精神面貌。

## 第七节 "极光新闻"客户端塑造黑龙江形象

2020年5月22日,由黑龙江广播电视台倾尽全力打造的全新新闻资讯权威发布平台——"极光新闻"客户端正式上线问世。为全方位、立体化地向全国、向全世界推介黑龙江,"极光新闻"客户端主要集聚黑龙江省融媒体新闻资讯、现场直播等内容模式与智能互动内容,希冀成为黑龙江省政务服务的智慧平台和行业发展成果的展示平台。

利用人工智能技术,"极光新闻"客户端重构新闻信息生产传播全流程,新闻报道内容涵盖时事政治、经济发展、农业生产、旅游文化等各个领域;依靠"内容驱动+数据赋能+场景匹配"技术,"极光新闻"客户端整合黑龙江省各类优质IP资源,争取"立足龙江、面向东北、辐射全国"。目前,黑龙江省已经有13家市(地)、67家县级融媒体及各大政务机构入驻"极光新闻"客户端,大美龙江在此一览无余。此外,为了给黑龙江省广大受众提供最新、最全的国内外政策以及专业的政策解读,"极光新闻"还邀请政府工作人员、专家、意见领袖等组织或个人入驻客户端,用守正、创新的传播理念,达到为广大受众释疑解惑的目的。

"极光新闻"客户端主要有如下栏目内容设置:A.《新鲜资讯》,用图文、视频、直播等形式,及时发布黑龙江本地原创新闻、国内热点新闻,以及最新国际新闻;B.《权威发布》,持续发表黑龙江省内外权威消息,同时邀请相关专家剖析、解读大政方针,做到各项政策权威解读;C.《爆料线索》,快速、及时回应网友们提供的各项新闻线索,使百姓的呼声、愿望、意见能够直通政府,言路畅通;D.《天大小事》,通过"极光新闻"客户端,普通百姓可以足不出户,直接办理各项生活缴费,大大提升办事效率,真正做到"一端在手,万事不愁";E.《极光号》,只要关注极光号,国事、家事、天下事以及地市县村的身边事,一键就可订阅全网信息以及各种趣闻观点。

此外,为了丰富"极光新闻"客户端的新闻资讯内容,黑龙江广播电视台还将传统媒体上播放的《党风政风热线》《直通998》《新闻夜航》等金牌节目,及时发布到客户端上。广大网友登录"极光新闻"客户端,就可以收看黑龙江广播电视台的一些栏目内容,由此形成传统媒体的老牌节目与"极光新闻"客户端自采的新媒体报道交相辉映,共同形成"极光新闻"客户端的融媒体新闻报道。具体总结"极光新闻"客户端的传播特点,有如下几个方面。

一、权威资讯,融媒发布

由黑龙江广播电视台和各地级市融媒体中心报道团队联合搭建的新闻资讯权威信息发布平台——"极光新闻",除了整合黑龙江省大众媒体的新闻资讯外，还网罗全国各地拍客上传的海量视频资源，此举既保障该网站充足丰富的新闻报道资源，也凭借文稿、图片、音视频等多形态报道形式，以及采编播一体化的强大生产系统，让省内外热点新闻第一时间里极速飞入寻常百姓之家。

例如，为了深入挖掘和学习宣传在中国共产党成立100周年庆祝活动、党史学习教育"我为群众办实事"实践活动、推动龙江全面振兴全方位振兴、抗击新型冠状病毒感染疫情等重大事件和重要活动中涌现出的平民英雄、凡人善举的感人事迹，2021年12月31日黑龙江广播电视台在2800平方米演播厅举行"感动龙江"年度人物（群体）发布仪式，得到社会各界的广泛参与。发布仪式综合运用情景评书、电视短片、故事讲述、家属追忆等表现形式，附以现场连线、沙画写意等新媒体和艺术手段呈现，再现2021"感动龙江"年度人物（群体）的先进事迹。他们的事迹不仅具备年度性、新闻性、感动性、示范性，而且感人至深、影响强烈，弘扬主旋律、传递正能量，引起了当地社会各界的广泛关注和普遍认同。

围绕2021"感动龙江"年度人物（群体）这一重大新闻，"极光新闻"客户端从2021年12月30日到2022年1月13日先后发布了20多条相关新闻报道。其中《2021"感动龙江"年度人物（群体）发布仪式》采用"直播回看"形式，只要网友点开这则新闻报道，发布仪式的现场直播画面立马扑面而来；而《北极村消防救援站荣获2021感动龙江年度群体称号》《龙江好人孙刚感动龙江》《2021"感动龙江"年度人物（群体）名单》《2021"感动龙江"年度人物（群体）揭晓》等新闻报道则采用视频形式，有图有声，声情并茂；还有一些新闻报道采用"文字+图片"的形式，对2021感动龙江人物（群体）进行采访报道，如《东北农业大学岳奎忠教授当选2021"感动龙江"年度人物》《刘学刚同志被评为2021"感动龙江"年度人物》《桦南县召开感动龙江人物孙喜平事迹报告会暨"弘扬传统美德 培育优良家风"宣传教育活动启动会》等。与传统媒体上刊发的新闻报道不同，"极光新闻"客户端利用新媒体优势，增强与广大网友的互动，所刊发的新闻报道后面大多设置"热评论"，网友通过"热评论"，随时可以"说上一两句话"，对这些新闻报道或者新闻人物发表个人观点。例如，《刘学刚同志被评为2021"感动龙江"年度人物》这则新闻报道的后面，网友jg1080107表示："学习弘扬刘学刚，一心为民，为老百姓办好事办实事！"《桦南县召开感动龙江人物孙喜平事迹报告会暨"弘扬传统美德 培育优良家风"宣传教育活动启动会》这则新闻报道后面也有一些网友进行热评。如，网友 jg1080107 表示："学习弘扬正能量满满的人"；网友"洌"表示："龙江好人，弘扬龙江文化，传统美德，宣传教育"。由此可见，"极光新闻"客户端除了第一时间及时发布新闻报道，还擅长利用新媒体优势，在多姿多彩、声情并茂地报道该新闻事件的同时，与广大受众热情互动。

二、政策解读，全息精准

"极光新闻"客户端在 2020 年全国"两会"期间专设"两会"频道，积极与广大网友开展"云互动"，其中"我请代表委员捎句话"专区邀请广大网友就黑龙江省政治经济政策、社会文化发展、城市发展环境、新农村建设等问题进行提问，邀请全国"两会"的黑龙江省代表张丽莉、张敬华、刘海玲等出面作答。此举直接打通了群众参会、议政的"高速公路"，将百姓心声直接送达到全国两会，同时也使广大群众的切身利益和委员代表的职责使命实现无缝对接、同频共振。

"极光新闻"客户端两会频道专设《两会时间线》《龙江真声音》栏目，用以呈现权威、鲜活和有价值的全国"两会"信息；《两会云访谈》通过 5G 联通实现零延时，隔空对话"零距离"；《主播说两会》《两会快评》《两会速递》等栏目，力求深度中见速度、高度上有温度，从而使 2020 年黑龙江省"两会"报道更加生动、接地气，广大网友评价"极光新闻"客户端"烹饪"的 2020 两会"新闻盛宴"不仅信息量大，而且发布及时有效，形式上新颖、多样、丰富。

2020 年全国"两会"期间，黑龙江广播电视台还引入"全息＋5G＋4K＋AR＋AI"等新技术：《两会云访谈》节目首次运用 5G 全息虚拟投影新技术，《硕说两会》节目采用虚拟技术，运用 H5 交互技术推出两会报道"微场景""微海报""微表情"，以及手绘动漫等多元化、移动化创意产品。为了扩大"极光新闻"客户端的融媒声量，黑龙江广播电视台将传统大屏端与"极光新闻"客户端同步共进，按不同媒介特点将《会场实录》《履职 Vlog》等栏目内容进行一次采访、分头制作、共享播出的操作；《小光读报告》节目中，虚拟 AI 主持人小光与直播主持人智能互动，共同解读《政府工作报告》；《网来民声》节目则与全省网友 5G 连线，汇聚广大网民心声，同步在黑龙江广播电视网站和"极光新闻"客户端中一齐呈现。

### 三、网上办事，高效便捷

"轻轻一按，大事小情网上就办；动动手指，便捷服务全天在线。"除了传递海量新闻资讯以外，"极光新闻"客户端还提供各种便民服务。

"极光新闻"客户端下方有"我的"按键，点击进入"云服务"板块，其中包括"交通出行服务"板块，该板块包括"路线查询""服务信息""提供路况""实时路况"几个网站；包括"手机服务"板块，该板块包括"移动业务""联通业务""电信业务"几个网站；此外还有其他服务板块，包括"生活缴费""天气""省卫健委"等网站。

例如，点开"生活缴费"网站，就会出现水费、电费、燃气费、电视、油卡充值、暖气等板块。点击这些板块后，页面上就会出现支付方式、缴费单位、缴费户号等信息栏，用户填写这些缴费信息并完成支付后，即使坐在家里也会完成各项生活缴费，从而达到"一端在手，万事不愁"的境界。点击"天气"网站，则会直接链接到黑龙江省气象局官方网站。该气象局网站除了实时、动态地发布黑龙江省各地每天的天气情况外，还会发布黑龙江省气象局各项工作进展情况。点击"省卫健委"网站，则会直接链接到黑龙江省卫生健康委员会官方网站，由此了解我省卫生健康工作的各项工作进展状况。

### 四、倾听民声，真情实意

"咱的事，网上办，你的呼声，我都能听见。""极光新闻"客户端专门设置《问政》栏目，第一时间回答百姓最为关切的民生问题。有网友提问："医保卡如何补办？""住房公积金管理中心啥时上班？"对待这些问题，"极光新闻"客户端 AI 机器人小光，通常第一时间就将相关政策信息推送给网民；面对"大学生毕业后找工作"等问题，小光也会将相关单位的招聘信息发送给网民，网民们由此受益良多。

为了实现朋友圈功能，打通与社会生活相关的各领域微信群，"极光新闻"客户端还开辟了《光圈》栏目。《光圈》中不仅有客户端推荐的"冬奥加油团",而且还有众多话题可以参与。这些话题包括"高考倒计时100天""晒晒你去过的公园""冰雪大世界绚烂收官""海底捞被曝私下给顾客打标签"等。网友们既可以分享自己新锐、个性的观点,也可以展示自己亲手拍摄的祖国的山山水水、家中的花花草草。该模块一经推出备受广大网友好评,成为连接"网上网下同心圆"的优秀范例。

五、立足龙江,辐射全国

作为黑龙江省政务服务中心以及大型的新闻门户信息发布平台,"极光新闻"客户端集"新闻+政务+服务"于一体,具备新闻资讯发布、产业服务、现场直播、网络问政等一系列功能,既能够以多种内容模式与互动体验向全世界、全国推介、宣传黑龙江文化,又能够让更多受众了解改革开放以来黑龙江省的经济建设成就,以及当地特有的风土人情和特色资源。

作为线上政务服务中心,"极光新闻"客户端还广泛吸纳中央级和省市级媒体机构的账号入驻,形成立体化、平台化、全覆盖的信息传播矩阵,以此充分发挥不同层级、不同类型大众媒介的传播优势。例如,黑龙江广播电视台与黑龙江省农业农村厅等单位、省内各地融媒体中心合作,以"极光新闻"客户端为重要的传播平台和载体,联手推出"黑龙江省首届农耕文化节",较好地宣传了当地的农耕文化,收到了较好的社会效益和经济效益。

## 第八节 "冰城+"客户端塑造黑龙江形象

2021年12月31日,由哈尔滨日报报业集团倾力打造的哈尔滨市融媒体中心官方平台——"冰城+"客户端正式上线。"冰城+"客户端是哈尔滨城市形象宣传的主平台、主渠道,下设新闻、视界、志愿者、服务、报料等特色专区,开通推荐、政情、城事、冰城号、直播、视频、天下、旅游、康卫等23个频道,实现24小时为哈尔滨市民推送新闻资讯、政务动态以及贴心的生活服务。该客户端整合各类新闻发布、网络问政互动、城市生活服务等功能,打通哈尔滨市民与美好生活的"最后一公里"。

## 一、运用新技术，宣传大美龙江

"冰城+"客户端致力于将自身打造成区域性、生态级、移动型全媒体平台，深耕冰城，影响黑龙江，辐射全国。例如，为丰富广大市民的节日文化生活，向全网展示哈尔滨独特的冰雪文化魅力，"冰城+"客户端和哈尔滨新闻网在2022年2月1日联手推出哈尔滨冰雪游乐园线上沉浸式VR体验平台。该体验平台由"冰城+"客户端、哈尔滨新闻网和哈尔滨日报社手机记者团队，历时一个多月制作并完成。

哈尔滨冰雪游乐园线上沉浸式VR体验平台，以3D建模、720云景VR等为技术支撑，对哈尔滨冰灯发源地——兆麟公园的冰灯游园会、网红打卡地——群力音乐公园的大雪人、哈尔滨冰雪嘉年华、太阳岛雪博会、哈尔滨冰雪大世界等经典景区、景点进行数字化复刻，打造永不闭园的线上冰雪乐园，海内外网民足不出户即可欣赏哈尔滨独特的冰雪景观。哈尔滨冰雪游乐园线上沉浸式VR体验平台正式上线后，国内外网友只要登录"冰城+"客户端，在首页显著位置即可观看、游览。

此外，"冰城+"客户端还设置"视界"频道，包括"视界""视频新闻""冰城60S"三个板块。其中"冰城60S"板块是由"哈报全媒体"审核发布的系列新媒体作品，内容包罗万象，涉及社会生活、体育竞技、教育文化等方方面面，例如《105岁老人晚上害怕求抱抱，晚辈们轮流将她抱起安抚》《哈尔滨外卖小哥滑雪炫技视频看酸"打工人"》《哈市新增13处电子抓拍摄像头》《连续3晚睡眠小于6小时易焦虑》等，用音画结合的方式"讲故事""讲新闻"，令人耳目一新，不仅生动描绘了大美龙江的人间烟火，而且传神反映了这块黑土地上勤劳善良、积极向上的龙江人的精神风貌，无形中给该客户端聚拢了大量人气。

## 二、及时发布信息，形成舆论高地

作为哈尔滨市融媒体中心的新型传播平台，"冰城+"客户端以打造高水平的"舆论主阵地+城市推广商"为目标，集"新闻+政务+服务"于一体，发挥哈尔滨官方的统一"出口"功能，24小时为当地市民推送全面、权威、快捷的新闻资讯、政务动态，提供最贴心的生活服务。

例如，根据当地气象部门预报，2021年11月7日夜间至11日，哈尔滨市将出现暴雪和寒潮天气，雨雪量大，伴随大风和降温。为及时报道好全市防范应对暴雪和寒潮天气的举措，哈尔滨市融媒体中心官方客户端"冰城+"推出"迎战风雪 120小时大型全媒体直播"。该直播充分调动了哈尔滨日报社等市属媒体报道资源，以图文、视频相结合的形式，从雪情预报、直击现场、城市应对、雪中战疫、雪中美景等角度，全程、全面、立体化报道特殊天气下城市的运行保障和涌现出的感人场景。除了120小时大型全媒体直播外，"冰城+"客户端还推出了H5《迎战风雪 近日非必要不出行》，以及视频原创报道《迎战风雪别焦虑 哈报来陪你》《迎战风雪 哈尔滨日报温馨提示》《迎战风雪 雪中战疫》《迎战风雪 志愿前行》等。这些新闻报道或以直播形式，或以视频形式，或是以新媒体形式，生动、鲜活、全面、立体地反映了哈尔滨市民们面对暴雪来袭时的从容沉稳、积极乐观，展现了哈尔滨人面对困难百折不挠、奋勇当先的精神面貌；此外也通过各行各业人士在灾难面前的英勇作为、志愿前行的言行，在全省人民面前树立了模范带头作用，发挥了舆论引导作用。

### 三、开展网络问政，服务当地市民

"冰城+"客户端聚合各类新闻发布、网络问政互动和城市生活服务等功能，主要设置新闻、视界、志愿者、服务等特色专区，开通推荐、政情、城事、冰城号、直播、视频、天下、旅游、康养等频道，在提供新闻与生活资讯的同时，积极开展吸纳哈尔滨广大市民参与话题讨论的活动。

每年供热季，《哈尔滨日报》都关注市民"暖屋子"。最近两年协助千余户家庭解决了冬季供暖问题。2022年伊始，黑龙江省住建厅要求全省供热单位保证居民卧室、起居室（厅）温度全天不低于20℃，哈尔滨市有关部门也下发相关通知，要求各供热单位按照供热期标准组织生产，提高供热服务水平，确保居民室温达标。为此，哈尔滨日报社与哈尔滨市住建局共同开通"冰城+帮您跑供暖"网络投诉平台，共同搭建供暖问题督办平台。

"冰城+"客户端开通供暖投诉平台，并就"你家室温达标了吗？""有什么供热问题需要咨询或解决？"等问题进行全市召集后，市民们纷纷通过"冰城+"客户端搭建的"供热投诉专区"，反映室温不达标等相关问题。哈尔滨日报社则会第一时间派出记者实地采访，同时将问题反馈给相关热企，力争最快时间内解决问题；对于那些供热疑难问题，哈尔滨日报社则会协助、督促有关方面查明原因，促进问题妥善解决。通过该"供热投诉专区"投诉的供暖问题有《香坊区安埠小区南区未供暖》《绿荫小区室内温度不达标》《江霆华府等小区进水管几乎不热》等，最后均通过哈尔滨日报记者的实地采访以及与相关供热单位的积极协商后得到有效解决。投诉群众在住上了"暖房子"之余，对"冰城+"客户端的仗义执言、为民请命而热情点赞。

### 四、整合服务功能，打造"掌上"生活

"冰城+"客户端还整合多项城市生活服务功能，以创新模式融合各部门的服务应用，在缴费、查询、预约等领域为用户提供全方位服务，让冰城用户尽享轻松、便捷的"掌上"生活。

"冰城+"客户端下方设置了"服务"专区，点击进入就会出现"路线查询""服务信息""提供路况""实时路况""天气预报""快递查询""举报平台""人事考试"等便民服务板块。其中"举报平台"设有《涉哈谣言粉碎机》《各地谣言曝光台》等栏目，对哈尔滨域内外的各类谣言给予及时曝光和纠正，对打造风清气正的区域内部发展环境发挥了良好作用。

"服务"专区还设有"数字报"板块，点击进入后，可以阅读到哈尔滨市级媒体《哈尔滨日报》《新晚报》的电子版，以及中央级媒体《人民日报》《光明日报》《经济日报》《科技日报》《工人日报》等的电子版，以及其他的地方党报《广州日报》《深圳特区报》《济南日报》等的电子版，为广大受众了解黑龙江省外政治、社会、经济、文化等方面情况提供了丰富翔实的信息来源。

此外，"服务"专区里还设有快递查询板块，市民们由此不仅可以查快递和寄快递，而且"我的订单""查件记录""快递大全""时效价格"等方面的信息也在这个页面上一目了然，方便且快捷。

### 五、开展志愿服务，弘扬社会正气

开展志愿服务工作，对于哈尔滨人弘扬社会正气，积极践行社会主义核

心价值观有着不可忽视的重要意义和价值。"冰城+"客户端下方专设"志愿"专区，点击进入就会出现"志愿者注册入口"和"志愿者登录入口"两个板块，除此之外用户还可以阅读到大量志愿新闻，包括《25名志愿者小区、站台走一天，清除冰溜子17处》《喝在口暖在心！志愿者为环卫工人送460杯热豆浆》《接收消杀快递600余件 哈飞厂门口有了快递消杀志愿者》《朋友圈爱心接力，仅3小时寻到走失整天的患病男子》等新闻报道；除了志愿方面的新闻报道外，"志愿者"专区里还有《志愿活动》《志愿新闻》《专项组织》等栏目。广大网友借助"冰城+"客户端这个平台，可以积极加入当地的志愿者服务工作中，在为这个城市里需要帮助的人奉献爱心的同时，也在为哈尔滨这个城市播撒希望，弘扬正能量。

# 第五章

# 黑龙江形象再塑：媒介责任与策略

弱势区域形象是指某些区域的形象在内、外部受众中不够清晰、明确，区域特征不明显，不具备吸引力和美誉度，区域形象未能转化为竞争优势。二十一世纪以来，随着黑龙江经济、政治、文化等各项事业的发展，经过政府、媒体、受众的共同努力和艰难改进，黑龙江的负面区域形象在一定程度上得以扭转。

当前，黑龙江正处于东北全面振兴的关键时期，贯彻、落实党的十九大以及十九届二中、三中、四中全会精神，深入贯彻落实习近平总书记在"深入推进东北振兴座谈会"上的重要讲话以及对黑龙江省的重要讲话、重要批示精神，推进黑龙江不断朝着"强起来"的目标奋进。大众媒体应该抓住大有可为的历史性机遇期，再塑黑龙江形象，客观呈现黑龙江形象，肩负起重要的社会责任和使命。在黑龙江形象建构与传播过程中，仅仅依靠扩大宣传力度或者更频繁地开展大型媒介活动已经力有不逮，大众媒介应当在此基础上更进一步，即在完善媒介制度的基础上，以更科学的传播理念和更积极的传播策略，服务于黑龙江形象的再次跨越，最终实现崇高的社会责任。

## 第一节 缩小城乡文化差距，传播现代先进理念

策略改进，必然始于理念更新。因为，理念是思想的结晶和行动的先导。正确的传播理念，建立在对传播规律、社会舆论形势、媒体传播能力和特点等方面准确把握的基础上。传播理念更新首先必然是媒体自身理念的更新。虽然于当前我国媒体活动在很大程度上仍然由地方政府等公共管理机构主导，

相关公共管理机构也应与时俱进，不断更新传播观念，以便更好地组织媒体资源，充分发挥媒体潜力，继续优化区域形象。

在当前黑龙江社会转型的诸多方面中，从乡村社会向城市社会的转型，无疑是其中一个最重要的方面。乡村与城市的区别，实际上也就是传统与现代的区别。

美国哈佛大学教授、国际政治学者亨廷顿指出，现代化的发展程度主要是以城市的发展来衡量的。新的经济交往活动、新的社会阶级出现以及新型高端的文化和教育，主要都集中于城市。这就使城市与更受传统束缚的农村产生本质上的不同。除此之外，现代化自有一些新要求和新标准，当这些新要求和新标准被强加给农村时，农村只会加深对城市的敌意。与此同时，居住在城市里的市民对居住在农村里的农民，往往带有文化教育层面的优越感，而农民却对城市居民持有道德上的优越感，城市居民和农村农民相互之间充满敌意甚至针锋相对。城市和农村成为代表不同生活方式、不同价值体系的两个截然不同的文化。亨廷顿还强调："城市文化是开放的、现代的、世俗的；而农村文化却是封闭的、传统的、宗教的。城乡间的差别体现了社会最现代化的地区与最传统的地区之间的差别。"① 由此可见，城市与乡村两者之间的不同是全面、立体的，不仅体现在物质层面上，而且还体现在人的价值观念、社会生活方式等层面上。

笔者认为，以城市居民为服务对象的黑龙江大众媒介，在每日满足广大受众对信息、娱乐或生活服务的需求外，还应该在传播城市文化、缩短城市文化与乡村文化之间的差距、构建与推动社会现代化等方面进行诸多探索。

一、增强媒介对话渠道，塑形积极的区域精神

德国社会学家齐奥尔格·西美尔在其论文《大都市与精神生活》中认为："都会性格的心理基础包含在强烈刺激的紧张之中，这种紧张产生于内部和外部刺激快速而持续的变化。人是一种能够有所辨别的生物。瞬间印象和持续印象之间的差异性会刺激他的心理。永久的印象、彼此间只有细微差异的印

---

① ［美］塞缪尔·P. 亨廷顿：《变革社会中的政治秩序》，李盛平等译，华夏出版社1988年版，第72页。

象,来自规则与习惯并显现有规则的与习惯性的对照的印象——所有这些与快速转换的影像、瞬间一瞥的中断或突如其来的意外感相比,可以说较难使人意识到。这些都是大都市所创造的心理状态。街道纵横,经济、职业和社会生活发展的速度与多样性,表明了城市在精神生活的感性基础上与小镇、乡村生活有着深刻的对比。"①

西美尔认为,现代城市给生活在其中的受众带来了高度的神经刺激,城市就像一个巨大的万花筒,以自己多变的景象刺激着受众。在此背景下,城市居民务必学会辨别重要的刺激和不太重要的刺激,从而使自己能够集中精力,处理和应对那些较为重要的刺激,与此同时忽略那些不太重要、对个人利益不构成威胁的次要刺激。西美尔还认为,受众更多地运用理智而不是情感来处理日常的事物,人与人之间的关系非常淡漠、疏远。人与人之间的这种冷漠感,久而久之就变成一种对社会的疏离感,即在社会体系中个人的存在成为微不足道乃至无关紧要的。西美尔还指出,城市社会之所以会发生这些变迁,并不是由于个人或文化体系的自动改变,而是人口集中的城市社会体系所给予城市受众的高度的神经刺激的必然结果,因而个人应学会使自己适应城市。

可以想见,在城市社会的现代化过程中,现代化的城市人格将具体表现为理性、冷漠、孤独、功利等。大众媒介发挥其社会功能的最好途径,就是以公共载体的形式提供各种形式的对话,扩大受众的社交圈子,最终使所有受众都能参加对话,从而为社会协作、交往、交流、控制提供良好基础。美国社会学家罗吉斯和伯德格曾指出:"交往是引起现代化的关键因素。正是交往的压力带来了传统社会的土崩瓦解。"② 美国城市学家芒福德则认为:"若从较高的形式上给城市下一个定义的话,那么最好莫过于说城市是一个专门用来进行有意义的谈话的最广泛的场所。对话是城市生活的最高表现形式之一,是长长的青藤上的一朵鲜花。"③

---

① [德] 齐奥尔格·西美尔:《大都会与精神生活》,收录于《时尚的哲学》一书,文化艺术出版社2001年版,第186—187页。
② [美] 埃弗里特·M. 罗吉斯、拉伯尔·J. 伯德格:《乡村社会变迁》,王晓毅、王地宁译,浙江人民出版社1988年版,第309页。
③ [美] 刘易斯·芒福德:《城市发展史——起源、演变和前景》,倪文彦、宋峻岭译,中国建筑工业出版社1989年版,第88页。

例如，为了让所有的受众都有机会参与对话，《华西都市报》创造了一种通俗副刊《街坊》。它以受众生活为背景，"写受众，受众写"，大力强调通俗化、生活化、都市化。"街坊"以社会副刊的大杂烩、小文章的面貌，走入寻常百姓家，兼具趣味性、新闻性、参与性和服务性。虽然有些文章的质量不高，但它却为受众提供了一个交流和沟通的平台。如其《众生相》《私人档案》等栏目，主要是由受众讲述那些令人感到暖意的小事。而另外一些栏目，如《凡人心态》《心灵档案》《都市人语》《受众茶座》等，很多都是受众写作的自我感悟。《华西都市报》借此就给受众创造了一个精神家园，搭建了一个让他们进行广泛交流的平台。

## 二、宣传工业生活方式，构建新的文化价值观

西方国家对生活方式的探索要比中国早很多年。早在19世纪中叶，"生活方式"就已经作为一个科学概念出现在学术著作中。马克思、恩格斯在提出"生产方式""生活方式"两个概念时指出，在社会主义的每个时代，都有"个人的一定的活动方式、表现他们生活的一定形式、他们的一定的生活方式"①。马克思、恩格斯在他们的著作中多次使用"生活方式"这个概念，以此来揭示一定历史时期的社会关系和社会过程。但由于马克思主义经典作家们都是在极其广泛的意义上使用生活方式这一范畴的，并没有给生活方式的范畴以明确的定义，因此后人的相关研究就呈现出多种多样的态势。

从概念范围定义，"生活方式"的广义解释是"生产与生活综合论"，即认为生活方式应该包含人们的生产劳动方式。我国《辞海》认为，生活方式是一定社会制度下社会群体及个人，在物质生活和文化生活层面的各种活动形式和行为特征的总和，包括人们的衣食住行、劳动工作、社会交往、参与的社会群体和文化等方面，并通过个人或群体的具体精神活动和物质活动而体现出来。它包括劳动方式、消费方式、社会交往方式、道德价值观念等，具有鲜明的社会性、民族性、时代性、类似性、多样性、差异性等特征。而对"生活方式"较为狭义的理解是"行为与观念综合论"，即认为生活方式

---

① 《马克思恩格斯全集》第三卷，中共中央马克思恩格斯列宁斯大林著作编译局编译，人民出版社1972年版，第24页。

是人们在物质消费、精神文化、家庭及日常生活领域中的活动方式。我国社会学家费孝通在其主编的《社会学概论》一书中认为,"生活方式"其实是一个内容相当广泛的概念,它包括人们对劳动工作、社会交往、衣食住行、休息娱乐等物质生活和精神生活的价值观、道德观、审美观,以及与这些观念相适应的行为方式和生活习惯等。

综上所述,生活方式是由社会生产方式决定的,它受到政治、经济、文化等因素的制约,因而不同社会、阶级、民族和职业的群体或个人都有自己的生活方式。城市和农村之间的种种差异,使城市人和农村人在价值观念、生活方式等方面存在诸多差异。由此,黑龙江大众媒介应该积极宣传城市先进的生活方式,如工作职业化、观念现代化、消费时尚化、交往多样化、沟通传媒化等多方面,促使刚刚进城的农村人从传统的、自给自足的、单一的、封闭的、慢节奏的农业生活方式,向现代的、多样的、互赖的、快节奏的工业生活方式逐渐转变。

(一)积极宣传工作职业化

现代社会学的奠基人之一、法国社会学家埃米尔·涂尔干在其代表作《社会分工论》中,提出"机械团结"和"有机团结"两个概念。① 所谓"机械团结",是一种以共同的信仰、风俗习惯和礼仪等相似性为基础的社会联系。这种团结是机械的,是由一种支配性的集体良知所产生的团结类型,介入这种团结的农民生活在自给自足的家庭、部落或小村镇中,不必依靠其他群体就能使生活需要得到满足,因而介入这种团结的农民是极其相似的,他们无意识地联结在一起,类似于无机物质各分子之间的关系,传统封闭的农村社会就是"机械团结"的代表;与"机械团结"相反,"有机团结"是一种建立在社会成员异质性和相互依赖基础上的社会秩序,它依赖的是复杂的社会分工。这种社会分工在城市中主要表现为职业的专门化,城市居民从事各种不同的职业,更多地依靠别人来使自己的需要得到满足。例如,律师无须为饮食问题操心,他可以在餐馆买到食物,因而可以更加专心致志地从事他的法律活动;同样,餐馆老板也不用自己研究法律,他可以把棘手的法

---

① 康少邦、张宁等:《城市社会学》,浙江人民出版社1986年版,第6—7页。

律问题委托给律师。现代的城市社会就是这种"有机团结"的代表。

因此，仅就"工作职业"一词来说，它是个城市化带来的概念。相比之下，农民从不把自己的田间劳动看成是一种职业，而是把它看成是生活的一部分，从事职业就等于生活。他们的生活日复一日，没有多大的变化。但是，城市居民则经常改变职业、选择职业，即使是从事同一种职业，天天干的工作也不一定是一样的内容。在黑龙江由农村社会向城市社会过渡的过程中，当地大众媒介应该积极宣传、大力促进进城农村人口的工作职业化。

（二）积极宣传观念现代化

美国社会学家英格尔斯曾专门研究人的现代化问题。英格尔斯认为："现代科学技术的长足发展以及随之而来的生产方式的变化，特别要求人们能欣然接受和迅速适应生活方式的改变，成为头脑中沸腾着创造智慧和革新思想的人。现代化机构和制度鼓励它的工作人员努力进取，讲求办事效率，积极、主动地承担责任，严格遵守操作规程和纪律。一个现代国家，要求它的全体公民关心和参与国家事务和政治活动。一言以蔽之，那些先进的现代制度要获得成功，取得预期的效果，必须依赖运用它们的人的现代人格、现代品质。无论哪个国家，只有它的人民从心理、态度和行为上，都能与各种现代形式的经济发展同步前进，相互配合，这个国家的现代化才真正能够得以实现。"[①]

那么，人的现代化到底有哪些内涵呢？英格尔斯在专著《人的现代化》中，描述了人的现代化需要具备12种素质：第一，准备和乐于接受他以前没有经历过的新的生活经验、思想观念和行为方式；第二，准备接受社会发生的各种改革以及由这种改革所带来的变化；第三，不仅思路广阔，而且头脑开放，尊重各方面的不同意见、看法；第四，注重现在与未来，守时和惜时；第五，具有非常强烈的个人效能感，对自己、他人和社会的能力充满正能量，办事讲求速度和高效；第六，对事物有研判、有计划；第七，追求知识，终身学习；第八，可以被依赖和信任；第九，重视专业技能，主张按照技术水平高低领取不同报酬；第十，敢于挑战传统，乐于战胜自我，不惜代价让自己和后代离开那些没有前景的夕阳产业；第十一，愿意和不同文化背景的人

---

① ［美］阿历克斯·英格尔斯：《人的现代化》，殷陆君译，四川人民出版社1985年版，第5—6页。

沟通交流，相互了解，互相尊重；第十二，乐于探索，愿意了解各种生产及其过程。通过对人的现代化需要达到的12个指标的总结和归纳，英格尔斯详细描述了传统人和现代人在素质素养方面的本质区别。

关于人的现代化的内涵，我国历史学家罗荣渠教授曾经指出："这种现代化，主要是指一种心理态度、价值观和生活方式的改变过程。换句话说，现代化可以看作是代表我们这个历史时代的一种'文明的形式'。"① 因此，宣扬构建新的文化价值观、积极推进城市社会的现代化，理应成为大众媒介的重要职责。

然而，随着我国城市化进程的加快，以受众为主要读者的大众媒介，集体倾向于反映市民生活，对于进城农民等群体的关注一直处于尴尬的边缘地位。这种思想倾向反映在新闻报道中，大众媒介总是有意无意地流露出一种歧视农民的不良观念，要么高高在上，要么煽情、猎奇。《南方都市报》的"千里背尸还乡"系列报道，则对城市与农村生活方式、价值观念等方面的差异进行了有益探索。2005年1月1日，一名湖南籍男子猝死于福建龙岩市，该死者的同乡——湖南籍农民工李绍为等4人，偷偷将死者从医院背出来，然后将尸体背上列车，并于1月2日到达广州火车站。由于不想继续为死者买座位，就在他们打算将尸体打包、托运回乡时，被广州火车站的值班巡警发现，及时制止这具尸体再次登上列车。1月3日，这起"千里背尸还乡"的奇闻怪事，迅速引起了广州当地各大媒体的关注。《南方都市报》还特意派出记者，跟随李绍为等人，辗转于广州、龙岩、深圳、惠州等地，进行长达7天时间的跟踪报道，从1月3日开始到1月11日结束，总共刊发了13篇报道。这些新闻报道没有将笔触仅仅停留在"千里背尸还乡"这个行为的异常性和违法性上，而是将报道思路上升到中国农民的行为方式、思维观念、生存状态，以及工业文明和乡村文明之间冲突等人文关怀层面，这对大众媒介如何宣传观念现代化进行了非常有益的探索。

（三）积极宣传消费时尚化

城市经济的持续发展，与城市内消费时尚的不断扩散密切相关。因为消

---

① 罗荣渠：《现代化新论》，商务印书馆2004年版，第15页。

费时尚的扩散，将会扩大和带动非农产业发展的市场需求，同时也将逐渐改变城市社会的消费审美观念。在这种前提下，黑龙江大众媒体应该因势利导，通过自身的积极宣传，将农民的消费观念导向时尚，使他们不再固守传统的、长期不变的消费模式，尽快纳入城市的消费时尚潮流中来；同时也可将城市的消费时尚传播到农村，改变那里农民的消费行为和观念。

当然，并不是任何消费时尚都值得充分肯定，那些过度消费资源和极度超前的消费，将会给社会经济发展带来消极的负面影响，甚至是灾难性的后果。这就需要黑龙江大众媒介对城市中的各种消费时尚加以引导，以促进城市现代化进程的正常、健康、持续发展。

例如，《黑龙江日报》主办的《龙头新闻》APP设置了《采客》栏目，反映当地"生龙活虎"的社会经济生活，同时有效引导当地公众的消费观念。例如2022年1月18日《龙头新闻·采客》栏目刊发了《冰糖葫芦"料"很足》《虎林园观虎记》《幸福云山文化大餐》《勤得利火火迎新年》；1月19日发布了《鸡西新春音乐会抢先登场》《京城"四九"暖 鱼鸭喜加餐》《小镇大冰场 孩子欢乐多》等新闻报道，对当地民众的生活消费观念"因势利导"，传播正常、健康的消费观念，有效促进黑龙江经济社会的有序、积极发展。

### （四）积极宣传交往多样化

城市社会学奠基人、德国社会学创始人之一斐迪南·藤尼斯，在其代表作《礼俗社会和法理社会》中，提出了"礼俗社会"和"法理社会"这对概念。① 礼俗社会对应着较小的乡村社区，而法理社会则对应着大城市。藤尼斯认为，在以小乡村为特征的礼俗社会里，农民们为了一致的目标和共同的利益而劳动，农民之间的关系建立在亲属、邻里和朋友等私密关系上。与此相反，在以大城市为特征的法理社会中，个人之间联系松散，受众很少有共同的目标，家庭和邻里的纽带几乎不存在。在藤尼斯看来，在礼俗社会里，不管农民在形式上怎样彼此分离，他们之间也是相互联系的；而在法理社会中，无论受众在形式上怎样彼此联系，他们之间也是相互分离的。

---

① 转引自康少邦、张宁等《城市社会学》，浙江人民出版社1986年版，第4—6页。

礼俗社会与法理社会在人际关系上的差异，在我国许多刚刚进城的农民身上表现尤其突出。许多刚刚进城的农民由于对城市的交往规则不了解，往往会全方位地投入每次交往中，如过多地询问交往对象的私人底细，或者将与他人交往的详情向局外人透露，结果招致一些不快。但经过多次的交往挫折后，他们开始逐渐懂得了城市的交往规则，改变了过去那种单一的、全方位的交往方式，学会了多样化的交往技巧。

交往多样性是城市现代化的需要。刚刚进城的农民需要及时改变礼俗社会中的交往方式和交往观念，以适应法理社会中交往的多样性。由此，黑龙江大众媒介一方面要积极宣传城市化必然会带来的交往多样化；另一方面要创造条件，使农民适应和学会交往的多样性，只有这样才能更好、更快地推进我国城市的现代化进程。

例如，《黑龙江日报》主办的《龙头新闻》APP 设置了《帮办》栏目，同时公布了社区帮办、出行帮办、供暖帮办、民政帮办、旧改帮办、旅游帮办、教育帮办等十余名帮办记者的联系方式。2022 年 1 月 13 日《龙头新闻·帮办》栏目刊发了《厨房下水堵多年难坏居民，记者协调 4 天，终于通了!》《路面塌坑好几个月，就支俩椅子！街道办：联系管辖单位尽快处理》；1 月 15 日刊发了《公交 87 路有多冷？记者体验：冻手冻脚，座椅拔凉，仨温度计都不到 10℃》等新闻报道，实实在在地为当地老百姓办实事，同时也改变了当地公众过去在礼俗社会那套凡事求人的交往方式和交往观念，使广大公众能够通过合法、合理的途径解决现实生活的矛盾和困难。

（五）积极宣传沟通传媒化

传统社会中，农民的交往基本上是以面对面的方式进行，其交往行为大多是由习惯、规则所规定，并在日常的交往中不断地直接模仿他人的行为。因此，我们将传统社会的交往和活动行为称为直接模仿行为。但是，现代社会具有开放性的特点，受众之间的交流非常频繁，交往行为方式相差也很大。由于不同的人群有着自身独特的行为方式和交往规则，来自不同群体的人，如果彼此事先没有了解的话，极有可能发生一些冲突。为了避免这种局面，受众需要了解不同文化、不同社会背景下其他人群的生活方式和行为情况，而现代社会中的大众媒介恰恰能够提供这种服务。

例如，《黑龙江日报》主办的《龙头新闻》APP设置了《每事问》栏目，经常就广大受众应知、需知和必知的问题进行解答，起到释疑解惑的重要作用。2022年1月27日《龙头新闻·每事问》栏目发布新闻报道《您的医保卡已停？假的！收到短信别点别信》。该文针对当地不少公众接到的虚假诈骗信息，特别提请广大公众千万别点别信短信内容及相关链接。该文援引黑龙江省医保部门相关负责同志的介绍，提示此类诈骗信息已在河北、湖北等多地出现，请广大参保人员提高警惕、注意防范，保护好自身信息和财产安全。

通过黑龙江省大众媒体，广大公众亦可以了解到当地公众的生活习惯、行为方式，如2022年1月17日《龙头新闻·每事问》栏目刊发了《走市场看年货：年年有"鱼"，今年"活鱼大礼包"正流行》；1月18日刊发了《做虎年窗花　学唱冬奥歌曲……冰城中小学生晒出花式寒假作业》《客流有序增加　注重防疫消杀　加大巡控力度……冰城春运首日见闻》等。这些新闻报道全面、客观、立体、生动地展示了2022年春节前后黑龙江省普通民众的节日生活，较好展现了龙江形象。

## 第二节　适应数字时代发展，创新新闻编辑理念

数字技术的迅猛发展正在深刻改变着新闻编辑活动的理论与实践。其中，编辑思维方式的转型，是一个非常值得探讨的理论问题。

传统媒体时代，编辑在分割的、固化的思维模式下进行业务实践；数字媒体时代，编辑亟待建构起适应时代发展需要的全新的、开放的、流动的思维模式，以应对瞬息万变的数字化环境。笔者将着重分析数字时代编辑思维活动的主要特征，进而提出新媒体环境下用"媒介间性"思维方式重塑编辑活动的发展路径，希望通过创新新闻编辑理念，以此提升区域形象的建构和传播。

### 一、"媒介间性"的概念

"间性"，原意是指某些雌雄异体生物兼具两性特征，属于生物学术语。现在这一概念被广泛应用于人文社科研究领域，用来解释"你中有我，我中有你"的交互性现象。

20世纪上半叶，德国现象学大师埃德蒙德·胡塞尔首先引进"主体间

性"概念。胡塞尔认为:"正如他人以身体存在于我的感知领域中一样,我的身体也存在于他人感知领域中。"① 德国哲学家马丁·海德格尔认为:"世界向来已经总是我和他人共同分有的世界。此在的世界是共同世界。"② 德国当代哲学家、思想家尤尔根·哈贝马斯的社会交往理论,亦充分论证了主体间性思维的互通性特征,即自我与他者相联系并且去倾听他者。

"媒介间性"的概念在西方学术界已有 20 多年的历史。奥地利学者维尔纳·沃尔夫认为,媒介间性涵盖了不同媒介间的任何关系。③ 芬兰学者尤哈·海尔克曼则认为:"媒介间性的概念更加注重于变幻的社会与文化背景中媒介形式的持续性和媒介的结合与再结合。"④ 我国学者黄鸣奋则认为:"各种不同性质的媒体之间的关系,构成了媒体间性。"⑤ 综上所述,笔者认为,"媒介间性"指的是不同形态媒介在数字化传播平台上的网络交往方式,即媒介之间从信息内容到技术形式的互动、互补、互文与互融。

二、"媒介间性"思维模式下新闻编辑活动的特征

数字化时代,媒体编辑正在经历新媒体技术带来的时代巨变,他们的思维方式也处于从自发到自觉的转型阶段。编辑亟待以新闻真实性为核心理念,以新闻专业主义为标准,在"媒介间性"思维模式下认知、判断、评价各种新闻现象,并在新媒体平台上进行规范化的新闻传播活动。具体总结"媒介间性"思维模式下新闻编辑活动的特征有以下几点。

1. 转变思维方式,编辑与用户加强交流

"媒介间性"思维模式下,编辑与用户之间要进行反复的、双向的互动关系,即每个思维主体都以自己原有的经验系统为基础,对对象进行编码,形成自己的理解,而原有对象又因为新经验的进入发生调整和改变,又进而改

---

① [德]埃德蒙德·胡塞尔:《生活现象学》,倪梁康、张廷国译,译文出版社 2005 年版,第 199 页。
② [德]马丁·海德格尔:《存在与时间》,陈嘉映、王庆节译,生活·读书·新知三联书店 2018 年版,第 153 页。
③ Werner Wolf, "The relevance of mediality and intermediality to academic studies of English literature", Swiss papers in English language and literature, 2008 (21): 15-43.
④ Juha Herkman, Intermediality and media change [M]. Tampere: Tampere University Press, 2000: 19.
⑤ 黄鸣奋:《媒介间性:数码时代的艺术探索》,《鹭江职业大学学报》2004 年第 4 期.

变思维主体原有的思维系统和认识模式。由此可见,"媒介间性"思维不是认识的量的积累,也不是信息的输入和反馈过程,它实际上是编辑与用户之间不断互动所引起的观念转变和结构重组过程。例如,2019年全国"两会"期间,黑龙江广播电视台利用云端联通技术实现数据的远程、实时分享,让编辑与身处北京的代表委员、观众在不同空间内实现跨时空交流。此外,通过移动互联渠道还实现了多对多的交互式传播,编辑、观众和代表委员能够无障碍地共同探讨某一话题,彻底结束过去传统媒体"我说你听"的传播模式。

再如,2019年"国庆七十周年"报道中,人民网的官方微博与微信平台纷纷开设表情栏、评论窗口和调查问卷等,方便网民们把态度、想法、意见等直接反馈给编辑。9月27日开始,人民网曾连续三天推出"向祖国表白"城市联合公益灯光秀活动,全国各地网友在这三天时间里,不间断地登录人民网官方微博,向伟大祖国"表白",同时在各自微博上踊跃晒出自己"打卡"地标灯光秀的照片,从而将国庆献礼活动推向高潮。此外,人民网和腾讯联合出品的互动H5"我的年代照",互动参与人数超过了4000万;互动H5"我刚在复兴大道70号遇见了你",以漫画形式展示新中国成立70年来峥嵘岁月的点点滴滴。通过H5技术,人民网不仅实现了PC网页与手机客户端的联通,而且加强了受众的参与性和互动性,极大丰富了用户的阅读体验。

2. 依托融媒平台,编辑打破媒体间传播壁垒

数字化传播时代,媒体编辑要为多种媒体平台打造多样化的新闻产品,用互动性内容为用户服务。"媒介间性"思维模式下,编辑要充分挖掘和聚合不同形态媒体传播的无限可能性。

"国庆七十周年"新闻报道中,《中国青年报》、中国青年网、"中青在线"依托"融媒小厨",用报纸特刊、电子海报、微电影、短视频、H5、融媒体专题等形式,对庆祝大会、大阅兵、首都国庆联欢活动等进行全程直播。此外实时推送短视频和图文网稿,先后推出《中国有故事》系列微纪录片、《头条里的青春中国》微电影、《我和我的祖国》青春版MV等融媒体产品,极大丰富了用户的感性认知,创造出具有自身逻辑与运行规则的全新虚拟空间。

2019年全国"两会"期间,黑龙江广播电视台新闻编辑突破时空、媒介、互动以及传播的局限,在"联合报道+融合发声+立体传播"的全媒体

报道平台上,实现了 APP 移动报片、撰稿、监审,两微一端、VR 直播的多元呈现,较好实现了"两会"信息的即时、立体、多维传播,从过去单一、孤立的静态新闻作品转型为如今形态丰富的动态内容产品。

3. 包容个性差异,编辑在媒体间建立共识

"媒介间性"思维模式强调对所有个体的平等和尊重,充分体现出对多样化和多元化的广泛认可。在以数字化技术为中介的虚拟世界里,不同媒体形态处于一种"共在"的世界里,因此编辑要在不同媒体形态间建立起一种"共识"。

"国庆七十周年"盛大庆典中,《经济日报》先后刊发了《共和国故事》《数说70年》等报道,充分反映了 70 年以来我国的沧桑巨变,繁荣兴盛。与此同时,"中国经济网"与《经济日报》"报网"联动,推出了《壮丽70年·奋进新时代》大型融媒体专题,依次展出了《共和国的故事》《记者再走长征路》《新中国峥嵘岁月》等专栏,展示了我国 70 年以来的经济发展、社会变迁和科技进步。广大受众在《经济日报》和"中国经济网"的报网互动中,获得了更加直观、立体、全面的信息,二者成为"国庆七十周年"融媒体报道实践中的互文性典范。

2019 年全国"两会"期间,黑龙江日报报业集团依托集团所属媒体《黑龙江日报》、东北网、《生活报》等形成全媒体报道团队,前方记者坚持移动优先战略,施行"纸端""指端"分工协作;而后方编辑在"媒介间性"思维的指导下,则对前方发来的报道素材进行一系列融合和创新,最终形成具有深度和规模的"两会"融媒体报道合力。

4. 互换视角立场,编辑擅长取长补短

数字化环境下,媒体编辑将不再以"我"为核心点,而是以"我—你"、"我—他"或"我—我们"之间的间性视角来审视不同媒体形态的新闻报道。编辑往往通过互换位置、立场转化,穿越不同的媒体形态。在呈现多样化、个性化的虚拟世界里,不同媒体间性地联系在一起,并与用户具有平等交流与对话沟通的关系。

"国庆七十周年"新闻报道中,文字报道是《人民日报》的主体元素,起到叙述新闻事件、交代背景信息、深度剖析事件的重要作用;而人民网直播的系列视频节目,则起到渲染现场感、增强真实性的重要作用。例如,人民网直播的视频节目《2019 国庆盛典时刻》,在长达 7 个小时的时间里,除

了同步转播庆祝大会,还将上海、黑龙江、云南、福建和雄安等地干部群众观看国庆节系列活动的激动心情和感受,与全国网友进行了实时分享。

《人民日报》还利用官方微博微信、移动客户端等渠道发布"国庆七十周年"相关报道。其中,人民日报官方微信公众号发布的《庄严!党旗、国旗、军旗迎风招展,习近平向旗帜行注目礼》《敬礼!同志们好!主席好!习近平乘车沿长安街检阅部队》等推文,点击量均超过"10 万 +"。通过官方微信平台发布的新闻产品篇幅微小,却以多媒体优势与《人民日报》这一纸媒形成了互为补偿之势,收到了良好的传播效果。

## 第三节 加强新闻策划组织,传播龙江正面形象

在负面形象得以扭转、区域形象建构成绩初显的基础上,要将弱势区域形象进一步提升为正面、强势形象,需要付出更为艰辛的努力。就媒体方面而言,应当克服以往在区域形象建构中的缺陷与不足,在积极做好日常性新闻宣传报道的基础上,进一步重视研究形象传播的普遍规律,运用相关理论提升报道技巧。深刻理解整合传播的理论和方法,发挥各种媒体的优势和特点,凝聚多方面能量,善于运用隐性传播策略,在媒体活动中潜移默化地提升区域形象建构的效果。

从传播学角度看,区域形象建构是一个复杂的区域相关信息的传播过程,涉及多个传播主体、庞杂的信息流、多种传播渠道和多层次的受众群体,要求高度的策略性和技巧性。经过多年发展,传播学已经拥有一系列颇具启发性和适用性的理论成果,值得大众媒介从业者们认真研究、借鉴。结合黑龙江形象传播实际,议程设置、两级传播、整合传播等理论均具有较为重要的应用价值。

一、积极设置议程,加强新闻策划

(一)主动设置议程,扭转刻板印象

"议程设置"是美国传播学家 M. E. 麦库姆斯和唐纳德·肖提出的理论假说。他们的研究表明,媒体反复报道和强调的问题,与广大受众关注的问题有高度的对应关系,大众媒介起着为受众设置"议事日程"的功能。通过设

置议程，媒体提高或降低了某些事物在受众心目中的受关注度和重要程度，从而间接影响着受众舆论。由此，被大众媒介作为大事加以报道的事件，也会被当作大事影印在受众的集体意识当中。

媒体的"议程设置"功能在一些西方国家受到媒体和政府的重视和应用。如英国首相府和苏格兰行政院每天举行两次新闻发布会，同时设有24小时电话专线，以回答记者问询。内阁办公室媒体监督署24小时监控媒体报道，每天出三次舆情简报，以便紧紧把握第一手信息源和话语主动权，从而对媒体报道产生影响，进而影响受众舆论。

"议程设置"理论同样可以指导黑龙江大众媒介的形象传播实践。为了使受众对于某一议题产生兴趣，引起他们的关心和重视，媒体可以在较长一段时间内，有意识地对该议题的各个侧面进行集中、突出、系统的报道，反复强调该议题的重要性，逐步在受众心目中形成媒体想要的新的深刻印象。近年来，黑龙江形象在建构和重塑的过程中，议程设置功能已经发挥了一定作用。

为进一步提高传播效能，黑龙江大众媒介应继续加强报道策划，扩大报道范围，更为全面地展现黑龙江风貌。以人物报道为例，过去黑龙江新闻媒体重点宣传的典型人物的形象特征比较单一，集中在孝道、爱心、助人为乐、见义勇为、克己奉公等传统美德方面，对他们的报道也过多强调黑龙江人的朴实、正直与憨厚。道德层面上的正面报道较多，创新与智慧层面的报道较少，这与新时代背景下我国对新型人才的要求有些脱节。实际上，黑龙江大地上有许多值得关注的亮点，有许多锐意进取、智慧豪迈的风流人物，他们在经济、管理、科技等各领域作出了突出成绩和重要贡献。媒体应当以更为开放的视角，对之进行大规模的集中分类报道，突出他们的特点和贡献，尤其要挖掘出人性之美，表现出其创业激情，从而使黑龙江人的形象更饱满，更具先进性，黑龙江形象由此才能得到更大程度的提升。

例如，2021年11月18日，中国科学院、中国工程院公布2021年增选当选院士名单。在众多候选人之中，哈尔滨工业大学冷劲松教授脱颖而出，当选中国科学院院士，另外该校的刘宏教授、梅洪元教授当选中国工程院院士。新当选的中国科学院院士——冷劲松教授、博士生导师，还是国家重大人才工程入选者、国家杰出青年基金获得者、国家百千万人才工程入选者，长期从事智能结构的力学、设计及应用研究，尤其在"天问一号"火星探测器应用方面卓有贡献，曾经先后获得国家自然科学二等奖、国家技术发明二等奖、国际复合材料委员会 World Fellow 奖、全国创新争先奖。对于这样一位为我国航天事业作出卓著贡献的科学家，黑龙江大众媒介应该不遗余力地加以报道，把开放、创新、进取、进步的龙江人形象展示给全世界公众，由此树立正面、积极、向上的龙江形象，讲好"龙江故事"。

（二）加强新闻策划，凸显龙江特色

"策划"一词，最早出现在《后汉书·隗嚣传》"是以功名终申，策画复得"一句中，其中"画"与"划"相通互代，"策画"即"策划"，意思是计划、打算。《孙子兵法》里，"策划"意为"谋攻"之法。"策划"一词，在我国古代就有谋划、筹划、策略、计划、计策、对策等意思。目前，策划作为一种科学方法，在大众媒介实践中已经被广泛采用。

所谓新闻传播策划，"指的是媒介编辑在新闻传播过程中所从事的决策与设计性工作，以及对新闻传播活动的组织和管理工作"①。新闻媒体应遵循新闻传播规律，对已经掌握的新闻线索和新闻资源进行创新设计和突破，在制订出一系列切实可行的报道计划并付诸实现后，使新闻报道达到更高层次的规模、层次和深度，取得最佳的传播效果。为了克服大众媒介的同质化趋向，凸显黑龙江大众媒介与众不同的个性和特色，新闻传播策划具有十分重要的意义。笔者认为，黑龙江大众媒介的新闻传播策划活动应包括三个方面的内容：独家媒介定位策划、独家版面设计策划、独家新闻报道策划。

1. 独家媒介定位策划

按照定位理论创建人、美国营销专家艾·里斯和杰克·特劳特的观点，根据消费者对某种产品特征的重视和喜爱程度，企业应为其产品打造出与众不同的特色，使其与竞争企业生产出来的产品有所不同，以此满足消费者的需求和偏爱，从而占有属于自己的市场份额，获得良好的经济效益，最终占

---

① 蔡雯：《新闻传播的策划与组织》，新华出版社2001年版，第7页。

据一定的市场地位。在激烈的媒介市场竞争中,大众媒介要想取得社会效益和经济效益双丰收,也需要进行独家媒介定位策划,从而确立自己的媒介发展策略。笔者认为,大众媒介的性质和定位策划工作主要包括两个方面:一是大众媒介的受众定位策划,二是大众媒介的功能定位策划。大众媒介的受众定位策划,主要是指大众媒介在可以到达的受众范围内,应该科学确定自己的目标受众;而大众媒介的功能定位策划,是指大众媒介应该认真考量受众的信息需求,同时结合大众媒介对自身的角色期待,确定其在受众生活中应该发挥的功能和作用。媒介定位策划,应该是受众的实际信息需求与大众媒介的主观策划紧密结合的产物。

(1)大众媒介的受众定位策划

①根据社会阶层变动进行受众定位

大众媒介大多定位于普通受众,因为一家大众媒介不可能满足区域内所有公众的信息需求,因此它必须在受众定位策划时有所选择和放弃,最终确定自己的目标受众。所谓目标受众,就是指"通过大众媒介接受信息的人,包括报刊、图书、广播、电视等媒介的受众及互联网的网民"[①]。就大众媒介整个新闻传播过程来说,受众既是大众媒介新闻传播活动的出发点,又是大众媒介新闻传播活动的归宿点。因此,精准定位自己的目标受众,对于大众媒介摆脱同质化竞争具有重要意义。

当前中国正经历社会转型、经济转轨的过程。这些转变直接体现在中国社会阶层结构的现代化变迁上。社会阶层结构的变化是中国当前经济转轨和社会转型的核心内容。正如恩格斯在《共产党宣言》1888年英文版序言中所说:"每一历史时代主要的经济生产方式与交换方式以及必然由此产生的社会结构,是该时代政治的和精神的历史所赖以确立的基础,并且只有从这一基础出发,这一历史才能得到说明。"[②]

与大多数工业化社会一样,当代中国社会阶层越来越趋向于职业分化,即"以职业分类为基础,以组织资源、经济资源和文化资源的占有状况为标准来划分社会阶层……当代中国社会阶层结构的基本形态,它由十个社会阶

---

① 孙旭培:《当代中国新闻改革》,人民出版社2004年版,第69页。
② 《共产党宣言》,人民出版社1964年版,第11页。

层……组成。这十个社会阶层是：国家与社会管理者阶层、经理人员阶层、私营企业主阶层、专业技术人员阶层、办事人员阶层、个体工商户阶层、商业服务业员工阶层、产业工人阶层、农业劳动者阶层和城乡无业失业半失业者阶层"①。不同的社会阶层，往往需要不同的利益认同与不同形式的传播服务，而大众媒介只有满足了某个阶层目标受众的需求，才能够成为这个阶层受众优先选择的对象。大众媒介对某个阶层目标受众的选择，将直接对大众媒介的栏目设置、报道内容等产生重要影响，由此大众媒介必须重新调整自己的人力资源、栏目资源、新闻资源，根据不同阶层目标受众的特点，策划出自己的受众定位。

如美国财经类报纸《华尔街日报》将受众定位在高学历、高收入、高职位的商务人士。该报在策划自己的功能定位前，深入分析这一目标受众的生活方式、职业需求，以及如何通过分类广告为这部分目标受众提供各方面新闻和信息服务。为此，《华尔街日报》既有求职、会计、保险、商贷、网络会议、招聘等方面的信息，也有职业技能培训、MBA远程教育等方面的信息，还有音乐会、体育赛事门票、度假旅游等方面的信息；此外，该报还有包机服务、汽车租赁、机票预订等方面的信息和服务。这些分类信息多达上百个品种，把《华尔街日报》目标受众的信息需求几乎都考虑到了，它就像一个"好管家"，无微不至地向自己的目标受众提供各种信息服务。

中国当前的大众媒介都将自己的目标受众锁定为主流社会阶层人群，即掌握着社会话语权，具有一定政治、经济影响力的群体。通过影响这些有影响力的人，如白领人群、优秀人群、强力人群、社会精英人群等，大众媒体才能去影响时代的变迁与社会的进步。如北京《新京报》定位"成为北京市政治界、经济界、文化界和主流社会的首选和必读的报纸"，因此它对自己的目标受众进行精细梳理："《新京报》的读者是北京地区副处级以上政府公务员，国内外大中型企业中国总部部门经理以上管理阶层，泛文化产业有成就的专业人才，商场上的成功人士，各国驻华使馆外交人员，有房有车的市民，深居简出的退休高官，收入可观的自由职业者，奋发向上的有为青年和大学生，海内外来京办事出差旅游并且养成了看报习惯的人士；年富力强，中坚

---

① 陆学艺主编：《当代中国社会阶层研究报告》，社会科学文献出版社2002年版，第8页。

力量，成长阶层，活跃分子，实力人士。"① 改版之后的《上海青年报》，则将目标受众锁定为"具备消费实力的都市白领群体和主流消费群体"②。

当大多数大众媒介希望通过控制主流人群，在市场上形成强势地位的时候，也有一些大众媒介独辟蹊径，开辟了《农民进城务工者》专版或专栏，宣传、讲解与农民工利益息息相关的各项政策、法规，提供农民进城时所需要的各类致富信息、招工信息、友情提醒，以及简单的知识培训。这部分大众媒介认为，随着城市化进程的加快，将会有越来越多的农民拥入区域，但由于这些农民的就业能力普遍不强、消息不灵，肯定急需各类信息服务，如果大众媒介此时能够抢占先机，为进城农民提供各种信息，充当他们的"信息向导"，肯定会在随后的媒介市场竞争中，赢得更大范围阶层的受众，从而获得社会效益与经济效益的双重回报。《新民晚报》正是本着为农民工竭诚服务的宗旨，开辟了《都市新人》专版。该专版主要反映农民工对上海市现代化建设所作出的巨大贡献，以及他们的学习、工作和生活状况，很受农民工这个阶层受众的欢迎。

②根据生活方式变动进行受众定位

苏联剧作家维什涅夫斯基认为："生活方式是一个哲学社会学范畴，它所表述的是与社会经济制度的种种条件有机地结合在一起的社会、民族、阶级、社会群体、个人的生活活动的方式（即各种典型的形式和方法的总和）。"③ 根据维什涅夫斯基的这个定义可知，生活方式就是在人的活动、兴趣和意义上表现出来的生活模式，主要包括生活爱好和生活习惯。

根据对生活方式概念的理解，笔者认为，受众对大众媒介的选择与爱好，实际上也受到他们的生活方式的影响。由于生活作息习惯、闲暇时间支配、娱乐方式选择等方面的不同，受众对大众媒介的选择、接触时间长度、接触频率等都会出现种种差异。因此，了解并服务于这些具有不同生活方式的受

---

① 程益中：《我们到底要办一张什么样的报纸》，摘自《新京报》总编辑程益中在该报成立大会上的演讲，www.aisixiang.com/data/3124-2.htm/。
② 黄俊杰：《以差异化战略获取成功——上海〈青年报〉发展之道》，《中国记者》2004年第11期。
③ [苏联] C. C. 维什涅夫斯基：《社会主义生活方式》，史宪忠、刘石丘译，南京大学出版社1988年版，第1页。

众的阅读需求，对于指导大众媒介的新闻传播活动具有积极意义。

例如，美国密苏里州堪萨斯市的《堪萨斯星报》是一份创刊于1880年，有着一百多年历史的报纸。笔者于2007年4月以美国密苏里大学新闻学院访问学者的身份，拜读了这份百年老报。在笔者翻阅了2007年4月22日的《堪萨斯星报》后发现，这份报纸当天共有A/B/C/D/E/F/G七叠，其中A叠为国内要闻和国际要闻，B叠为本市新闻、舆论版，C叠为体育新闻，D叠为财富版，E叠为家居版，F叠为艺术娱乐新闻，G叠为旅游版。这七叠层次分明、功能清晰的报纸，基本上能够满足当地具有不同生活方式的受众的阅读要求，而受众也可以根据自己的阅读兴趣、阅读需求自主选择所喜欢的版组，从而使自己的阅读需要得到最大程度的满足。再如美国的《芝加哥论坛报》也是一份所谓"分类革命"的报纸，它像彩虹一样将报纸分成从娱乐版、体育版到商业版的不同色谱，从而满足有着不同生活方式、不同阅读目的的受众的需要。

③根据受众心理变化进行受众定位

1959年，美国社会学家卡茨首次提出了"使用与满足"的研究方法。1974年，卡茨在其著作《个人对大众传播的使用》中首次提出"使用与满足"的研究理论，即研究"人们用媒介做了什么？"这一重要主题。根据卡茨等传播学者的研究成果表明，大众媒介是个人用以联系他人的工具。从大众媒介的社会及心理功能出发，卡茨等人归纳出人们使用媒介的五类需求：第一类，获得信息、知识和理解，即认知的需要；第二类，获得情绪的、愉悦的或美感的体验，即情感的需要；第三类，加强可信度、信心、稳固性和身份地位，即个人整合的需要；第四类，加强与家人、朋友等的接触，即社会整合的需要；第五类，逃避和转移注意力，即舒解压力的需要。① 卡茨等人的"使用与满足研究"还告诉我们，即"受众的行为，很大程度上由个人的需求和兴趣来加以解释"②。

联系到当前我国大众媒介的新闻传播活动，许多大众媒介由于不了解受众需要什么信息，也不知道用什么样的传播方式传达给受众必要的新闻信息，因

---

① ［美］沃纳·赛佛林、小詹姆斯·坦卡德：《传播理论：起源、方法与应用》，郭镇之等译，华夏出版社2000年版，第324页。

② ［英］丹尼斯·麦奎尔、［瑞典］斯文·温德尔：《大众传播模式论》，祝建华、武伟译，上海译文出版社1997年版，第102页。

此这些报纸的新闻传播内容并不能有效地到达受众。笔者由此认为，大众媒介的新闻传播活动亟待考虑这样一个问题，即大众媒介应该通过怎样的方式，针对受众的反感心理、抗拒心理和排异心理等心理变化进行灵活、有效的传播。

（2）大众媒介的功能定位策划

大众媒介的功能定位策划，是指大众媒介科学界定自身所要发挥的功能或作用。例如作为党和人民的耳目喉舌，我国党政机关报通常以思想宣传为己任，以此带动其他功能的发挥；都市类报纸以满足市井百姓信息需求为己任，因此要全方位地为受众传播信息、传授知识、提供娱乐。

正如大众媒介需要根据受众的社会阶层变动、生活方式差异、心理变化等因素来精准定位目标受众一样，大众媒介还需要根据市场竞争的需要，策划出独家的功能定位。《南方都市报》曾经在1998年做过一个自我形象广告："一只绿色的大圆辣椒，一只小而尖的红红的朝天椒，大圆椒大而不辣，小辣椒小而辣。"该广告实际上宣称了《南方都市报》将与其母报《南方日报》截然不同，在对社会现实密切关注与辛辣批判的同时，追求一种与众不同的功能定位。

2. 独家版面设计策划

大众媒介的版面设计策划，是指对媒介的版面内容、版面形式等进行创新性规划与设计，使各类新闻报道和信息在版面上形成合理布局。仅以报纸为例，笔者认为，报纸的版面设计策划大体可归纳为三个方面：第一，策划版面内容；第二，设计版面形式；第三，有机整合版面。

（1）版面内容上策划独家特色

所谓版面内容策划，是指大众媒介要根据受众定位和功能定位，科学、合理地策划版面的多寡、版面的划分以及版面的内容。例如，《华西都市报》定位于"办一张走向千家万户的受众生活报"，因此它在版面内容策划上，做到"要闻版以受众生活为第一版块，头条多为重大生活新闻；社会新闻版以社会热点、人物命运为突破口，拓宽报道领域，挖掘报道深度；而副刊版则走通俗化、生活化、都市化的路子，反映普通百姓的喜怒哀乐，以受众生活副刊的大杂烩、小文章的面貌，走入寻常百姓家"①。

---

① 肖云：《席文举是如何创立〈华西都市报〉的》，尹韵公主编《聚焦〈华西都市报〉》，中国社会科学出版社2000年版，第283页。

再如,《新京报》为了使自己的报道内容更具有受众味,策划了《北京地理》《北京宝贝》《北京爱情》等极富亲民色彩的栏目。2007年11月1日,《新京报》"北京宝宝"栏目刊登了《这个"芭比"爱爬树》,讲述了北京小女孩乔雨菡快乐的童年生活。除此之外,该栏目还刊发了另外三名北京宝宝的两周岁照片,在这些北京宝宝灿烂的笑脸背后,反映出《新京报》"贴近普通百姓生活,执着追求受众口味"的办报理念。

(2) 版面形式上策划地域特色

版面内容决定版面形式,版面形式则会对版面内容产生反作用。实践证明,如果版面形式设计得当,将极大增强版面内容的表现力;反之,如果版面形式设计不合理,再有感染性的版面内容都无法吸引受众的兴趣,有时甚至会扭曲传播者的意图。正因为如此,报纸应加强对版面形式的策划和设计,合理编排与布局版面各要素,使版位、版序、线、字体、图表等各种版面要素得到合理配置,形成一个有机整体,达到版面形式与版面内容相得益彰、相辅相成的目的。

值得注意的是,由于不同地域受众的审美观念存在着较大差异,使各地报纸呈现出不同的版面风格。例如,《燕赵都市报》地处北方的石家庄市,那里的民风、民俗比较粗犷、豪放。独特的地域性和民族性,使《燕赵都市报》的版面风格显得较为大方、整齐。首先,该报在版面设计上喜欢用大字号标题、粗线条,版面规划醒目;另外,该报安排的彩版、套红版不多,整份报纸给人以朴素、大气之感。再如,《羊城晚报》地处我国南方,该报呈现出浓郁的岭南派地方特色:"眉目清晰、疏密得当、版面大气、具有特色、稳重中不失活泼、生动大胆但讲求节制"[①]。扬州的《扬州晚报》则坚持穿"扬装",从版面设置、稿件选择直到版面形式,一直在追求独具特色的"扬州方式"。因为,扬州是个文化味道很浓的城市,《扬州晚报》在版面形式上充分考虑城市的文化特征,注入了大量文化元素。该报坚持密排式风格,追求信息量和冲击力,头版不仅有稿件,而且有导读、主图,并力争做到主次分明、大小适当。为体现北京城市特色,《新京报》的报徽以素有"民族魂"象征意义

---

① 潘伟文、许挺斐:《眉目清晰、疏密得当、稳重大气——羊城晚报探索形成新的版面风格》,刊载于《新闻战线》2002年第11期。

的长城为底,以"皇家色彩"朱红和明黄在上。这些符号组合体现出北京作为历史文化名城的久远积淀,也进一步强化了《新京报》对于北京市的代言力。

(3) 有机整合版面内容和形式

报纸通常有数十个版面,这就要求报纸必须精心策划版面形式,使版面内容和版面形式有机组合。近年来,为有效体现报纸内容的丰富性,一些报纸开始实行"版面版组化",就是将报纸的所有版面划分为若干版组。例如,为了全方位、多层次地为受众提供各种信息服务,《新京报》运用版面分叠办法,将整个报纸划分为四叠:A叠以时政新闻、体育新闻为主,B叠以产业周刊、财经要闻为主,C叠以娱乐新闻、文化周刊为主,D叠主要聚焦北京市民生活。除此之外,《新京报》还设计出版了12个周刊,从周一到周日循环刊发的主要内容有通信、数码、食品健康、商贸家电、黄金楼市、书评、财经、娱乐等。《新京报》还在分叠和周刊的架构内,策划了《读者来信》《北京爱情》《北京地理》等六大特色栏目,此外还多次推出《楼市大典》特刊、《春节暨庙会》特刊等,极大满足北京受众对衣食住行等方面资讯的需求。除了对版面内容和版面形式进行有机组合外,一些大众媒介还特别注重版面策划。例如,《华西都市报》为达到精准传播的目的,量身定制多个特色版面,包括"一天讲一个故事"的特别报道版、针对高校大学生群体的"校园内外"版、面向普通市民的"街坊"版以及新闻追踪式的特刊版等。

3. 独家新闻报道策划

大众媒介的新闻报道策划,指的是在新闻事实发生以后,大众媒介对新闻报道活动和新闻编辑活动进行提前策划和设计活动,确定最佳方案,尽可能取得最佳社会效益。从新闻报道活动、新闻编辑活动的整个运作过程来看,大众媒介的新闻报道策划活动,主要包括策划独家新闻选题、策划独家新闻角度、策划独家新闻报道方式和策划独家新闻力量等几个方面的内容。

(1) 策划独家新闻选题

所谓新闻选题,指的是大众媒介选择采访的新闻题目。新闻选题的确立,使大众媒介记者与采访对象之间建立起现实、有效的关系,从而使每一次采访都有明确的采访目的。2000年11月14日,是深圳纪念改革开放20周年纪念日。为了策划出与众不同的新闻报道,《南方都市报》将选题聚焦在为深圳改革与发展作出巨大贡献的深圳建设者们的身上。有了这样的选题构思，《南方都市报》便推出了以"人在深圳20年""灿烂城市的灿烂笑脸"作为头版的《深圳特区20年纪念特刊》。头版上20张深圳建设者的灿烂笑脸很快在受众中引起强烈反响。头版之后的24个版里，《南方都市报》以深圳建设者为主题，淋漓尽致报道了他们与深圳共同成长的一些感人故事。诸如"十个当家人和深圳神话""十次吃螃蟹敢为天下先""二十年的年度故事""十个名人十张面孔""十种家庭十种幸福""外地名流的十种感受""十地移民笑比故乡深圳""热爱深圳的一百个理由""创业天堂的十大可能"……这些视角独特的新闻报道，将深圳的改革开放成就与深圳建设者们的无私奉献紧密相连。由于选题上的独具匠心，"人在深圳20年"被视为《南方都市报》自创刊以来非常成功的一次新闻传播策划。

（2）策划独家新闻角度

对于某些突发性新闻事件，由于其本身就是有新意的，因此在进行新闻传播策划时比较容易创新。但是对于一些普遍存在的客观现象，例如教师节、国庆节、春节、伟人纪念日等年复一年、经常出现的庆祝纪念活动，大众媒介如果不经过一些"智慧创新"，很可能又是老生常谈。但如果大众媒介在这些例行的宣传报道中加上一些创新元素，即以独家新闻角度重新"包装"那些并不新鲜的新闻事件，很可能会产生妙笔生花、动人心弦的最佳效果。

2004年8月22日，在"邓小平百年诞辰"这一重大纪念活动中，国内每一家大众媒介都派出了强大的采访报道阵容，希望以独家新闻策划获得不同凡响的效果。《南方都市报》独树一帜，以百年百版的雄浑气势，以今昔对比为主要手法，展现了邓小平这位伟人为中国的改革与发展所带来的亘古功勋。《南方都市报》的独家新闻角度，使其冲出了与其他大众媒介同质化竞争的樊篱，在赢得大多数受众热情关注的同时，也赢得了市场。

（3）策划独家新闻报道方式

为了在同质化竞争中脱颖而出，《华西都市报》策划出众多名牌栏目，并以独家新闻报道方式，不断树立自己在报业市场上的竞争力和影响力。如《华西都市报》重在舆论监督的《AF3·暗访三人行》栏目，记者以暗访方式对一些社会黑暗现象进行揭露：勇闯金三角，并直击毒品加工现场；辗转广东省，只身闯入地下传销组织卧底侦查，成功解救被困的几十名川籍传销人员；

隐瞒身份，在成都落后城镇打零工，借此深入采访并揭露当地童工的恶劣生活、工作环境。凭借暗访这种独家新闻报道方式，《华西都市报》《AF3·暗访三人行》栏目具有很强的可读性，并成为广大受众喜闻乐见的名牌栏目。

再如，每年《华西都市报》都会推出几十期的"新闻追踪"，最短时间是一周，最长时间是数月，"文随事起，文随事走，文随事毕，全程跟踪"，具有很强的吸引力、连续性。仅1995年《华西都市报》就推出了38篇"新闻追踪"报道，包括四川打工妹在山西备受虐待、成都荷花池药材市场追踪、国际大都会建筑质量低劣、陈道蓉之死、解救被拐儿童的"孩子回家行动"……这些紧扣社会热点的"新闻追踪"报道，在一次次激发起受众的阅读兴趣后，也强化了《华西都市报》在成都报业市场上的影响力。

其中《华西都市报》策划的"解救孩子回家行动"，先是报道了河南省某县有8名被拐卖的四川籍儿童，由于这些孩子普遍幼小，根本记不清自己的原有姓名、地址，使得当地公安机关无法将这些被拐儿童送回四川老家。《华西都市报》在得知这一消息后，马上发起了"解救孩子回家行动"。不仅派记者远赴河南采访，而且帮助接回所有没找到父母的四川籍儿童。紧接着，《华西都市报》呼吁社会各界资助这项慈善事业。在《华西都市报》连续的"新闻追踪"报道和热忱的社会呼吁中，成都广大民众纷纷解囊相助，这项社会公益事业由此在国内外引起强烈反响。中央电视台、四川电视台、河南电视台相继报道了《华西都市报》策划的"解救孩子回家行动"，香港的《港人日报》，美国、加拿大与东南亚的一些中文报纸和英文传媒也相继报道了这一新闻。在"解救孩子回家行动"画上圆满句号的时候，《华西都市报》凭借这组"新闻追踪"报道，在海内外树立起一个富有责任感和正义感的优秀媒体形象。

二、重视意见领袖，进行"两级传播"

著名传播学家拉扎斯菲尔德在《人民的选择》一书中提出了"两级传播"的理论假说。该理论认为，大众传播信息要经过意见领袖这个中间环节，才能最终"流"向受众，即信息是从大众传播到达意见领袖，再从意见领袖到达一般受众的流程进行传播的。所谓意见领袖是指掌握了大量相关信息、在某方面具有权威性、可信度的受众人物，他们由于自身的影响力，能放大信息流的覆盖范围，在很大程度上影响到传播效果。

在区域形象建构和传播的过程中，绝大多数信息的流动同样经过意见领袖这一环节。大众媒介进行的信息传播活动通常以点对面的形式，覆盖到较多的受众，受众对信息的获知率虽然较高，但接纳的程度却不够。毕竟，大众传播的单向性和组织化背景，使受众与媒体之间或多或少存在着某种隔膜。相对于媒体宣传，人与人之间的交流是面对面的生动交流，更具说服力，容易给人留下深刻印象。尤其是对于区域外受众而言，地域限制、条块分割现象阻碍了部分信息的流动，很多地方性媒体往往难以覆盖到他们，获知外地信息也往往因为渠道有限而了解片面。因此，在区域形象构建和传播过程中，大众媒介应注意将人际传播与大众传播相结合，综合双方面优势，有效提升传播效果。

在区域形象的两级传播过程中，意见领袖作用巨大。这些意见领袖可以是在该地区做生意的外地商人、来这里游玩的旅行者、外省籍学生，而知名度较高的名人、大家则更有影响力。比如蒋子龙的作品《大港之"大"》发表在《人民日报》上，就使那些关注蒋子龙的人也因此关注到天津，在心目中形成天津飞速发展的正面形象。这些意见领袖的现身说法，可以将更多的区域形象信息传播给更多的受众。媒体如果能够在进行形象宣传时，多采访这些人，甚至专门组织其中一些人参与有利于区域形象建构和传播的相关活动，去感受和体验，区域良好形象就能得到更广泛的宣传。

很大程度上，区域内受众以及对该区域比较熟悉的区域外受众的认知和评价决定着区域形象的好坏。在宣传推广时，大众媒介不能忽视受众参与的力量。由于血脉相连，区域内受众一般会对自己家乡给予较高评价，但反过来看，如果他们给出了负面评价，其影响将更为致命。对该区域较为了解的外地人的评价也比较容易令人信服，争取他们的好印象十分重要。因而，黑龙江大众媒介应该加强与受众的交流，让其中的意见领袖发挥作用，形成正面舆论，并经过人际传播的口耳相传和大众传播的集中强化，最终形成良好的传播效果。

需要指出的是，本地人形象本身也是区域形象建设的重要组成部分，他们中经常到外地出差旅游、学习工作的人也可被视为意见领袖，因此从他们身上，人们能够看到该区域形象的影子。因而，黑龙江大众媒介在日常新闻传播中，要注意培养广大民众的形象意识并提高他们的个人素养。每位个体都是一个信息源，其形象的整体提升、凝聚有利于塑造起良好的区域整体形象。

例如，1911年出生于哈尔滨市呼兰区的中国近代女作家萧红，被誉为"二十世纪三十年代的文学洛神"。其长篇小说《呼兰河传》，以萧红自己的童年生活为线索，形象反映出呼兰这座小城当年的社会风貌、人情百态。1940年9月1日，《呼兰河传》开始在香港《星岛日报》副刊《星座》连载，当年12月27日全稿连载完毕。随着萧红《呼兰河传》《生死场》等作品的名扬中外，萧红成为中国著名左翼女作家，蜚声国内外。1986年6月，萧红的出生地——哈尔滨市呼兰区南二道街204号，经过修复后向游客开放，至今已经接待了几百万中外游客。目前，萧红故居已经成为黑龙江省爱国主义教育基地，在全世界热爱和平、崇尚文明进步的人群中也享有盛誉。对此黑龙江大众媒体应顺势应时，大力宣传萧红在近代中国文坛的成就，树立黑龙江人的正面形象。

再如，近年来从黑龙江走出去的中央电视台节目主持人敬一丹，著名乒乓球运动员孔令辉，花样滑冰冠军夫妻档申雪、赵宏博，中国内地流行乐男歌手、音乐制作人李健，著名男高音歌唱家李双江，知名演员孙红雷、宋佳、贾乃亮等，可以通过对他们的追踪宣传报道，在表达家乡人牵挂之情的同时，通过这些名人塑造黑龙江人杰地灵的正面形象。

### 三、整合传播，善用多种媒体

目前，在区域形象建构中起主要作用的媒体形式有报刊、电台和电视台、互联网等。它们的传播特点各不相同，层级不同，覆盖范围不同，内容的侧重点和覆盖的受众群体也不相同，给区域形象传播提供更多路径，便于受众全方位感知区域形象。与此同时，区域形象作为区域政治、经济、社会、文化等发展中的系统表现，涉及基础建设、城乡面貌、居民生活等方面，急需大众媒体整合和共享各种信息资源，将有价值、有意义的区域信息，多维度、多视角、多渠道传播给区域内外的受众。因此，各类媒体根据各自特征细化传播目标，扬长避短，开展联动式、整合式传播，形成强大的报道攻势，从而达到最佳的传播效果。

媒体间整合主要涉及两方面：一是区域内报纸、广播等不同的传播媒介，利用自身传播技术优势，以信息共建共享的形式，形成立体化传播生态体系，全方位建构与传播区域形象；二是区域内外的大众媒介，围绕重大突发性事件或大型活动展开联合报道，它们依托融媒体平台，使新闻报道得以广泛传播，最终达到建构和提升区域形象的目的。这种跨区域、跨媒体的联合报道形式，既实现了传播资源的高度整合，又极大拓展了传播范围，增强了区域形象报道的影响力和辐射力。

丰富的媒体渠道增加了受众选择的自由度，区域形象也就无法通过某种单一的媒体来完成其传播和推广。没有哪种媒体传播可以收到完美的效果，也没有哪种媒体可以覆盖100%的受众。在媒体传播策略上，即表现为由过去相对单一的投放，转变为各媒体之间的联动。总之，整合传播是发挥各自优势、共享信息资源、凝聚传播力量的有效方式。尤其是在对重大事件和公共危机事件的报道中，跨媒体整合报道更体现出独特的优势。针对同一事件，各媒体从不同角度、以不同符号形式，多侧面、多角度地反映区域经济、社会发展的各方面新变化、新情况，呈现给受众多维度的新闻信息产品，产生良好的传播效果，并对受众心理产生深刻影响。

例如，2019年全国"两会"开幕在即，黑龙江日报报业集团"全国两会北京全媒体新闻中心"正式投入使用。全国"两会"期间，该集团全媒体报道团队在深度融合报道上下功夫，依托《黑龙江日报》等传统纸媒，以及东北网等新媒体，实现全媒体联动。"纸端"和"指端"分工协作，坚持移动优先，以新思路、新举措、新突破，形成有深度、有新意、有规模的"两会"融媒报道合力。再如，2020全国"两会"期间，《黑龙江日报》等媒体以会场内、外异地连线等形式，在微信、微博、客户端、企鹅号等十大平台上，同步全程直击"两会"热点，为黑龙江受众带来全国两会的新闻大餐。除了推出开幕式直播外，《黑龙江日报》等媒体还在第一时间发布权威时评、会场内、外连线等，并采用5G、VR、H5、动漫、短视频、互动游戏、秒拍等数字技术，生动、全面、及时地呈现全国"两会"盛况。《黑龙江日报》等媒体对全国"两会"报道的多媒体、整合式传播，对于全面宣讲"两会"精神，发挥了积极、重要的作用。

## 四、客观全面展现龙江形象

任何一个区域在发展过程中，正面与负面的情况都会同时存在。展示正面形象，总是为地方政府所欢迎、鼓励；揭示负面事件，常常受到阻挠或记恨。出于各方面利益考虑，当地媒体选择报喜不报忧，仅仅进行片面的正面报道，对负面问题往往不闻不问甚至一笔带过。例如，凡是涉及当地经济快速增长、受众生活水平显著提高、区域经济建设日新月异的报道，总是层出不穷；而区域中的环境污染、生态破坏、贫富差距拉大、弱势群体生活困难等问题的报道以及一些负面突发事件的报道则少之又少。

一般而言，某一区域存在较多的强势媒体，必然较多地展现所在区域的自然、社会、人文优势和特色，而且其媒体形象本身作为文化表征和信息符号，会对区域形象产生散射效应，将有利于区域形象的塑造。比如《南方周末》的全国热读，就使广州开风气之先河，新锐、前沿的形象得到强化；湖南卫视以娱乐节目轰动全国，湖南就留给观众更为深刻的时尚、现代化的形象；东方卫视《第一财经》栏目全国知名，就强化了上海作为世界大都市、中国经济中心的形象。相反，区域内媒体寂寂无名，缺乏辐射能力，区域失去了自己向外传播的"喉舌"和"代言人"，形象自然就会大打折扣。

即使仅仅着眼于在区域内公众中进行形象建构，力量薄弱的地方媒体也力不从心。由于人才欠缺、报道理念落后，绝大多数地市级媒体基本上只是在进行简单的政府工作通报。以笔者对 2021 年 2 月 8 日—27 日共 20 期《哈尔滨日报》第一版新闻报道进行统计后表明，传达国家政令的"上情"信息，占每天信息总量的 45% 以上的有 8 天，而面对普通百姓的生活服务类"下情"消息，平均每天只占 9.8% 的比例。

仅以 2021 年 2 月 27 日《哈尔滨日报》第一版新闻报道为例，当天共刊发 7 条新闻：《习近平主持召开中共中央政治局会议》《中共中央印发〈通知〉在全党开展党史学习教育》《深入学习贯彻全省两会精神 以高质量招商引资推动高质量发展》《市十五届人大常委会第三十七次会议举行》《市政协十三届二十一次常委会会议召开》《黑龙江省新冠肺炎救治中心患者清零》《做好生态环境和产业项目有机融合》。其中，传达各类政策、方针的"上情"信息有 5 条，占当前头版总信息量的 71.4%；反映百姓关切的"下情"

信息有 2 条，占当前头版总信息量的 28.6%。实际上，当天有一条非常重要且接地气的新闻《黑龙江省新冠肺炎救治中心患者清零》，却安排在第一版右下角，占据着一个极其不起眼的位置。

实际上，自 2020 年 12 月 10 日黑龙江省牡丹江市东宁市、绥芬河市各新增本土新型冠状病毒感染确诊病例 1 例后，全省各地出现新型冠状病毒感染呈现多点散发态势，直到 2021 年 2 月 6 日迎来黑龙江省无新增新型冠状病毒感染确诊病例和无症状感染者的好消息，这也是全省上上下下同心抗疫近两个月时间的最大战果，理应在 2021 年 2 月 27 日"黑龙江省新冠肺炎救治中心患者清零"的这一重大喜事上，浓墨重彩地予以一番报道和宣传。然而我们看到的是这一新闻被弱化和边缘的结果。针对此类问题，笔者特别设计了调查问卷，其中一条是"请哈尔滨受众针对当地媒体提点建议"，结果近 50% 的受访者在问卷中给出的答案是"多关注民生""希望政府多关注和爱护群众""多说说老百姓"等诸如此类的话语。受众对于当地官媒大多颇有微词，认为这些新闻媒体大多"眼睛朝上"，"不接地气"。

笔者认为，大众媒体的新闻宣传报道实际上是形成区域内受众民间舆论场的重要依据，因此大众媒体应该不断增强新闻宣传实力，让区域内百姓及时了解社会现实动态，真正感受到当地政府工作的成效和自己生活环境的改善，从而增强自豪感和向心力。否则，区域内公众心目中形成的不良形象会以人际传播的形式，扩散到区域外受众那里，当地人都不看好当地，又如何指望区域外公众产生良好印象呢？

美国传播学者拉姆斯丁和贾尼斯曾进行过一项相关研究，结果证明，对于辨析能力较强的受众而言，接触到正、反两方面观点激烈交锋的材料，要比只接触一方面观点独大的材料，更能触发这部分受众的独立思考能力，由此得到的传播效果反而更好；对于辨别能力较弱的受众而言，只接触一方面材料，更容易获得肯定的认识。这就是两面提示的免疫效果。这就是说，大众媒体上那些一边倒的新闻报道，往往让人怀疑这家媒体的公信力和当地的舆论环境。这种做法不仅不利于区域内负面问题的解决，而且也不利于在受众心目中形成良好的区域形象。

为此，笔者认为，在黑龙江形象建构中，应该多做两面提示，既说成绩也说不足，有助于广大受众了解一个真实的黑龙江，全面认识该区域发展现状；有助于受众冷静看待外部媒体对黑龙江的负面报道，不会轻易偏听偏信一些媒体的恶意炒作；有助于提高当地媒体的公信力，为其更好地塑造黑龙江形象准备条件。更重要的是，这种姿态有助于向世人表明黑龙江人不回避问题、具有解决问题的勇气和信心，从而以负面报道取得正面的效应。

当然，为构建区域形象，一味报道负面信息也是错误有害的。正确的做法是应以正面报道为主，报喜时不要过度拔高，报忧时注意避免把局部问题夸大为全面的问题，把个别现象当成普遍现象。无论报喜还是报忧，报道中都要遵守平衡的原则，就是把发展中的黑龙江与正在解决问题的黑龙江同时宣传出去，让人们更加全面、立体、客观地了解发展中真实的黑龙江。

## 第四节　传承优秀地域文化，打造龙江文化名片

随着人类社会的不断发展进步，人们对于文化的认识逐步加深。美国人文学者罗杰·M. 基辛对"文化"做出如下释义："文化一词用来指一个民族的生活方式所依据的共同观念体系，即该民族的概念性设计，或共同的意义体系。"[1] 我国也有学者对文化进行了不同表述，强调文化是人类社会所独有的意义体系，人类所面对的世界并非独立存在的自然实体，而是作为某种意义呈现于主体面前的对象世界。从上述表述可知，国内外大多数学者认同文化属于精神层面的本质。

以文化空间结构作为划分依据，一个民族国家的文化可分为两大类：一是主文化，即社会公众普遍认同且接受的文化，具有普遍性和共同性特征；二是亚文化，即仅属于某一地区的地域文化，具有差别性和特殊性特征。值得强调的是，上述两类文化既有所区别，又存在共通之处。中国疆土辽阔、地大物博，各个地区在地理环境、地形地貌、经济社会发展水平等方面都各不相同，由此形成的地域亚文化也迥然不同。当然，这些地域亚文化都有着独特、独有的文化属性，但是均存在于中华民族大文化体系之中，具有中华民族主文化的共有特征。

中华主文化是中华民族在长期社会实践和历史更迭中形成的优秀传统文

---

[1] ［美］罗杰·M. 基辛：《当代文化人类学概要》，北晨译，浙江人民出版社1986年版，第53页。

化，它使中华民族在长期艰苦卓绝的奋斗过程中形成文化统一体，具有强烈的向心力和凝聚力。中华主文化除了具有整合性，还具有隔离性特征。正是文化隔离因素的存在，才造成了各地域亚文化的丰富多彩。中华亚文化可划分为少数民族地域文化、西部或内地文化、东部文化三大类型。这些地域亚文化构成中华主文化的有机组成部分和具体表现形式。

随着各地区文化交流的频繁，不同地域亚文化在相互碰撞、融合过程中呈现出更多的共性特征。为保护不同地域的亚文化，大众媒介应该在中华主文化的引导下，承担起对地域亚文化的创造性转化与创新的重任。大众媒介在促进不同地域亚文化的转型与创新方面，可以采取如下几种方式。

一、对本地域优秀文化的继承

在漫漫的历史长河中，中华各地域积累了许多优秀的文化因子，如岭南文化所反映的勇于战斗、开拓革新的文化精神，上海文化所展示的开放包容、理性秩序等文化特征，黑土文化所表现的开放容纳等文化特质，以及其他地区文化所特有的文化因子……这些均是地域亚文化中的积极因素。为了将这些优秀文化因子传承与延续下去，大众媒介理应承担重任并让这些文化因子得以发扬与光大。

大众媒介既要凸显鲜明的个性，又要办出区别于其他大众媒介的独特地域文化特色，并以与众不同的个性吸引受众，这将成为其新世纪发展的重要环节。所谓地域特色，指本地域的地方典故、名胜古迹、风土人情、方言土语等，以及在此基础上那些发生在这块土地上的大量新鲜事实。这些融汇着时代蓬勃发展的精神，同时又满载着鲜活地方特色的作品，最能使广大受众产生浓厚兴趣与强烈关注，也最能实现大众媒介对本地域优秀文化的继承。

在大众媒介的新闻报道中恰当运用方言土语，不仅可以为报道增色，而且还会达到妙趣横生的效果。例如，《羊城晚报》是我国大众媒介中使用方言土语频率较高的一家报纸。由于受粤语方言的影响，受众在《羊城晚报》上经常可以看到用方言土语拟成的标题。如2011年8月16日该报第一版刊登的新闻《年终奖计税"新规" 红头文件系"流料"》，标题中的"流料"在普通话中就是"假新闻、假消息"的意思。再如，"天上九头鸟，地上湖北佬"，民间普遍认为"九头鸟"是智慧的象征，以此赞誉湖北人才济济、"惟楚有才"。作为湖北当地知名的大众媒介,《武汉晚报》以九头鸟作为 LOGO,还专门设立《九头鸟》栏目,坚持用方言土语讲述本地人和本地事,具有浓郁的地方文化色彩。再如,《楚天都市报·汉味茶馆专版》曾设置《汉味茶馆》《湖北大鼓》《汉货小品》《汉味快板》《讲点把古》《汉腔趣话》等极具地方特色的栏目,用地道的方言讲述"武汉故事",体现出该报对"汉味"语言文化的继承与发扬。

## 二、对他地域优秀文化的采借

除了弘扬与传承本地域优秀文化外,大众媒介还应该以开放包容的姿态,借鉴与吸收其他地域优秀文化的精华部分,实现中华各地域文化的现代化转型。因为现代化是一个世界性现象,各国家、民族和地区在推进现代化进程时都有自己独特的文化特征,例如在经济发展水平较高的地区,人们的思想观念较为先进,比较注重时间观念、效率观念以及管理方式等。这些地区表现出来的社会公序良俗、法治建设观念等也较为先进,符合现代社会发展的需求。因此,经济较为落后的地区要借鉴和吸收其他地域的优秀文化,实现本地域文化的转型与创新。

## 三、对本地域优秀文化的整合

大众媒介对本地域传统文化进行创造性整合并给予重新解释,可以使优秀传统文化获得新的生命力和创新力。例如,近代黑土地上崛起的城市——哈尔滨,是在当时极其特殊的历史背景下被迫对外开放的。在经历了半殖民地半封建社会的屈辱后,这些黑土地域纷纷走上近代工业化进程。这种建立在畸形、扭曲的商品经济基础上的社会变革,促成了其大众文化的形成。哈尔滨的发展与文化变迁充分说明了这一点。

黑龙江省的省会——哈尔滨市,属于近代崛起的黑土城市。1898 年因中东铁路的兴建,哈尔滨成为远东地区重要的交通枢纽和国际性大都市。20 世纪 20 年代,哈尔滨先后吸纳 33 个国家 16 万余侨民居住于此,拥有数千家外国洋行和商社,与全世界 40 余个国家、地区保持着密切的商贸往来。由于不同国家和地区的侨民在此大量聚居和频繁流动,由此使哈尔滨深受外来文化的影响。

20世纪30年代,流落到哈尔滨的俄侨音乐家建立了哈尔滨交响管弦乐协会。这个协会拥有哈尔滨交响乐团、哈尔滨吹奏乐团、哥萨克合唱团、"哈响"歌剧团、巴拉拉依卡合奏团等。这些演奏团体每月定期演奏欧洲和俄罗斯作曲家的作品,如柴可夫斯基的《第五交响乐》《悲恸交响曲》、贝多芬的《第六交响曲》《第九交响曲》,这些音乐活动大大提升了当时哈尔滨人的精神境界。①

正是由于以上的历史原因,哈尔滨人对音乐艺术情有独钟,哈尔滨也素有"音乐城"的美誉。20世纪60年代,哈尔滨开始了两年一度的"哈尔滨之夏"音乐会。该音乐会对营造高雅的文化气质起到了重要作用。哈尔滨当地媒介深谙这座城市的文化积淀,也了解到相当多的民众对欧洲古典音乐的欣赏能力,遂利用自身优势,积极展开对他地域优秀文化的传播与整合。2010年8月17日,黑龙江省最大的都市类报纸——《生活报》,浓墨重彩地报道了第30届"哈尔滨之夏"音乐会上"千人民乐激情上演"的火热场面;第31届"哈尔滨之夏"音乐会期间,《生活报》又参与策划、组织了由欧美等国音乐家参演的"国际音乐狂欢大巡游活动""国际手风琴艺术周""中外获奖艺术家晚会""摇滚之王奥斯卡专场""儿童音乐剧《爱丽丝梦游仙境》"等精彩演出并进行详细报道。当地民众亦对这些演出十分踊跃,他们与来自国外的音乐家们进行了十分热烈的艺术交流和对话。优美的旋律让当地民众感受到了高雅艺术之美。《生活报》积极参与对欧美古典音乐的传播与弘扬,则为这座城市营造了极其良好的音乐文化氛围,成功打造了哈尔滨"音乐之城"的品牌和美誉。

### 四、对本地域优秀文化的创新

大众媒介对本地域文化的创新,主要表现在对本地域文化理念的建构上。所谓地域文化理念,集中表现为本地域的整体文化价值观及当地受众的社会文化价值取向,主要包括当地人的文化精神理念、文化价值观念以及本地域文化对内对外的宣传口号、流行文化、认同性语言等。

大众媒介对地域文化理念的建构,就是对地域的文化精神进行系统而深

---

① 郑敏:《地方报纸对地域文化的赓续与超越》,《新闻战线》2017年第15期。

人的挖掘,确立符合时代需要和地区发展需要的地域文化理念,同时以此来规范和统一当地的各项文化事业建设,并构建出全新的、和谐的、统一的整体区域形象。因为"在人的行为方面,从一个新的层面集中体现了一个人或一群人的文化资本的意义与价值。群体的教育程度越高,个人文化资本越充分,受众的文明行为举止就越有文化特色,因而更具有文化凝聚力,进而能从高层面上创造经济与社会价值"①。

为重新塑造鲜明文化精神,2010年9月20日,大连《新商报》刊登文章《城市文化核心:包容创新奋斗》,公布了大连市精神座谈会上与会专家学者、统战成员最新归纳出来的"大连文化核心"三种表述文本,即"关注海洋文化、铸就蓝色大连","包容、创新与奋斗的三重协奏","浪漫之都、实干之魂",并希望通过《新商报》向社会广泛征求意见。在这场文化核心的讨论中,大连市民借助《新商报》表达出对这场讨论意义的认同,并最终确定了大连文化核心,即"包容、创新、奋斗"。"大连文化核心是对特定地域内人们生存状态,即具体的生活、工作、创业状态的一种关怀和思考,体现了当地民众的人生境界和追求,是一个城市的行为指南、发展灵魂。"② 这也正如美国政治理论家汉娜·阿伦特认为的那样:"积极的生活,亦即处于积极行动状态的人类生活,总是植根于人与人造物的世界之中,这个世界是它永远不可脱离或彻底超越的。人与物构成了人的每一项活动的环境,离开了这样一个场所,人的活动便无着落;反过来,离开了人类活动这个环境,即我们诞生于其间的世界,同样也无由存在。"③

传播过程中存在所谓的"名片效应",是基于这样的认识:人们在信息接收过程中,总是倾向于选择自己熟悉的、符合自己固有知识结构、性质相近或相容的信息,而完全陌生的、与原有认识相抵触的信息则难以被接受。所以,在信息传播中,要注意循序渐进,以目标受众熟悉的内容逐步渗透入他们不熟悉的内容,最终影响受众,改变其先前的认识。这就类似于人际交往中呈递名片,会拉近双方距离,便于对方认识和了解一样。在区域形象建构

---

① 张鸿雁:《城市形象与城市文化资本论——中外城市形象比较的社会学研究》,东南大学出版社2002年版,第7页。
② 李莹:《城市文化核心:包容创新奋斗》,《新商报》2010年9月20日。
③ 汪辉、陈燕古:《文化与公共性》,生活·读书·新知三联书店1998年版,第57页。

过程中，一些区域形象较好，那么相关的荣誉、花环就纷至沓来；而形象较差的区域会被无端蒙上更多的阴影。媒体要塑造其良好的区域形象，也要注意这方面的问题。

可以说，每一个区域都有某些方面的优势和特色，以之为名片，带动区域相关的其他方面信息，从而提高区域知名度，也是行之有效的策略。例如，黑龙江冰雪文化是其最可宝贵的资源之一，那些脍炙人口的旅游景点、自然景观、相关旅游产品等都可作为名片，带动当地形象的建构和传播。文化的传播不同于普通的新闻报道，它是一种潜移默化的力量，会对受众的思想意识、价值观念产生深刻的影响。由于其具有柔性，因此会最大限度降低受众内心的抵御心理，减少受众与媒介的隔阂感，加强受众的参与度。因而，黑龙江当地媒体积极开展多种形式的冰雪文化交流，借助冰雪文化资源策划、制作丰富多样的节目、栏目类型，势必能够获得较好的传播效果。

## 第五节　充分运用新兴媒体，塑造传播龙江形象

新媒体环境下，媒体对区域形象的塑造既可以以显性传播策略进行，也可以以隐性传播策略进行。所谓区域形象的显性传播，是指媒体在进行区域形象建构过程中，将区域相关信息以较为明显、直接的方式传递给受众。由于显性传播能够在一定时期内对区域形象进行大规模的突出传播，因此这种传播容易引起受众关注，甚至形成受众议论的中心。

然而，由于显性传播的意图比较明显，受众容易感受到清晰的外在压力，从而产生疑虑和抵触心理。此时，媒体就需要以隐性传播来弥补显性传播的不足。所谓区域形象的隐性传播，是指媒体在区域形象建构和传播的过程中，采用间接方式让受众接受区域相关信息的传播方式，它对区域形象的塑造和传播具有不可小觑的重要作用。新媒体环境下，区域形象的隐性传播又可以分为网络文学作品传播、网络影视剧传播、网红歌曲传播以及动漫、游戏传播等方式。

### 一、网络文学作品传播

优秀的网络文学作品可以隐性传播方式为区域形象建构增光添彩。一本小说、一篇散文、一首诗歌，都有可能提升内容涉及的背景点的知名度，甚

至引发粉丝们进行自发性的"朝圣"活动。例如荣获第三届现实主义网络文学征文大赛特等奖的网络剧《上海繁华》，描写一个外地农家子弟在上海奋斗打拼的历程，展现了改革开放以来上海这座城市的繁荣发展，以及带给社会底层小人物的无尽机遇。再如网络文学作品《传国功匠》讲述温州工匠的传奇故事，将"百工之乡"温州文化中的工匠智慧、商业精神和地域性格统合在一起，展现了关于中华民族精神和温州地域文化传承的新理念和新思考。此类案例不胜枚举，重视网络文学作品的隐性传播策略并加以利用，有利于区域形象传播。由此，各类网络文学作品应把握时机、扩大宣传，引导受众将关注焦点放到被隐含的区域形象信息上，潜移默化之中也能够更加清晰地传达区域形象的相关信息，并引发更多区域内外网民的关注。

## 二、网络影视剧传播

网络影视剧传播，是指新媒体主动打造网络影视剧，借以传播区域形象相关信息。以往的影视剧创作，往往将区域相关的剧情设置、背景安排置于次要的位置，对区域形象影响不大。实际上，网络影视剧创作可以进一步开放观念、引入隐性传播模式，以塑造区域形象为主要目标。这类剧作中，仍然以某一区域为背景展开故事，但是该区域不再是因剧情的需要而出现在作品中的背景，而是网络影视剧传播的主体内容。这类网络影视剧中传播的区域形象信息量大，既包括有形的区域形象，也包括无形的区域形象，如投资环境、制度环境、文化特色、民俗风貌等，可以对区域形象进行系统的、全方位的宣传。

近几年来，以城市形象为主题的网络影视剧呈现上升趋势。例如2019年在成都开机的都市女性题材网络剧《成都女人》，通过讲述几位成都女性成长的故事，展现成都的地域人文、风土人情、美食美景，展示这座城市的包容与开放，通过这部剧让全世界了解成都、了解成都人。再如《北京女子图鉴》等众多城市主题影视剧，就是根据某一城市的特点量身定做。这些网络影视剧都是传播、推广城市形象的极佳媒介。

## 三、网红歌曲传播

网红歌曲传播，是指新媒体以歌曲为载体有意识传播区域形象的策略。实际上，以区域相关信息为主题的歌曲并不罕见，一些作品甚至十分流行，但以宣传区域形象为宗旨、有意识地创作与传播的网红歌曲仍属少数。

近几年来，我国不少城市已经意识到运用网红歌曲建构和传播区域形象的重要性。2019年，广州、成都、西安、南京、北京五座城市就推出各自城市专属的"音乐名片"——《风伴广州港》《花重锦官城》《月照长安新》《雪拥金陵岸》《梦徊燕云都》五首歌曲。五首歌曲在歌词中分别写入这五座城市的名胜古迹、历史名人、衣食住行等旅游细节。其中《风伴广州港》这首歌曲紧紧抓住广州十三行这个对当地人有着非凡意义的地标作为吟唱对象，既介绍了广州的风土人情，又带领听众穿越古今，感受新中国的繁荣兴旺。

我国其他城市也应该从中汲取经验，重视网红歌曲对区域形象的建构与传播，大力创作区域形象主题歌曲，并以喜闻乐见的艺术形式，在各个网络音乐平台上针对目标受众进行传播，从而有效塑造和推广区域形象。

### 四、动漫、游戏传播

在信息过剩、受众注意力稀缺的媒介环境中，动漫、游戏这种新兴的、黏性极高的艺术产品得到重视和利用。游戏重在娱乐，游戏者获得的是比普通信息更为愉悦的体验，因而，大量的游戏道具和场景会自然而然地、潜移默化地在玩家心中形成深刻印象，从而使游戏变成可资利用的隐形传播载体。

动漫、游戏拥有数量庞大的受众群，以之传播区域形象，不仅信息传播范围广泛，而且传播意图隐蔽性能较好。尤其是它们所具有的强娱乐性，即包含的内容、游戏情节及场景的高度融合，使受众认为这是游戏过程以及动漫故事中的一部分，从而消减抵制心理。这种低程度的抵触和反感，会使传播内容在潜移默化中渗入玩家的意识，影响其潜意识知觉，从而产生理想的传播效果。

例如，一款由Maxis开发、美国艺电公司发行的《模拟人生》电子游戏产品，就自然、便利地将区域形象相关信息渗透其中。游戏的版图与界面参照现实中该区域的地理方位、景物名胜，并把该区域相关的风俗特色、标识、建筑、美食、固定的节目、展会等都放入其中，供玩家一一感受。游戏中的区域形象，可在现实区域形象的基础上有所创新并实时更新，能给玩家以新奇感和更为真实的情境感。玩家可以选择在该区域生活，并扮演农民、受众、企业家、艺术家、管理者等角色，同时参与虚拟情境中的实践与任务，完成后可以获得一定酬劳。在角色体验中，玩家可以感受到该区域的政策、经济、文化、民俗风情等。随着游戏深入进行，玩家级别随之提升，权利逐步扩大，可以对这一区域进行建设规划、开矿设厂等，玩家的兴趣得以激发。

策划、制作出相应游戏，并在各类网络平台予以推广、宣传，亦将在潜移默化中塑造和传播区域形象。而基于游戏传播的影响和力度，就可以使广大游戏玩家了解和接受该区域的相关信息，沉浸在游戏中尽情"玩"好一个区域。

五、加强与受众交流互动

互联网时代背景下，新媒体在区域形象建构中的功能日益明显。由于交互性是新媒体不同于传统媒体的重要特征之一，因此运用新媒体传播和提升区域形象，可以与受众进行交流、互动，并对受众施加影响。

以黑龙江日报报业集团主办的《龙头新闻》APP 为例，它为客户端与受众之间、受众与受众之间提供了聊天室、E-mail、在线调查、电子公告版等一系列互动交流的渠道。《龙头新闻》APP 通过多媒体、在线交流、个性化服务等互动方式的运用，不断增强广大网民的互动体验、增强传播效果。例如，《龙头新闻》APP 在《服务》栏目增设"哈尔滨社保通""查车辆违法""电费缴纳""新冠疫苗接种点""疫情实时动态追踪""哈尔滨就业地图"，这些内容的设置凸显了该媒体的服务性和实用性；此外《服务》栏目还提供了"未成年人保护法""高校学子讲百年党史故事""'助力冬奥、活力校园'冬奥知识竞答"等内容，以在线答题和在线交流的方式，搭建起大众媒介与广大网民的沟通平台。此举亦能够及时了解《龙头新闻》APP 用户对区域发展过程中各方面问题的看法和认识，在与受众在线沟通的同时也能够及时、有效引导社会舆论，使区域形象传播更加贴近广大受众，更符合广大受众的接受心理和习惯。

此外，《龙头新闻》APP 还启用登录/注册模式，要求用户填写手机号码等个人资料，以此了解目标受众群体，以及他们对于各类区域发展信息的兴趣，从而更有针对性地向其传递区域发展相关信息，为引导舆论打下基础。《龙头新闻》APP 还设计"新闻爆料""意见反馈"等板块内容，加大与客户端用户的双向交流力度。

## 第六节　运用拉康镜像理论，合理建构城市形象

每个区域都是由若干具有代表性的局域构成的，对一个省份而言，山川河流、乡村区域都是其构成成分，而其中省会等城市聚集了大量人口和资源，设施完备、文明发达，往往代表着该区域的主要发展成果。因此，以城市为核心打造局域性品牌，凸显若干城市亮点，自然会照亮整个区域形象。

关于城市品牌的概念，美国杜克大学富奎商学院教授凯文·莱恩·凯勒这样认为："城市品牌化的力量就是让人们了解和知道某一区域，并将某种形象和联想与这个城市的存在自然联系在一起……让竞争与生命和这个城市共存。"① 区域最重要的形象资源是其城市品牌，包括这座城市独具特色的文化、影响力、美誉度、知名度等。

经济全球化浪潮之下，越来越多的城市管理者意识到，挖掘最有价值、最有意义的城市元素，塑造富有鲜明特色的城市形象，将有利于增强城市的国内影响力，扩大城市的全球竞争力。诸多城市投入巨资制作和播出城市形象宣传片，上海、成都、广州、苏州、长春等城市的形象宣传片甚至登上美国纽约时代广场的大屏幕。

与城市形象宣传片制播现状火热的局面相比，我国关于城市形象宣传片的研究领域则相对狭隘，研究热点大多集中于城市形象传播特点、城市形象宣传片制作现状及提升策略等方面，对于城市形象宣传片应该如何精选最有价值、最有意义的城市元素，如何有效地将意识形态和宣传目的融入城市形象宣传片并完成意义建构过程，以及广大受众如何理解城市形象宣传片的内涵和意义等问题尚缺乏较有深度的分析和解读，亟待城市管理者及相关学者进行思考与解答。

本研究中我们运用法国精神分析学家雅克·拉康提出的镜像理论，试图对城市形象宣传片的意义建构的基础、方式及结果等做出分析。相比于目前已有的研究成果，运用拉康镜像理论分析城市形象的意义建构问题，是一个

---

① ［美］凯文·莱恩·凯勒：《战略品牌管理》，李乃和等译，中国人民大学出版社 2003 年版，第 209 页。

较为独特的视角，也加大了研究的深度。

## 一、从镜像理论看城市形象宣传片的含义

镜像理论，是法国精神分析学家雅克·拉康从事精神分析工作的理论基础。拉康这样阐述镜像理论："一个尚处于婴儿阶段的孩子，举步趔趄，仰倚母怀，却兴奋地将镜中影像归属于己，这在我们看来是在一种典型的情境中表现了象征性模式。在这个模式中'我'突进成一种首要的形式。以后，在与他人的认同过程的辩证关系中，'我'才客观化；以后，语言才给'我'重建起在普遍性中的主体功能。"① 镜像理论不仅解释了自我认知实现的过程，而且也说明他者对自我认同产生的重要作用，"他者理论"成为拉康镜像理论的关键。

充满着强烈隐喻色彩的城市形象宣传片，如同镜像一般，作用于人们的精神和意识。从某种意义上来说，人们在观看城市形象宣传片时所感知的影像，主要是基于既有认知经验而做出的主观评价，深层次反映了其所遵循的价值取向和意识形态。换言之，城市形象宣传片实际上是人们内心情感、意识形态和信念信仰的折射，其所呈现出的影像既是城市政治、经济、文化等因素共同发挥作用的产物，也是人们内心价值取向、意识信仰等精神要素的他者再现。从这个层面上讲，城市形象宣传片呈现出来的影像，其意义和作用是帮助人们认知城市、认知自我，以及认知所处的社会整体，因此城市形象宣传片亦是再现社会主体的一种特殊机制。

## 二、从镜像理论看城市形象宣传片的意义建构

在由意义构成的世界中，人们主要依靠意义来完成自我认知和社会认知，完成自己与整个物质世界和精神世界的对话和沟通。城市形象宣传片以一种人们熟知的影像方式进行传播，但其呈现出来的镜像，实质则在于建构与生成意义，然后再将意义转变为人们日常生活的真实。也就是说，人们从城市形象宣传片的影像中获得意义，形成认同。那么，城市形象宣传片通过怎样的方式进行意义建构，它意义建构的基础是什么？最终又形成怎样的结果？

---

① [法]雅克·拉康：《拉康选集》，褚孝泉译，生活·读书·新知三联书店2001年版，第90页。

（一）城市形象宣传片意义建构的基础

笔者认为，沉淀在人们心理深层结构中的集体无意识原型，是城市形象宣传片意义建构的基础。所谓集体无意识，是我们每一个人内心深处最隐秘的部分，它是个体不能觉察的，但是却蕴含了人类在经历所有情感和经验后形成的一种深层次心理结构。国内有学者认为："集体无意识源自社会性本能。这种社会性本能是在该社会群体文明进步的过程中，不断去粗取精，发展成为一种该群体独有的特征，从而潜藏于该社会世世代代每一个体的内心深处而不被有意识挖掘，依靠词语体系历史性地连贯起来。"①

瑞士心理学家荣格则认为："集体无意识既不产生于个人经验，也不是个人后天获得的，而是生来就有的。"② 既然个体觉察不到集体无意识，那么如何验证集体无意识的存在呢？荣格认为，要想验证集体无意识的存在，就需要有一种外化的形式，荣格将这种外化的表现形式称为"原型"。所谓原型，是指在历史的发展中依靠各种文艺形式留存下来，其本原在不同的艺术作品中被反复表现，幻化成新的形式。荣格认为："在文艺作品中，一旦原型情景发生，我们会感到一种不寻常的轻松感，仿佛被一种强大的力量运载或超度，在这一瞬间，我们不再是个人，而是整个族类，全人类的声音在我们心中回响。"③

在这种集体无意识状态的基础上，城市形象宣传片通过不断外化并成为各种形式的"原型"，以此来建构城市的象征意义，而由此建构出来的象征意义最终作用于人们的深层无意识中，潜移默化之中达成一种必然。值得注意的是，城市形象宣传片的意义建构，是一种建立在认知真实基础之上的意象真实。也就是说，城市形象宣传片中呈现出来的像，从外在表征看来表现为一种符号。但是，它的符号化"不是为了成为一种符号而出现，只是由于社会化的原因，它才成为了某种长期的、稳定的、实用的符号"④。而这种实用

---

① 朱梓烨：《新闻传播中的"集体无意识"与神话再现》，《新闻与传播评论》2007年第1期。
② ［瑞士］荣格：《心理学与文学》，冯川、苏克编译，生活·读书·新知三联书店1987年版，第52页。
③ ［瑞士］荣格：《心理学与文学》，冯川、苏克编译，生活·读书·新知三联书店1987年版，第121页。
④ 曾庆香：《媒介神话化——从〈泰坦尼克〉神话看传播致效》，《新闻与传播研究》2002年第2期。

的符号,其实一直隐蔽地、不易察觉地作用于人类的集体无意识中。

例如,2019年2月在美国纽约时报广场电子屏滚动播出的兰州形象宣传片,将一些重要的城市元素——从三台阁到中山桥,从黄河母亲雕像再到会展中心——排列在黄河两岸,充分展现其"丝绸之路三千里,华夏文明八千年"的风采。值得注意的是,兰州形象宣传片中出现的"黄河母亲"雕像,作为一种符号唤醒了广大华夏儿女的家国情怀,并引发他们的共情、共鸣与共识。主要因为透过"黄河母亲"雕像,炎黄子孙足以窥见中华民族五千余年的灿烂辉煌历史,得以与"黄河母亲"产生血肉相连的关系。这部城市形象宣传片在向世界展示兰州独特文化魅力的同时,也激活了广大华人内心深处的集体无意识,形成家国情怀共识,从而完成该形象宣传片意义建构的基础,影响和改变了人们对这座城市的认知。

(二)城市形象宣传片意义建构的方式

城市形象宣传片所构建的意义属于表征意义,并通过文字、音视频等言说方式予以传达。基于言说方式而构成的表征意义,通过话语在语言的基础上得以建立。而语言作为大家公认的"约定俗成",所代表的价值系统已经成为绝大多数人心中的信念。① 根据现代符号学相关理论,语言是一套完整的信息系统,这意味着当个体学习某种语言时,必然要了解与掌握该语言背后的文化系统,同时学习处于该文化系统背景中人们的思维模式。

作为对客观存在的一种符号化表达,人们通过语言的所能和所指来了解外部客观事物。不同的语言表达方式、思维习惯等都会影响人们对客观世界的认知和评价。此外,语言对客观世界的反映与描述并不是显性的,很多情况下表现出隐喻性、间接性特征。由于语言本身大多具有含混且多义性的特征,因此可以表达一些较为抽象的概念。

城市形象宣传片主要借助于具有隐喻性等特征的镜头语言,影响人们的感知,并使之成为人们大脑中的精神真实,影响人们的日常生活并达到建构和传播区域形象的目的。从某种意义上来说,与文字的社会功能一样,镜头语言也要通过隐匿的修辞表达形成符号,潜移默化之中影响和改变着人们的

---

① 曾庆香:《媒介神话化——从〈泰坦尼克〉神话看传播致效》,《新闻与传播研究》2002年第2期。

思想价值观念。

（三）城市形象宣传片意义建构的结果

城市形象宣传片通过生产影像，作用于人们的思想意识，并力图将人们对镜像的认知转变成对社会的认知。在这个过程中，人们注视着城市形象宣传片呈现出来的影像，接着在大脑中形成现实和自我，然后紧紧凝视着城市形象宣传片建构出来的那些琐碎而凌乱的影像，在与社会互动的过程中不断修正自我意识与行为，形成对城市形象的信仰真实。

例如，2020年1月在北京站前广场和美国纽约时代广场同时播出的珠海形象宣传片，展示了世界最长跨海大桥——港珠澳大桥、中国航展、"珠海一号"卫星等代表珠海形象的元素，塑造出珠海作为湾区门户枢纽的全新形象，吸引了全球目光来关注这座城市，而珠海在与世界的互动与交流中，不断获取他者对这座城市的认知。通过这种不间断的互构和重构，珠海被赋予了具有象征性的全新意义，也不断助推全世界民众对这座城市形成新的认知和判断。

法国著名后现代思想家鲍德里亚指出："象征不是概念，不是体制或范畴，也不是'结构'，而是一种交换行为和一种社会关系，它终结真实，它消解真实，同时也就消解了真实和想象的对立。"[①] 这就是说，当城市宣传片呈现的镜像在人们的精神层面变为深入骨髓的信仰时，成了精神上的真实，城市形象宣传片便完成了其对社会意义的建构。由此，在城市形象宣传内容、形式和渠道都极为丰富的今天，如何以美感抓住受众眼球，同时完成意义建构进而达到预期宣传目的，关系到城市形象宣传片的成败。

英国社会学教授斯图尔特·霍尔认为，意义永远不会最终确定，而是始终受制于变动，既在一个文化语境与另一个文化语境之间变动，也在一个时期与另一个时期之间变动。因而，不存在单一的、不可变的、普遍的"真实意义"。[②] 这就是说，城市形象日新月异、风云变幻，其宣传片的意义建构也充满着各种不确定性，当一些城市元素逐渐落伍，不再适宜作为现代都市元

---

① [法]鲍德里亚：《象征交换与死亡》，车槿山译，译林出版社2006年版，第206页。
② [英]斯图尔特·霍尔：《表征——文化表象与意指实践》，徐亮、陆兴华译，商务印书馆2003年版，第32页。

素出现在城市形象宣传片时,制作人亟待选用最新城市元素,重新完成城市形象的意义建构,展现这座城市的亮丽风采。

综上所述,根据时代的斗转星移、城市的千变万化,城市形象宣传片也要与时俱进,不断赋予城市形象以全新的定位和内涵,并围绕城市的新定位、新内涵,精心选取那些能够代表城市形象的最新元素,完成其意义建构过程,使受众在潜移默化中接受城市形象宣传片主导的各种象征意义。

## 第七节 完善新闻发布制度,建立舆情反馈机制

在当下异常复杂的国内外舆论环境下,大众媒体如果要对弱势区域形象进行提升,还需要从管理制度层面寻求突破。也就是说,塑造和提升良好的区域形象,需要当地政府等公共管理机构、区域内外大众传播媒介、区域内外企业以及区域内外民众的共同参与。

在以往的区域形象建构中,作为形象建构主体的地方政府,与作为主要信息通道的区域内大众媒体,很多时候虽然积极作为,但是却成效有限,一个最重要的原因就是区域形象传播制度不完善。新时代背景下塑造和提升区域形象,不仅需要继续强化区域经济建设,宣传区域风貌与成绩,更需要的是建立起与区域形象提升相关的管理体制、机制,使良好的区域形象得以持续维护。

笔者认为,从大众媒介传播活动层面看,完善黑龙江形象传播制度主要包括完善新闻发言人制度、突发事件应急处理机制、媒介制度改革和法制化建设等若干方面。

### 一、建立新闻发言人制度,塑造传播黑龙江形象

20 世纪 80 年代,我国政府开始建立新闻发言人制度。近些年来,随着我国公民参与政治传播和民主建设的意识日益加强,各层次新闻发言人活跃于国内的政治舞台并且屡见不鲜。2005 年开始,新闻发言人制度开始从中央、省市向地方基层政府逐渐发展。然而出于各种原因,我国地方政府的新闻发言人制度目前仍然存在着诸如地区局限性、发言人素质低、信息公开程度低下等各种现实问题。

黑龙江形象传播的过程，涉及大量的信息选取与加工，尤其在黑龙江形象传播这一庞杂的传播系统中更是如此。及时发布黑龙江形象的相关信息，为大众媒介提供丰富的新闻源，不仅是当地政府的职责，而且也是大众媒介有效引导舆论的社会责任。在这一过程中，黑龙江有关政府部门不仅是信息源，而且起着高于其他传播主体和大众媒介的把关人作用，要对黑龙江外在形象和内在精神进行筛选、剔除，最终通过大众传播媒介加以广泛传播，总体上控制着传播内容、传播流向及流量等。此外，黑龙江有关政府部门还要通过对内传播渠道，对企业和区域内部民众等其他形象传播主体进行传播内容的引导，统一黑龙江对外传播形象，完善传播过程。因而，协助有关政府部门完善新闻发言人制度，对塑造和提升区域形象至关重要。

黑龙江当地政府部门还应建立并完善长效的新闻发言人制度，定期向国内外发布黑龙江相关信息，公开、透明地介绍黑龙江经济和社会发展中的新成绩、新举措，以及遇到的新问题、新困难。通过区域形象新闻发言人的正规发布，可以使黑龙江形象相关信息广为传布，为省内外大众传播媒介传播，为省内外受众获知。黑龙江有关政府部门还可以定期和不定期举行新闻发布会，真实、客观、公正、及时地展示当地政府部门的管理水平和精神状态，塑造和维护正确、正面的政府部门形象，从而有效塑造和传播良好的黑龙江形象。

2021年12月28日10时，"黑龙江2021冬季冰雪旅游新闻发布会"由黑龙江省人民政府新闻办公室举办。黑龙江省及哈尔滨市有关部门的新闻发言人，就"黑龙江2021冬季冰雪旅游"这个主题，围绕2021年冬天黑龙江最新塑造的冰雪景观、最新推出的精品旅游线路、最新亮相的冰雪主题活动等热门话题，与省内外新闻记者和广大公众进行了广泛交流和沟通。

据中共黑龙江省委宣传部副部长、省文化和旅游厅厅长领导介绍，2022年新年伊始，黑龙江省全域就已经降为新冠疫情低风险地区，由此黑龙江全面打造"北国好风光，尽在黑龙江"旅游品牌的冬季旅游黄金季正式拉开帷幕。近年来，黑龙江省委、省政府认真贯彻落实习近平总书记"绿水青山就是金山银山，冰天雪地也是金山银山"的发展理念，充分利用当地冰雪资源，推进冰雪旅游产业与冰雪文化、冰雪运动等领域的深度结合，打造一大批冰雪旅游景点和冰雪旅游精品项目，以此助力当地经济高质量发展。

2022年冬季，黑龙江省以举办北京冬奥会、推动"三亿人上冰雪"为契机，开展冰雪盛宴等系列活动，邀请全球各地游客来黑龙江观光旅游。作为2022年黑龙江冬季冰雪旅游新闻发布人，黑龙江省文化和旅游厅厅长陈哲从三个方面介绍了2022年黑龙江冬季旅游整体情况。

一是2022年黑龙江推出品种丰富、项目多样的冬季旅游产品，对外展示黑龙江特有的冰雪魅力。主要是以"龙江冰雪·助力冬奥"为主题，以冰雪场馆、冰雪赛事、冰雪景观等为重点，推出三大冰雪旅游项目精品、五个重点冰雪旅游城市、六条冰雪旅游路线等，充分满足国内外游客的冰雪旅游需求。

二是2022年黑龙江为了应对新型冠状病毒感染疫情带来的不利影响和冲击，围绕冰雪旅游推出了一系列惠民举措，以提高冰雪旅游项目对省内外游客的吸引力。例如，哈尔滨市将受新型冠状病毒感染疫情影响严重的文体娱乐、旅游等行业，纳入4亿元政府消费券支持范畴，鼓励广大公众积极参与冰雪旅游项目，同时也引导和鼓励各市场主体开展促销推广活动。在此背景下，哈尔滨冰雪大世界、太阳岛雪博会对满足条件的幼童、老年人、现役军人以及在抗疫斗争中作出突出贡献的医护人员等实行免票政策；伊春市S级以上滑雪场及特色民宿，联合开展冬季旅游消费优惠活动；牡丹江市对全体市民推出"年卡无限游"的优惠活动，实施全市各个景点"一卡通"；黑河、漠河亦推出相应优惠政策。

三是黑龙江2022年冬季将围绕冰雪文化元素，鼓励与引导各地区以"冰天雪地、美好生活"为主题，开展特色化、个性化的文旅活动。例如举办花滑、舞蹈、美术、书法等系列活动，为冰雪旅游注入"文化之魂"，让冰雪旅游和当地文化有机融合，相得益彰。

为了让广大公众更加方便、通畅地观光旅游，黑龙江还特意开通了340条国内外航线，增设了4条高速公路，高速公路贯穿全省，为前来黑龙江省赏冰玩雪的国内外游客提供交通便利。

由以上案例可见，新闻发言人制度是塑造和传播区域形象的重要途径和保障，能在满足区域内外受众知情权方面发挥积极作用。由于代表政府观点，新闻发布人对外发布的区域形象相关信息，更加具有权威性和公信力。尤其是在突发事件发生时，明确地方政府新闻发言人的责任和义务，充分发挥地方政府信息发布的主体作用，不仅能够加强地方政府的公关意识，而且能够扩大地方政府的影响力，并满足广大受众的知情权，有助于在新时代背景下塑造和提升区域形象。

二、建立网络舆情反馈机制

在完善区域形象信息发布制度的同时，建立网络舆情反馈机制也不可或缺。因为，这是及时了解区域内外社情民意的主要渠道之一，也是进行有效的危机公关和传播的重要保障。

黑龙江省有关部门在制定区域形象传播的决策和制度之前，还亟待通过各种途径，广泛收集区域内外民众提出的意见和反馈的问题，从而保证决策的可行性和实用性。移动互联网时代，建立能够收集、反映民意、民声的网络舆情反映机构显得尤为重要。

例如，2016年2月9日江苏常州的游客陈岩，跟随一个20多人的旅游团来哈尔滨旅游。旅行过程中，陈岩和旅游团其他游客被导游带到一家名为"北岸野生渔村"的饭店用餐。结果，等到餐后结账时才发现，这顿饭的价钱竟然高达10302元。游客们和北岸野生渔村饭店针对鱼到底是10斤4两还是14斤4两起了激烈争执，最后选择报了警。

2月11日，游客陈岩在新浪微博平台上撰文抱怨，表示他在黑龙江省旅游消费时"被宰"，并表达对当地民警执法的质疑和不满。此时网络舆情还处于潜伏期；2月11日—2月13日正值春节期间，哈尔滨有关部门及其政务微博对"天价鱼"事件均未能及时给予回复。然而国内其他媒体，包括中新闻、《新京报》等纷纷发文质疑此事，一时间互联网上代表不同立场的网民们开始打"口水战"，并逐渐升级到对黑龙江的攻击，导致黑龙江形象严重受损，此时网络舆情已经由潜伏期转入到爆发期。

2月15日，哈尔滨官方第一次发表回应，宣称"北岸野生渔村饭店"不存在"宰客"行为，且该游客已经与饭店达成和解，并调取监控录像，以证明当地民警不存在野蛮执法的行为。2月16日，该游客对哈尔滨官方回应进行反驳，表明确认单的签字并非本人签名，还透露此事曝光后不仅未能得到解决，而且收到诸多恐吓电话，已经对他的正常生活造成极大困扰。饭店对此做出回应，指出确认单的签字虽然是代签，但是经过该游客的同意。与此同时，当地工商管理部门指出，该饭店注册登记的是"北岸渔村饭店"，并没有"野生"二字，且该饭店的餐饮服务许可证已过期。此时广大网民们的热情依旧高涨，网络舆情进入持续期。

2月17日，哈尔滨有关方面组织"天价鱼"事件调查组。调查组经过调查后宣称，该饭店已经暂停营业，将对工商局反映的许可证过期等事实进行深入调查；2月18日，该调查组前往该游客居住地，向其询问事情的经过，同时对此事件造成的不良影响致歉；2月20日，哈尔滨"天价鱼"事件调查组对涉事饭店的老板进行调查。

2月21日，哈尔滨官方公布最终结果，"天价鱼"事件的真相是"北岸野生渔村饭店"殴打游客、严重侵害消费者合法权益，并表示相关民警确实存在执法不文明现象，有关部门决定对涉事饭店处以50万元罚款、吊销营业执照的惩罚措施等，并对涉事有关部门工作人员进行相应处罚。此时网络舆情进入衰退期，热度慢慢退去。

哈尔滨"天价鱼"事件发生后，中国经济网发表题为《哈尔滨"天价鱼"事件凸显旅游市场监管积弊》的文章认为，哈尔滨在"天价鱼"事件处理上存在诸多失误，直接暴露出相关部门执法不严、监管不力等问题，例如涉事饭店餐饮许可证过期却并未得到重视与查处、民警执法不规范却予以包庇等。最重要的是，哈尔滨政府在处理"天价鱼"的网络舆情方面，始终处于被动局面，未能及时抓住网络舆论话语权和主动权，也未能积极设置议题引导网络舆论发展，甚至没有相应的新闻发言人对此事进行有效回应，由此造成的哈尔滨"天价鱼"事件直接损毁了黑龙江形象。与此同时，澎湃新闻网亦发表题为《官方处理哈尔滨"天价鱼"遭质疑 否认偏袒商家》的文章表示，2月15日哈尔滨官方公布的调查结果不严谨，很多网友不买账并质疑此调查结果。

新浪微博一位网名为"警察蜀黍"的网民发表帖子称，哈尔滨官方发布"天价鱼"事件的相关信息不严谨，不尽如人意，是近年来地方政府处理舆情事件最差劲的一个真实例证。该帖子短时间内就被转发336次，影响人次高达129.15万人，一时间在网民间产生了强烈共鸣；还有网友对哈尔滨官方"风声大雨点小"的调查结果表示强烈不满，对当地形象造成了极大污损。还有网友发文称，哈尔滨有关部门收到游客投诉后，第一时间并不是调查真相，而是千方百计地试图掩盖事实，直到网络舆论反响强烈且事态不断升级后才予以重视。这种针对网络舆情的倦怠工作作风，使哈尔滨市乃至黑龙江省"宰客""黑客"的网络骂声此起彼伏，对其旅游名城的形象造成了负面影响。

综上所述，黑龙江省应该尽快建立、完善网络舆情反馈机制，具体可以采取如下方法：一是拓展政民沟通渠道，完善市长热线、市长接待日等制度；二是持续推进民意调查，由省市有关公关机构牵头，定期或者不定期地开展民意测验活动，积极倾听民声、民意，从网络舆情动态中快速了解和掌握黑龙江省在广大网民心目中的形象，以便有针对性地解决影响黑龙江形象建设过程中的各方面问题。

### 三、推进媒体管理体制创新

大众媒介是区域形象建构的重要渠道和载体，推进媒体管理体制、机制创新，是实现媒体形象、政府形象、区域形象建构和传播的内在要求。政府与媒体各有其层次与等级，管理体制机制创新，既要求媒体体系内部进行纵向的关系改革，又要求相应层级政府改变对主管、主办媒体的管理方式。

新时代背景下，政府部门需要加快推进媒体管理体制机制的创新：一是放松媒体规制，激活媒体发展活力。媒体管理体制创新才能使媒体市场保有活力并正常运转，此外加强政府对媒体的引导，不断增强媒体的舆论引导水平，提升媒体对政府政策的把握和理解水平，才能实现媒体持续发展与区域形象高效传播的双赢。二是建立健全媒体信息管理制度，加强对媒体传播行为的引导与规范。制度和立法保障是保证政府信息公开和传播的核心要素，政府部门在放松媒体管理体制规制的同时，还需要加强对媒体传播行为的法律规范，与此同时树立行业规范，营造和谐、有序的媒体生态环境。三是建立健全配套措施，建立和谐的政媒关系。

为更好塑造区域形象，媒体也应当担负起自己的社会责任。事实上，曾经相当严重的地域歧视现象背后，就有媒体推波助澜的影子。无论区域内媒体还是区域外媒体，都属于神圣的社会公器，担负着为广大民众传递信息、监测环境、维护社会公平及正义的使命，理应努力保证大众传媒资源的合理、公平分配，从而满足区域内外受众对信息不同层次、不同渠道、不同形式的多样化需求，有意无意地制造区域不平等，歧视某些区域的公众，不仅将损害他们的利益，还会导致社会群体间的冲突乃至社会矛盾的发生，因此任何有良知的媒体都应该摒弃炒作区域负面信息、助长区域歧视的恶行。

### 四、健全新闻传播法律法规

2011年，故宫博物院对外发布消息说有七件展品失窃，随后各大媒体纷纷转载《故宫价值数千万展品被盗，传已锁定27岁非京籍疑犯》，引发众多网友关注。然而，众多网友的关注点并非在故宫展品失窃上，而是在新闻标题的"非京籍"上，引发了对媒体机构存在地域歧视的讨论。

地域歧视如同性别歧视、种族歧视一样，在全球范围内都司空见惯。这种现象的发生，除了历史遗留因素外，还与一些媒体机构带有各类歧视和偏见的新闻报道有关。正是由于地域歧视现象的存在，还使一些媒介机构滋生了地方保护的趋势。例如一些新闻媒体对于黑龙江地域歧视的表现之一就是经常给黑龙江贴"标签"，有意无意地宣扬黑龙江除了"穷""乱"，还有"黑社会"，这就让区域外不了解真相的人心生恐惧。2018年1月2日，企业家毛振华在微博中发布了一段视频：他站在黑龙江亚布力滑雪场，控诉自己及旗下企业在当地被欺负、被愚弄的经历。这件事情迅速引燃网络，当地官方随即展开调查，并给出初步处理结论。该微博的转发者和评论者的言论，大都带有鲜明的地域歧视意味，如"果然是投资不过山海关"，"如果东北不把这些败类彻底清除掉，东北振兴无望"。

近年来，一些社会化媒体关于东北的各种信息中，充斥着各种负面内容，如《东北人激烈打架实拍》《男子辱骂东北妇女遭车上东北人群殴》《东北人怎么看东北经济困境：不干正事，人情世故却分得特别清楚》等，不少区域外人士印象中的东北人、黑龙江人是这样的："大金链子紧身裤，快手喊麦社会摇，见面一句你瞅啥，实力摇人打电话，低俗段子天天有，张口闭口东北话。"这些社会化媒体上东北人经常被贴上"恶棍""土匪""懒鬼"的标签。

针对国内一些媒体中存在的歪曲黑龙江形象、恶意进行地域歧视的行为，笔者认为，应当通过健全新闻传播法律法规、量化反媒介地域歧视条款予以制止。事实上，国内法学界关于"反歧视法"立法的讨论由来已久，但是截至目前仍然未付诸实践中。我国关于地域歧视的法律法规目前还处于空白状态，关于媒体地域歧视现象的法律法规更是无从谈起。我国宪法第三十三条明确规定"中华人民共和国公民在法律面前一律平等"，但是这一条例较为宽泛笼统，仅仅为反对媒体地域歧视等行为提供了基本的法律依据。在当前全面依法治国的社会宏观背景下，反对媒体地域歧视行为应该尽快被纳入法制渠道，我国相关立法机构应该建立和完善反对媒体地域歧视现象的相关法律法规体系，建立相应的反歧视部门，有效监督社会中可能存在的各种歧视行为，而且允许法院等司法机关依法受理各类歧视案件并依法作出判决。

笔者认为，要想从根本上遏制甚至杜绝媒介地域歧视现象的发生，最有效的做法是完善与健全现有的司法体系，通过对司法解释或者对现有法律法规的完善和补充来解决当前困扰新闻界的难题。现有的法规、条例有不少，但是惩处负面新闻制造者的行之有效的方法和案例却很少。在此情形下，有关政府部门应当细化相关惩戒措施，加强对媒介地域歧视行为的处罚力度，有关部门也应该尽快出台一套行之有效、完善系统的处罚细则，对上述信息传播者严厉处罚，以维护某些弱势区域的客观形象。

### 五、鼓励公民参与区域形象传播

2020年11月11日，一个叫作丁真的藏族康巴男孩，仿佛一夜间就火了，短时间内不仅霸占了热搜，而且在一些短视频APP上，其单个视频点赞量竟超过300万。从丁真走红的视频里，网民们看到他健康、黝黑的皮肤，一双睫毛浓密的大眼睛，脸上挂着腼腆却又羞涩的笑容。《人民日报》甚至点评丁真的爆火现象："真正让他成为'顶级流量'的，是他对家乡、对生活的热爱，更是在他走红之后依然保持的纯真本色，让人们看到一颗赤子之心。"[①]随后，被网友们称为"甜野男孩"的丁真，成为他的家乡——四川省甘孜州理塘县的旅游形象大使，开始拍宣传片为自己美丽的家乡代言。

再如，演艺界明星黄晓明，也是最乐意为家乡代言的青岛籍名人之一，他除了出资设立青岛第一中学"黄晓明优才、优艺、优教奖"，还捐资修缮高中艺术楼，参与家乡各类慈善活动，甚至在综艺类节目《中餐厅》中，黄晓

---

[①] 《人民日报：珍视"丁真们"的纯真，网友热议：希望他一直保持纯真》，来源于光明网，https://m.gmw.cn/baijia/2020-12/01/1301856709.htm/，2020-12-01，16:03。

明经常提到自己是青岛人,由此被很多网友称为"青岛之光"。

联系到黑龙江形象传播,亦应该鼓励当地籍贯的公民,包括那些已经走出黑龙江、活跃在国内外的名人积极参与黑龙江形象传播。例如近年来,从黑龙江走出去不少演艺界明星,包括李冰冰、孙红雷、赵文卓、宋佳、张翰、贾乃亮、韩庚、沈腾等,当地政府可以邀请其中德艺双馨的演艺界明星为家乡代言,发挥其"名人效应"。例如,2019年9月第二届黑龙江省旅发大会上,由周巍作词、刘峤谱曲,歌手李健、高进,世界冠军杨扬、申雪、赵宏博、张虹,以及影视明星王宁、任天野、刘之冰、佟瑞欣等黑龙江籍影视明星,以及黑龙江广播电视台主持人共同献唱黑龙江形象宣传曲《我在黑龙江等你》。这首歌的词作者周巍说:"这首歌代表着黑龙江的情怀。把黑龙江值得推荐的景色,用赋比兴的手法一一展现,我在黑龙江等你,不光是美景,'丹顶鹤的歌声在等你,北极光的心愿在等你,火山岩的心跳在等你,索菲亚的钟声在等你',还有在外面漂泊的人,家人们也在等你!"[1]

## 第八节 建立危机预警机制,做好危机传播管理

随着我国经济总量快速增长,以及社会分层带来的复杂发展趋势的时代背景下,全国各类突发性公共危机事件层出不穷,如果处置不当,极易使地方政府和区域形象受损。地方政府作为区域各种公共事务的管理者,务必承担起危机管理的职责,在突发性危机事件发生后妥善进行危机管理,有效"转危为安"。

危机事件不期而至,处置不当往往会给区域形象带来严重损害。我国许多媒体往往习惯在重大突发性危机事件发生后,先向上级主管部门上报、请示,以避免承担政治责任或开罪权势机构,而后再周密安排、谨慎措辞。然而,这种应对方式带来的直接结果就是区域外媒体的发问、猜测,以致社会上各种谣言四起,导致媒体丧失主动权和公信力,贻误最佳的报道时机。

例如,2005年11月13日,吉林石化公司双苯厂胺苯车间发生爆炸后导

---

[1] 《家乡情怀,家乡歌——〈我在黑龙江等你〉响彻祖国大地!》,来源于澎湃网,2019-10-10,11:30。

致大量苯流入松花江，松花江下游城市哈尔滨由此面临严重污染。对于突发性公共事件，哈尔滨市有关部门先是以"维修管道"为由向全体市民发布停水公告，引起不明事理群众猜忌与恐慌，超市里一度出现抢水狂潮；当地机场、火车站等交通枢纽挤满急于离开哈尔滨的市民。直到11月22日，哈尔滨市政府才意识到混淆、愚弄百姓视听的公告所带来的负面影响，才随即承认停水与吉林石化公司爆炸案有关联，但是政府的道歉并没有彻底打消广大公众的质疑与恐慌，反而引起了当地市民对政府的极大不信任。哈尔滨市政府形象是黑龙江区域形象的重要组成部分，如果其负面形象过于严重，无疑会殃及黑龙江整体形象。为了防微杜渐，危机事件发生前后，有关政府部门应该做好以下三个方面的工作。

## 一、建立危机预警机制，提升危机处理能力

为避免突发公共危机事件给广大公众造成伤害，地方政府应该建立危机预警机制。具体来说就是，政府部门采取定性、定量相结合的办法，通过事前监测、评判，及时发现危机的诱因和征兆，由此做出危机预警的管理行为。从危机管理体系来看，危机预警实际上是事前管理的范围，也是相关组织机构由常态管理到危机管理的重要一环，危机管理一方面是组织机构日常风险管理的延续，同时也是危机管理实践的开端。①

2022年春节临近之际，全球新型冠状病毒感染疫情大流行形势却日趋严峻，特别是奥密克戎变异株的出现又给全球疫情防控带来新挑战，此时我国多个省市仍然时有发生本土疫情，且存在多链条、多渠道传播特点。为有效控制和降低疫情传播风险，1月7日，黑龙江省各地新型冠状病毒感染疫情防控指挥部通过《生活报》微信公众号，以"公告""通知""一封信"等形式发布各地返乡要求。依兰市要求返乡人员需要提前14天向目的地社区、村（屯）报备，鸡西市则要求返乡人员要提前填写目的地的信息采集码，宾县则倡导广大公众就地过年等。该推文还着重强调，各地游子返回黑龙江省之前，一定要提前了解家乡的防疫要求，避免影响行程。该微信推文较好地宣讲黑龙江省各地的防疫政策，对各地返乡人员进行提前预警，为黑龙江各地平安

---

① 胡百精：《危机传播管理——流派、范式与路径》，中国人民大学出版社2009年版，第86页。

过年打了"预防针",发挥了危机预警的重要作用。

## 二、完善信息发布制度,公开透明报道危机事件

危机事件发生后,有关政府部门要在危机传播中完善信息发布制度,保持开放、透明的心态,敢于真实、客观、公开地报道危机事件的前因后果,并真诚允许区域内外媒体对危机事件进行采访报道、监督批评。

当该区域处于舆论漩涡之中时,有关政府部门应该积极主动地建立新闻发布会制度。一方面,可以通过新闻发言人及时发布权威、客观的信息,告知受众危机的起因、后果、应对措施及进展,避免恐慌并能主动争取受众的理解、支持,防止危机情绪在受众中的进一步扩散;另一方面,政府应有计划地管理新闻媒体,有效引导其为政府危机管理服务。政府应加强与大众媒体的沟通与交流、协调与合作,不仅要紧密依托大众媒体发布各类新闻信息、正确引导社会舆论,而且要组织政府官员、有关专家学者,以及新闻事件当事人,通过大众媒体与区域内外公众展开积极对话,实现双向互动与交流,及时为广大受众释疑解惑,有效舒缓受众烦躁情绪,从而积极地引导社会舆论。

例如,2021年12月初,哈尔滨市在六个主城区进行第一轮全员核酸检测中检出初筛阳性感染者1人。哈尔滨市新冠疫情防控指挥部为进一步及时发现和控制传染源,切实保障人民群众生命安全和身体健康,决定在12月4日8时启动哈尔滨六区第二轮全员核酸检测。为更好地告知哈尔滨广大公众关于疫情防控工作的重要性,避免不必要的紧张和恐慌,争取广大公众对于核酸检测工作的支持和配合,《哈尔滨日报》在接下来的半个月时间里,通过该报微信公众号及时、公开、客观地发布多篇有关疫情防控方面的新闻报道,12月6日发表《哈尔滨:时空伴随者"赋黄码"主动配合"三天两检"》《哈尔滨市香坊区充分发挥党组织和党员作用筑牢疫情防线》《冬日暖阳:寒风中200多名老年志愿者在核酸采集点维持秩序 录入信息》《聚力同心 打好疫情防控歼灭战 哈尔滨市道外区1700余家餐饮企业暂停"堂食"》等,12月7日发表《哈尔滨市生活必需品市场供应充足 品类丰富》《强化措施"多码联查"哈尔滨市道外城管局筑牢防疫屏障 南岗市场监管局"智慧"防控》等,12月8日发表《公厕管理员主动请缨承担跨越30公里值守》《火速集结,830名青

年志愿者奔赴战"疫"一线》《隔空并肩！父女俩化身"战友"共同参与社区战"疫"》等。近一个月的时间里，《哈尔滨日报》通过微信公众号，及时发布了本轮新型冠状病毒感染疫情防控的"一线战报"，对于及时化解社会谣言，有效引导社会舆论，团结各方面的疫情防控力量，共同抗击疫情的严峻形势，无疑起到了凝神聚力、众志成城的重要作用。

在黑龙江省抗击新冠疫情的相关报道中，可以看出，省市相关大众媒体在对外传播危机信息时比较及时，对区域内外广大公众发出最有权威的声音，不仅有效引导社会舆论，而且在社会谣言以及负面情绪泛滥的情况下掌握信息传播的主动权，有效保证黑龙江形象没有因为这次危机事件而过多受损。

事实一再证明，危机事件发生后，有关政府部门稳定民心、保持社会秩序良好运转的最好方式，就是积极有效、客观公正地发布相关新闻和信息，这也是有效维护区域形象，树立政府部门权威性和公信力、化危为机的最好机遇。

### 三、总结危机处理经验，做好危机恢复管理

作为危机管理体系中的重要环节，恢复管理是危机事件后摆在政府部门面前的首要任务。因为危机事件的暂时平息，并不意味着危机管理的终结。如同危机预警、计划实施一样，恢复管理同样决定着整个危机管理的成败。

当然，恢复管理是复杂的，因为无论是常态运营秩序、管理结构的回归，还是区域形象和价值系统的重建，都需要相关政府部门像之前化解危机事态一样做出艰苦努力。

在危机恢复时期，地方政府应该把工作重心从遏制危机事件转移到危机问题的总结与解决方面。此时，危机恢复管理的焦点就是彻底根除危机存在的诱因，以防范类似危机事件的再次发生或者升级。

## 第九节　紧跟龙江发展需要，培养龙江形象代言

改革开放40多年来，我国经济社会的发展日新月异，取得了举世瞩目的伟大成就，而各个区域之间的交往则是日益频繁，不少区域尤其是东南沿海区域形象不断提升，但是东北区域形象，尤其是黑龙江区域形象的传播能力

建设仍然不够理想。笔者认为，造成这个问题的原因是多方面的。

第一方面，黑龙江省主流媒体主要有黑龙江电视台、《黑龙江日报》、黑龙江人民广播电台、《生活报》、《新晚报》以及各地市所属的党报、电台、电视台等，但相对于黑龙江 3000 多万的人口基数，大众媒体资源则十分有限，而且这些媒体的信息传播范围往往只集中于本省、本市，少有覆盖全国受众的能力。虽然这些区域内的大众媒体主观意愿上愿意提高黑龙江形象，却往往有心无力。

第二方面，则是缺乏相应的黑龙江形象传播人才，尤其缺乏具有跨文化传播能力的高素质形象传播人才。因为在过去很长一段时间里，我国大多数高校对新闻传播人才的培养模式就是"新闻业务+新闻理论"的模式，较多强调新闻采访、写作等业务能力的培养，但是这种传统的新闻人才培养模式，只能适应新闻机构里较浅层次的新闻采编工作。

在当前这个全新的新媒体时代，如何紧跟日新月异的区域发展形势，培养具有政治素养、理论素养、社会素养、跨文化素养、融媒体素养这五项基本素养和能力的区域形象传播人才，是高等新闻院校需要研究和探索的一个重要课题。

## 一、过硬的政治素养

区域形象传播人才往往要代表区域利益和区域形象，向区域内外受众就该区域的一些重大问题、重大事件，从政治角度阐明该区域经济、社会发展过程中的各项方针和政策，分析该区域社会发展中的新事物、新问题等。所以，区域形象传播人才首先要具备政治素养。

所谓政治素养，就是把政治方向摆在第一位，把握政策的能力强；其次是指要具有强烈责任感和使命感。可以说，一个没有强烈责任感和使命感的人，不可能成为区域形象传播人才。具体总结区域形象传播工作者的政治素养主要体现在如下两个方面：第一方面，区域形象传播工作者的政治素养，首先表现在要有正确的立场、坚定的信念，熟悉和了解该区域经济社会发展中的各项方针和政策，同时也要同国家保持政治上、思想上的高度一致。这也是对区域形象传播工作者一条最基本的政治要求。第二方面，区域形象传播工作者的政治素养，还表现在阐述该区域的各项路线、方针、政策，以及关于区域内一些重大工作、重要问题的言论，要力求从内容到文字都准确可靠，切不可掉以轻心、论出多门。

2015年1月，哈尔滨道外区太古头道街的北方南勋陶瓷大市场发生火灾，救灾抢险过程中造成5名消防员死亡、14人受伤。然而在次日的哈尔滨官方微博上，全文多次提及"领导高度重视"，对于以身殉职的消防员几乎没有任何描述，只是简单带过，此举引发了众多网民的反感和愤怒。

对此，《中国青年报》刊发报道《灾难通报为何只突出领导重视》，指出目前我国官方语言与群众语言体系方式已经存在显著差异。哈尔滨突发火灾事件之后，官方不断强调"领导重视"的论调，普通网民却更多关注突发火灾事件幕后的真相，关心受灾群众是否得到有效救助，关切因公殉职的消防员战士是否能够得到合理补偿和关爱体恤。然而，哈尔滨官方一副冷冰冰的面孔，首次报道中关于"领导高度重视"的文字竟然占到整篇通告的一半以上。这种高高在上、罔顾牺牲战士和受灾群众的冷漠态度令很多网民不满、愤怒和寒心。

此次网络舆情事件告诫我们，政府部门应该强化区域形象传播者的政治理论水平，优化和完善新闻发言人制度，在突发性公共事件发生后第一时间披露相关讯息，及时、主动地与广大公众进行沟通和交流，直面、积极地回应百姓关切，以此维护地方政府部门的良好形象。

## 二、坚实的理论素养

所谓理论素养，就是指区域形象传播工作者自觉运用马克思主义世界观、方法论，向区域内外公众正确阐述该区域的各项方针政策，全面而非孤立地、系统而非零碎地、发展而非静止地去分析区域内各种社会现象，帮助区域内外公众提高认识和传播该区域形象的能力。

在区域经济、社会发展过程中，由于历史文化和自然地理等各方面的不同，我国不同区域公众的思想活动必然会表现出多元性和差异性。区域内的大众媒体或者是区域形象代言人，应该始终保持清醒头脑，用科学的马克思主义世界观、方法论，用进步的文化、思想理论体系，去影响区域社会向积极、健康方向发展。作为一名区域形象传播工作者，要准确把握区域的各项方针政策，虽然我国各个区域的历史文化、经济发展程度各异，但是各个区域之间都是平等的，任何形式的区域歧视都有违各区域之间的公平与正义。在对外传播过程中，区域形象传播工作者应注意克服不同区域之间存在的误解和不平等问题，避免以本区域为中心对其他区域进行地域歧视、污名化等现象。

例如，南京市《现代快报》曾经刊发的新闻报道《擀面杖插进醉汉肛门》，指出当事人是安徽人；刊发的新闻报道《这是她第二次路边生孩子》，强调当事人是徐州人；刊发的新闻报道《七夕浪漫夜，失意女孩离开这世界》，直言当事女孩是湖北人。该报还刊发过一些新闻报道，如《熟睡女孩遭遇咸猪手》《煤气泄漏遇火花，爆燃灼伤少女》《女孩当街被打断鼻梁》，直接将当事人以"外地人"或"不是这里人"一笔带过，一定程度上显示出对当事人的不尊重，渗透出该报的地域歧视趋向。

与上述负面报道相对应的是，一些好人好事如果涉及南京本地人，那么该新闻报道则会突出交代是"南京人"所为。例如，2011年2月16日《现代快报》刊登了《拾金不昧的人一下冒出俩》。这篇新闻报道中有两则小消息，第一则消息的标题是"第一个是南京好小伙"，读者们乍看标题一般会认为这个"拾金不昧"的人是南京人。南京《现代快报》对本地域的"保护"、对他地域的"歧视"，潜移默化之中将影响到读者对该区域的认识和看法，甚至影响到他们观察和判断世界的水平和能力等。由于地域歧视和地方保护现象目前难以根除，未来还将长久存在，因此作为区域形象传播者应该不断提高自己的政治、文化、思想理论水平，坚守新闻报道的客观性、公正性，避免因个人主观因素而造成区域形象传播的失信、失真和失衡。

## 二、扎实的社会素养

区域形象传播工作者要"吃透两头"，一头是我国的各项路线、方针、政策以及各项主张；另一头是区域内人民群众的要求、愿望，区域内的各方面实际情况。这就要求区域形象传播工作者能"上天入地"。所谓"上天"，就是掌握我国的各项路线、方针、政策和重要部署、工作意图；所谓"入地"，就是充分了解本区域，充分了解本区域内民众的实际需求。这就是说，区域形象传播工作者一定要具备社会活动家的本领，要熟悉区域各方面情况，对区域未来发展趋势也要了然于心。

例如，2015年11月27日，习近平总书记在中央扶贫开发工作会议上指出，社会主义的本质要求就是要让中国共产党带领广大群众消除贫困、改善民生、逐步实现共同富裕，接着《中共中央国务院关于打赢脱贫攻坚战的决定》正式发布。为了打赢这场举世瞩目的脱贫攻坚战，各地方政府都制定了翔实可靠的实施方案。2018年1月，黑龙江省委、省政府印发《关于打赢脱贫攻坚战的实施意见》，细化黑龙江各地、各部门扶贫的具体措施和行动计划，提出"到2018年年末，完成10个国家级贫困县摘帽，564个贫困村、66万贫困人口脱贫；到2019年年末，完成10个国家级贫困县摘帽，538个贫困村、65万贫困人口脱贫；到2020年，稳定实现全省农村贫困人口不愁吃、不愁穿，义务教育、基本医疗和住房安全有保障，届时确保黑龙江现行标准下211万农村贫困人口实现脱贫，28个贫困县全部摘帽，解决区域性整体贫困"[①]。

2018年10月，习近平总书记又对脱贫攻坚工作做出重要指示，强调改革开放40年以来，中华民族人民接续奋斗，让7亿多人口摆脱了贫困，现在脱贫攻坚进入最为关键的阶段，各地区、各部门要切实担起责任、真抓实干，一定要如期打赢脱贫攻坚这场硬仗。

决战脱贫攻坚，决胜全面小康，需要巨大的物质力量和精神力量。讲好"脱贫攻坚"故事，并以此激发当地广大干部群众坚不可摧的信心和斗志，这对凝聚脱贫攻坚的精神伟力至关重要。为此，在脱贫攻坚的伟大战役中，黑龙江大众媒体充分发挥"宣传员""鼓动者"的重要作用，先后开展主题采访"走向我们的小康生活"，以及调研活动"全面建成小康社会百城千县万村"等，聚焦讲好脱贫攻坚中的感人故事。这些对于记录黑龙江脱贫攻坚伟大壮举、讴歌黑龙江奋进拼搏伟大时代、绘就黑龙江幸福生活底色具有重要意义。

2020年3月25日，《黑龙江日报》刊发了《绥化市脱贫攻坚工作纪实》，报道黑龙江省绥化市6个国家和省级贫困县相继摘帽，429个贫困村全面完成退出任务。绥化市16.4万贫困人口中已有15.8万人实现脱贫，贫困发生率由建档立卡之初的5.7%降至0.15%。脱贫人口平均收入达9615元，年均增

---

① 黑龙江省委、省政府：《关于打赢脱贫攻坚战的实施意见》，来源于中国政府网，http://www.mdj.gov.cn/zt/fpzj/czfpzc/201909/t20190912_287744.html。

幅21.9%；2021年3月10日《黑龙江日报》刊发《黑龙江省举办"全国脱贫攻坚先进个人"媒体见面会 五人分享脱贫攻坚故事》，报道黑龙江省政府新闻办公室举行"全国脱贫攻坚先进个人媒体见面会"，佳木斯市扶贫开发工作办公室主任聂影、齐齐哈尔市泰来县平洋镇平洋村扶贫车间主任乔福军等5名"全国脱贫攻坚先进个人"代表，讲述他们的脱贫攻坚故事。

截至2020年年底，黑龙江省在党的脱贫攻坚政策引导下，取得了显著的脱贫扶贫成果，共有20个国贫县、8个省贫县脱贫摘帽，超额完成了区域性整体脱贫目标。黑龙江省新闻媒体贯彻推进"走基层"，通过开展"我身边的小康"等诸多民生走访采访活动，将报道面向广大基层群众，保证新闻作品的接地气、人性化。如"走向我们的小康生活"主题采访等一系列活动，将报道面向广大人民群众共同富裕、共建家园的社会实践活动，一方面结合具体实例，表明人民群众在党和政府的引领下创造美好幸福生活的成果与成就，另一方面则通过这类新闻报道，展示当地人坚韧不屈、脚踏实地、勇于拼搏奋斗的精神，从而用群众身边的故事，激发广大受众的共鸣，使新闻报道更得人心、更合人意。

为了多维视角见证黑龙江脱贫攻坚的决胜成果，当地大众媒体还报道了一大批体现时代精神的典型人物、一大批优秀的扶贫干部，邀请他们讲述脱贫攻坚、决战决胜的故事，以此表彰先进典型人物和感人事迹，大力弘扬扶贫先进们不忘初心、舍我其谁的勇于承担精神，守望相助、毫无私利的大爱精神，奋勇争先、不甘人后的拼搏精神。实际上，参与脱贫攻坚、决战决胜故事报道的黑龙江省新闻记者已经多达几百人。这就需要编采人员具有较强的社会交往能力，如果新闻记者缺乏社会活动家的本领，那么他是难以请到这些典型人物、先进代表的，难以保证脱贫攻坚、决战决胜故事报道的权威性、真实性、公正性和客观性，也就难以讲好黑龙江脱贫攻坚的故事，难以塑造黑龙江的正面形象。

四、优秀的跨文化传播素养

就现有的研究成果来看，国内外关于跨文化素养的认识尚未达成一致意见。如丹麦学者马丁·卡德尔·格森指出跨文化素养具体可分为如下三大维度：一是认知维度，即人们对母语文化和异质文化共性与差别的理解与认识；

二是情感维度，主要涉及移情能力、消除刻板印象、规避文化中心主义等层面；三是行为维度，主要是指人们能够采取得体有效的行动进行交往互动。总体来讲，跨文化素养除了具有移情能力、包容能力等个人特征外，还需要具备超越民族中心主义思想的能力、以开放包容的姿态接纳与欣赏其他文化的能力、在多元文化情境下作出恰当行动的能力。①

笔者认为，新时代区域形象传播人才应该具备如下跨文化素养：一是尊重不同地域文化，且对于不同文化能够表现出开放包容、辩证看待的一面；二是充分掌握跨文化理论知识及其相应的理论方法，能够准确分析出不同文化的差异性和共性特征，做到求同存异，认同文化的多样性；三是能够以理性中立的立场对不同文化现象或产品做出客观评价；四是能够与其他地区的民众或不同文化背景的人进行积极、有效的跨文化沟通交流。

总而言之，一名优秀的、具有跨文化素养的区域形象传播工作者，首先必须熟悉本地域文化，且要对本地域文化有非常深刻的了解，因为你只有真正了解、热爱本地域文化，才能更好地宣传好它，使其在区域形象传播上得到更多的尊重和理解，也为它的传承和发展，赢得了更为广阔的区域形象传播环境；此外，我们在传播本地域优秀文化的同时，还要善于在对外文化交流中，学习和借鉴他地域的先进文化，为不同地域文化的融合与发展作出应有的贡献。

2022年2月4日北京冬奥会开幕式上，6名为中国冰雪事业作出过杰出贡献的运动员，作为奥林匹克会旗护旗手亮相。6名护旗手中有5名旗手来自黑龙江，他们是罗致焕、韩晓鹏、申雪、张会、张虹。其中，罗致焕是1963年速滑世锦赛男子1500米冠军，也是中国首个冬季项目世界冠军；韩晓鹏是2006年都灵冬奥会自由式滑雪男子空中技巧决赛中的金牌得主，夺得了中国在冬奥会历史上的首枚雪上项目金牌；哈尔滨双人滑运动员申雪、赵宏博在2010年温哥华冬奥会上获得了双人滑项目的金牌，实现了中国冬奥花样滑冰金牌零的突破；短道速滑运动员张会，则是2010年温哥华冬奥会短道速滑女子3000米接力冠军；速滑名将张虹，夺得了2014年索契冬奥会速度滑冰女

---

① 涂玉龙、刘汉祥：《跨文化背景下的跨文化能力管理探析》，《湛江师范学院学报》2009年第4期，第3页。

子1000米冠军，实现了中国冬奥会速滑项目金牌零的突破。

对此，黑龙江新闻媒体第一时间浓墨重彩给予报道。2月4日23点29分《黑龙江日报·龙头新闻》刊发了《持奥林匹克会旗入场 6名护旗手5人来自咱龙江》，2月5日8点38分哈尔滨新闻网刊发了《开幕式家乡选手纷纷亮相，6名奥林匹克会旗护旗手，5名来自咱黑龙江》。与此同时，国内其他媒体包括腾讯网、澎湃在线、东北网、中工网、中新网、搜狐网、九派新闻、新浪网、网易新闻、东方体育等纷纷转载这一新闻。省内外诸多新闻媒体的宣传和报道，对于传播黑龙江冰雪文化，弘扬黑龙江人拼搏奋进、昂扬向上的精神风貌，提升黑龙江区域形象无疑起到了正向、助推的作用。

五、全面的融媒体素养

区域形象传播人才的政治素养、理论素养、社会素养、跨文化素养，最终都要通过新闻宣传表现出来。所以，区域形象传播人才的融媒体素养，也是十分重要的。区域形象传播人才的融媒体素养，主要体现在熟练运用新媒体讲故事的能力：利用微博、微信、Facebook、YouTube等海内外社交媒体平台，通过直播、短视频等形式，真实、生动、形象地讲述黑龙江经济、社会、文化发展变化的故事；利用无人机航拍、AI人工智能、VR虚拟现实、AR增强现实等新技术，将黑龙江故事与新媒体结合，丰富延展黑龙江故事的呈现形式，使黑龙江故事成为有流量的世界公众话题。

北京2022冬奥会期间，《黑龙江日报·龙头新闻》专门设置《冰雪龙江 迎北京2022冬奥会》栏目，先后刊发了《走进中俄艺术"殿堂"来场人文之旅》《一生难忘！来感受五国"冰城堡"与冬奥的故事》《火山 冰湖 温泊……五大连池 这里是北京冬奥会宣传片取景地》《来哈尔滨冰雪大世界 看42米高的主塔"圣火之巅"》等。这些新闻报道以文字、照片、短视频、直播等多种多样的形式，通过省内外媒体平台以及微博、微信等社交媒体平台同步播出，将"北国好风光 尽在黑龙江"的旅游品牌，变成国内外八方游客实实在在的体验与感受。在"奥运效应"助推下，龙江冰雪游不断升温。黑龙江日报报业集团联手黑龙江省文化旅游厅，专门打造"龙江文旅"频道，全方位、多角度地在线宣传龙江冰雪旅游资源和旅游产品，此举使"龙江冰雪故事"成为全世界的亮点，也成为有流量的世界性话题。

总之，区域形象传播人才的素养是综合的整体。区域形象传播人才需要具备的素养分成政治素养、理论素养、社会素养、跨文化素养、融媒体素养五个方面。实际上，五者是相互关联、相互促进的。一名优秀的区域形象传播人才，应该不断增强自己这五方面的素养，这既是我国区域形象传播工作的需要，也应该是区域形象传播人才自己的人生追求。

# 结　语

在漫漫的历史长河中，伴随着经济形态演变、文明变迁与朝代更迭，黑龙江在向前发展取得辉煌业绩的同时，也时时经历着挫折，黑龙江形象在历史发展的波峰与波谷间跌宕起伏。

黑龙江曾是清朝皇家的大后方、发家之地，被清朝皇室视为"龙兴之地""风水宝地"。1949年中华人民共和国成立后，黑龙江凭借着丰富的自然矿产资源，得到了迅猛的发展。当时黑龙江是重要的能源基地，是主煤炭调出省之一，有鸡西、鹤岗、双鸭山及七台河四大煤矿，是中国煤油焦煤的重要产区之一，有中国最大的油田——大庆油田。这些都是新中国成立初期国家急需的资源，所以黑龙江在这个时期可谓非常风光，很多人竞相去黑龙江"淘金"。

然而，到了20世纪90年代后，黑龙江的风光逐渐暗淡下来，几大资源城市开始为有限的资源而担忧，全国的经济开始转向可持续发展阶段，高污染的资源不再那么受青睐，加之科技的发展，其他地区崛起得更快，特别是长三角和珠三角。东北三省的GDP总额虽然在增加，但是黑龙江经济增速持续下降，2017年在全国GDP增速排名已经位居最后几位。造成这种局面的原因很多，比如资源减少，人口老龄化，缺乏政策红利等。此外，还有一个非常重要的原因，就是黑龙江人口资源持续减少。以前黑龙江是人口净流入地，现在黑龙江是人口净流出地，北上广深等一线城市对黑龙江人才造成了强大吸引力。

在此背景下，习近平总书记在参加2016年全国"两会"黑龙江代表团审议时指出，振兴东北要扬长避短、扬长克短、扬长补短，向经济建设这个中心聚焦发力，打好发展组合拳，奋力走出全面振兴新路子；2018年9月，习近平总书记考察东北三省，主持召开深入推进"东北振兴"座谈会时指出，要强调以新气象、新担当、新作为来推进"东北振兴"，要明确"新时代东北振兴"是全面振兴、全方位振兴的新思路；2020年7月30日，习近平总书记在吉林考察时再次强调，一定坚持"新发展"理念，扎实推进"东北振兴"战略，在东北三省全面建成小康社会、决战脱贫攻坚。习近平总书记特别强调："希望大家发愤图强、不负韶华，在推动东北振兴中奉献聪明才智，在实现中华民族伟大复兴中国梦的进程中书写壮丽的青春华章。"

当前，黑龙江正处于东北全面振兴的关键时期，全面贯彻落实党的二十大、十九大和十九届二中、三中、四中全会精神，扎实推进习近平总书记在"深入推进东北振兴座谈会"上的重要讲话，以及对黑龙江省数次重要讲话、重要批示精神，推进黑龙江不断朝着"强起来"的目标奋进。

从黑龙江经济可持续发展的角度来看，黑龙江形象不仅是黑龙江软环境、软实力、无形资源的一部分，它还是黑龙江精神文明和物质文明的外在表现，代表着黑龙江自然、经济和社会发展的整体水平。在东北全面振兴的大背景下，大众媒介应该紧紧抓住这个大有可为的历史性机遇期，重塑黑龙江形象，客观呈现黑龙江形象，肩负起社会责任和光荣使命。在黑龙江形象建构与传播的过程中，大众媒介应当在完善媒介制度的基础上，以更科学的传播理念和积极的传播策略，服务于区域形象的提升与跨越，最终实现黑龙江全面振兴、东北全面振兴的伟大战略。

策略改进必然始于理念更新，因为，理念是思想的结晶和行动的先导。正确的传播理念，建立在对传播规律、社会舆论形势、媒体传播能力和特点等方面准确把握的基础上。传播理念更新首先必然是大众媒介自身理念的更新，但鉴于当前我国大众媒介的传播活动在很大程度上仍然由地方政府等相关机构主导，相关管理部门也应与时俱进，不断更新传播观念，以便更好地组织媒体资源，充分发挥媒体潜力，提升和优化区域形象。

本书从黑龙江形象媒介建构的角度入手，希望通过黑龙江区域内外大众媒体在黑龙江形象建构中发挥重要社会责任，借此推进黑龙江政治、经济、社会、文化等实现可持续发展，其意义是显而易见的。

# 参考文献

1. 东北及黑龙江历史类

［1］金凤君、张平宇等：《东北经济地理》，经济管理出版社2021年版。

［2］郭连强、梁启东等：《中国东北地区发展报告（2020）》，社会科学文献出版社2021年版。

［3］王爱丽主编：《黑龙江蓝皮书·黑龙江社会发展报告（2020—2021）》，社会科学文献出版社2022年版。

［4］［美］迈克尔·麦尔：《东北游记》，何雨珈译，上海译文出版社2017年版。

［5］曹保明：《东北奇事》，时代文艺出版社2021年版。

［6］林木西主编：《东北振兴与东北亚区域合作》，经济科学出版社2022年版。

［7］梁玉多：《黑龙江流域古代经济》，社会科学文献出版社2022年版。

［8］藏淑英：《黑龙江地理》，北京师范大学出版社2014年版。

［9］石方：《黑龙江移民史》，社会科学文献出版社2019年版。

［10］王爱丽、郭淑梅主编：《黑龙江蓝皮书·黑龙江文学发展报告（2020—2021）》，社会科学文献出版社2021年版。

［11］吴海宝主编：《黑龙江蓝皮书·黑龙江经济发展报告（2021）》，社会科学文献出版社2021年版。

［12］朱宇、陈静主编：《黑龙江蓝皮书·黑龙江地方治理发展报告（2018）》，社会科学文献出版社2019年版。

[13] 于渤主编:《黑龙江蓝皮书·黑龙江产业发展报告 (2011)》,社会科学文献出版社 2011 年版。

2. 区域学类

[1] 徐强、郭本海:《区域可持续发展与区域形象设计》,东南大学出版社 2005 年版。

[2] [以色列] 埃里·阿夫拉汉姆、伊兰·科特:《地区危机传播:实用媒介策略》,葛岩译,上海交通大学出版社 2013 年版。

[3] 孙久文等:《区域经济前沿:区域协调发展的理论与实践》,中国人民大学出版社 2020 年版。

[4] 汪晖、王中忱主编:《区域(第十辑)》,社会科学文献出版社 2022 年版。

[5] 刘勇:《区域经济发展与地区主导产业》,商务印书馆 2006 年版。

[6] 中国科技发展战略研究小组、中国科学院大学中国创新创业管理研究中心:《中国区域创新能力评价报告 2021》,科学技术文献出版社 2022 年版。

[7] 孙久文主编:《区域经济学》,首都经济贸易大学出版社 2020 年版。

[8] 高洪深:《区域经济学》,中国人民大学出版社 2019 年版。

[9] 郝寿义、安虎森主编:《区域经济学》,经济科学出版社 2015 年版。

[10] 赵弘主编:《区域蓝皮书:中国区域经济发展报告 (2020—2021)》,科学技术文献出版社 2021 年版。

[11] 踪家峰:《区域与城市经济学》,上海财经大学出版社 2021 年版。

[12] 钱智:《城市形象设计》,安徽教育出版社 2002 年版。

[13] 殷莉:《区域形象的塑造与传播策略》,新华出版社 2009 年版。

[14] 谢俊贵:《社会全面发展中的区域形象——以湖南为例的战略研究》,湖南大学出版社 2007 年版。

[15] 邢勇:《镜像·重塑·嬗变——河南区域形象的媒介建构》,河南大学出版社 2013 年版。

3. 城市学类

[1] [美] 刘易斯·芒福德:《城市发展史——起源、演变和前景》,倪

文彦、宋峻岭译，中国建筑工业出版社1989年版。

［2］纪晓岚：《论城市本质》，中国社会科学出版社2002年版。

［3］［美］爱德华·格莱泽：《城市的胜利》，刘润泉译，上海社会科学院出版社2012年版。

［4］黄亚生、李华芳主编：《真实的中国——中国模式与城市化变革的反思》，中信出版社2013年版。

［5］徐康宁：《文明与繁荣——中外城市经济发展环境比较研究》，东南大学出版社2002年版。

［6］张鸿雁：《城市形象与城市文化资本论——中外城市形象比较的社会学研究》，东南大学出版社2002年版。

［7］陈立旭：《都市文化与都市精神——中外城市文化比较》，东南大学出版社2002年版。

［8］黄亚平：《城市空间理论与空间分析》，东南大学出版社2002年版。

［9］张鸿雁主编：《城市·空间·人际——中外城市社会发展比较研究》，东南大学出版社2003年版。

［10］向德平：《城市社会学》，武汉大学出版社2002年版。

［11］［英］雷蒙·威廉斯：《乡村与城市》，韩子满等译，商务印书馆2013年版。

［12］吕玉印：《城市发展的经济学分析》，上海三联书店2000年版。

［13］连玉明主编：《中国城市年度报告2005》，中国时代经济出版社2005年版。

［14］［美］凯文·林奇：《城市意象》，项秉仁译，华夏出版社2001年版。

［15］［英］爱德华·泰勒：《原始文化》，连树声译，上海文艺出版社1992年版。

［16］包亚明主编：《后大都市与文化研究》，上海教育出版社2005年版。

［17］［美］威廉·J.米切尔：《伊托邦——数字时代的城市生活》，吴启迪等译，上海科技教育出版社2001年版。

［18］唐晓岚：《未来城》，东南大学出版社2004年版。

［19］张文宏：《中国城市的阶层结构与社会网络》，上海人民出版社

2006年版。

［20］［美］阿尔温·托夫勒：《权力的转移》，刘江等译，中共中央党校出版社1991年版。

［21］［美］尼葛洛庞帝：《数字化生存》，胡泳等译，海南出版社1996年版。

［22］［美］阿尔温·托夫勒：《第三次浪潮》，新华出版社1996年版。

［23］郑也夫：《城市社会学》，中国城市出版社2002年版。

［24］［荷］范·皮尔森：《文化战略》，刘利圭等译，中国社会科学出版社1992年版。

［25］［美］萨尔坦·科马里：《信息时代的经济学》，姚坤、何卫红译，江苏人民出版社2000年版。

［26］［加］贝淡宁、［以色列］艾维纳·德夏里特：《城市的精神》，吴万伟译，重庆出版社2012年版。

［27］江平：《城市品牌形象塑造与传播研究》，武汉大学出版社2018年版。

4. 社会学类

［1］陆学艺主编：《当代中国社会阶层研究报告》，社会科学文献出版社2002年版。

［2］孙立平：《断裂》，社会科学文献出版社2003年版。

［3］［美］克里斯塔基斯、富勒：《大连接：社会网络是如何形成的以及对人类现实行为的影响》，简学译，中国人民大学出版社2013年版。

［4］渠敬东主编：《涂尔干：社会与国家》，商务印书馆2015年版。

［5］陆学艺、景天魁主编：《转型中的中国社会》，黑龙江人民出版社1994年版。

［6］［德］普查夫·沃尔夫冈：《现代化与社会转型》，陈黎、陆宏成译，社会科学文献出版社2000年版。

［7］［美］塞缪尔·P.亨廷顿：《变革社会中的政治秩序》，李盛平等译，华夏出版社1988年版。

［8］［美］曼纽尔·卡斯特：《网络社会的崛起》，夏铸九等译，社会科

学文献出版社 2001 年版。

［9］沙莲香主编：《社会心理学》，中国人民大学出版社 2002 年版。

［10］李宁：《群体心理学》，暨南大学出版社 2000 年版。

［11］［法］古斯塔夫·勒庞：《乌合之众：大众心理研究》，中央编译出版社 2014 年版。

［12］郑兴东：《受众心理与传媒引导》，新华出版社 1999 年版。

［13］刘京林：《新闻心理学概论》，北京广播学院出版社 1999 年版。

［14］陈一筠主编：《城市化与城市社会学》，光明日报出版社 1986 年版。

5. 新闻传播学类

（1）历史部分

［1］方汉奇主编：《新闻春秋》，四川大学出版社 2003 年版。

［2］甘惜分主编：《新闻学大辞典》，河南人民出版社 1993 年版。

［3］戈公振：《中国报学史》，上海古籍出版社 2003 年版。

（2）理论部分

［1］陈力丹：《舆论学——舆论导向研究》，中国广播电视出版社 1999 年版。

［2］杨保军：《新闻事实论》，新华出版社 2001 年版。

［3］杨保军：《新闻价值论》，中国人民大学出版社 2003 年版。

［4］胡百精：《危机传播管理——流派、范式与路径》，中国人民大学出版社 2009 年版。

［5］［英］维克托·迈尔—舍恩伯格、肯尼思·库克耶：《大数据时代——生活、工作与思维的大变革》，盛杨燕、周涛译，浙江人民出版社 2013 年版。

［6］喻国明等：《新闻传播的大数据时代》，中国人民大学出版社 2014 年版。

［7］［美］埃里·阿夫拉汉姆、伊兰·科特：《地区危机传播：实用媒介策略》，葛岩等译，上海交通大学出版社 2013 年版。

［8］周立方：《金玉良言——新闻写作弊病剖析》，新华出版社 2001 年版。

［9］［美］韦尔伯·施拉姆：《大众传播与社会发展》，金燕宁等译，华

夏出版社 1990 年版。

［10］［美］新闻自由委员会：《一个自由而负责的新闻界》，展江等译，中国人民大学出版社 2004 年版。

［11］［英］安德斯·汉森：《大众传播研究方法》，崔保国等译，新华出版社 2004 年版。

［12］［美］沃尔特·李普曼：《公众舆论》，阎克文、江红译，上海人民出版社 2002 年版。

［13］张国良主编：《新闻媒介与社会》，上海人民出版社 2001 年版。

［14］郭庆光：《传播学教程》，中国人民大学出版社 1999 年版。

［15］［美］沃纳·塞佛林、小詹姆斯·坦卡德：《传播理论：起源、方法与应用》，郭镇之等译，华夏出版社 2000 年版。

［16］［英］丹尼斯·麦奎尔、［瑞典］斯文·温德尔：《大众传播模式论》，祝建华、武伟译，上海译文出版社 1997 年版。

［17］［加］马歇尔·麦克卢汉：《理解媒介——论人的延伸》，何道宽译，商务印书馆 2000 年版。

［18］喻国明：《传媒影响力》，南方日报出版社 2003 年版。

［19］吴信讯主编：《都市新闻传播学》，中国社会科学出版社 2001 年版。

［20］郑保卫主编：《论媒介改革与社会发展》，新华出版社 2004 年版。

［21］刘建明：《社会舆论原理》，华夏出版社 2002 年版。

（3）业务部分

［1］蔡雯：《新闻传播的策划与组织》，新华出版社 2001 年版。

［2］蔡雯：《新闻报道策划与新闻资源开发》，中国人民大学出版社 2004 年版。

［3］蔡文之：《网络传播革命：权力与规制》，上海人民出版社 2011 年版。

［4］闵阳等：《新媒体环境下西部农村信息传播有效性研究》，武汉大学出版社 2014 年版。

［5］曹建、陈明：《都市报魂》，中国社会科学出版社 2000 年版。

［6］孙燕君：《报业中国》，中国三峡出版社 2002 年版。

［7］唐绪军：《报业经济与报业经营》，新华出版社 1999 年版。

［8］尹韵公主编：《聚焦〈华西都市报〉》，中国社会科学出版社 2000 年版。

［9］吴定勇：《都市报崛起之谜》，四川大学出版社 2005 年版。

［10］郑兴东等：《报纸编辑学》，中国人民大学出版社 1991 年版。

［11］刘明华：《西方新闻采访与写作》，中国人民大学出版社 1993 年版。

［12］杜骏飞、胡翼青：《深度报道原理》，新华出版 2001 年版。

［13］艾丰：《新闻采访方法论》，人民日报出版社 1996 年版。

［14］席文举：《报纸策划艺术》，中国社会科学出版社 2000 年版。

［15］崔恩卿：《报业经营论——北京青年报发展的轨迹》，中国经济出版社 1998 年版。

［16］李子坚：《纽约时报的风格》，长春出版社 1999 年版。

6. 学术期刊和大众媒体

（1）学术期刊部分

《中国社会科学》《国际新闻界》《新闻大学》《新闻记者》《新闻界》《中国记者》《新闻战线》。

（2）报纸部分

《黑龙江日报》《哈尔滨日报》《新晚报》《生活报》《新民晚报》《北京晚报》《重庆晨报》《金陵晚报》《南方都市报》《华西都市报》《成都商报》《生活报》《新晚报》《羊城晚报》《楚天都市报》《扬子晚报》《新京报》《京华时报》《北京青年报》《兰州晚报》《大河报》《华商报》。

（3）新媒体部分

黑龙江新闻网、东北网、《龙头新闻》APP、"极光新闻"客户端、"冰城+"客户端、生活报官方公众号等。